¡Así se dice!

SPANISH 1A

Conrad J. Schmitt

Mc
Graw
Hill
Education

Bothell, WA • Chicago, IL • Columbus, OH • New York, NY

Information on featured companies, organizations, and their products and services is included for educational purposes only and does not present or imply endorsement of the **¡Así se dice!** program. Permission to use all business logos has been granted by the businesses represented in this text.

connectED.mcgraw-hill.com

Send all inquiries to:
McGraw-Hill Education
8787 Orion Place
Columbus, OH 43240-4027

ISBN: 978-0-02-141262-4
MHID: 0-02-141262-6

Printed in the United States of America.

4 5 6 7 8 9 DOR 19 18 17 16 15

About the Author

Conrad J. Schmitt

Conrad J. Schmitt received his B.A. degree magna cum laude from Montclair State University, Upper Montclair, New Jersey. He received his M.A. from Middlebury College, Middlebury, Vermont, and did additional graduate work at New York University. He also studied at the Far Eastern Institute at Seton Hall University, Newark, New Jersey.

Mr. Schmitt has taught Spanish and French at all academic levels—from elementary school to graduate courses. He served as Coordinator of Foreign Languages for the Hackensack, New Jersey, public schools. He also taught courses in Foreign Language Education as a visiting professor at the Graduate School of Education at Rutgers University, New Brunswick, New Jersey.

Mr. Schmitt has authored or co-authored more than one hundred books, all published by The McGraw-Hill Companies. He was also editor-in-chief of foreign languages, ESL, and bilingual education for The McGraw-Hill Companies.

Mr. Schmitt has traveled extensively throughout Spain and all of Latin America. He has addressed teacher groups in all fifty states and has given seminars in many countries including Japan, the People's Republic of China, Taiwan, Egypt, Germany, Spain, Portugal, Mexico, Panama, Colombia, Brazil, Jamaica, and Haiti.

Contributing Writers

Louise M. Belnay
Teacher of World Languages
Adams County School District 50
Westminster, Colorado

Reina Martínez
Coordinator/Teacher of Foreign Languages
North Rockland Central School District
Thiells, New York

Student Handbook

Why Learn Spanish? SH1

Reading and Succeeding SH2

Tour of the Student Edition SH8

Dinah Zike's Foldables® SH20

El alfabeto español SH34

El mundo hispanohablante SH35

    El mundo SH36

    España SH38

    La América del Sur SH39

    México, la América Central y el Caribe SH40

    Estados Unidos SH41

Andrew Payti

Student Handbook

GeoVistas
Explorando el mundo hispanohablante . . SH42

España SH44

México SH46

Guatemala, Honduras SH48

El Salvador, Nicaragua SH50

Costa Rica, Panamá SH52

Colombia, Venezuela SH54

Ecuador, Perú, Bolivia SH56

Chile, Argentina SH58

Paraguay, Uruguay SH60

Cuba, República Dominicana, Puerto Rico SH62

Estados Unidos SH64

Lecciones preliminares

Objetivos

In these preliminary lessons you will:

- greet people
- say good-bye to people
- express yourself politely
- count to 100

- identify the days of the week
- identify the months of the year
- find out and give the date
- ask and tell the time
- discuss the seasons and weather

A Saludos 2

B ¡Adiós! 4

C La cortesía 6

D Algunos números 8

E La fecha 10

F La hora 12

G Las estaciones y el tiempo 14

Capítulo 1 ¿Cómo somos?

Objetivos

You will:

- identify and describe people and things
- tell where someone is from
- tell what subjects you take and express opinions about them
- talk about Spanish speakers in the United States

You will use:

- nouns, adjectives, and articles
- the verb **ser**
- **tú** and **usted**

Introducción al tema

¿Cómo somos? 20

Vocabulario 🎧

Vocabulario 1 22

Vocabulario 2 26

Gramática

Artículos y sustantivos 30

Adjetivos 32

El verbo **ser** 34

Pronunciación 🎧

Las vocales **a, e, i, o, u** 39

Conversación 🎧↺

Un alumno nuevo 40

Lecturas culturales 🎧↺

Amigos latinos en Estados Unidos 42

Dos personajes importantes 44

Prepárate para el examen

Self-check for achievement 46

Practice for oral proficiency. 48

Practice for written proficiency. 49

Repaso del Capítulo 1

Gramática 50

Vocabulario 51

Repaso cumulativo ↺ 52

BananaStock/PictureQuest

Capítulo 2 La familia y la casa

Objetivos

You will:

- talk about families and pets
- describe a house or apartment
- describe rooms and some furnishings
- discuss a family from Ecuador

You will use:

- the verb **tener**
- possessive adjectives

Introducción al tema

La familia y la casa 56

Vocabulario 🎧

Vocabulario 1 58

Vocabulario 2 62

Gramática

El verbo **tener** 66

Los adjetivos posesivos. 70

Pronunciación 🎧

Las consonantes **f, l, m, n, p** 73

Conversación 🎧🔄

La hermana de Federico. 74

Lecturas culturales 🎧🔄

Una familia ecuatoriana. 76

Mascotas 78

Prepárate para el examen

Self-check for achievement 80

Practice for oral proficiency. 82

Practice for written proficiency. 83

Repaso del Capítulo 2

Gramática 84

Vocabulario 85

Repaso cumulativo 🔄 86

Capítulo 3 En clase y después

Objetivos

You will:

- talk about what you do in school
- identify some school clothes and school supplies
- talk about what you and your friends do after school
- compare school and after-school activities in Spanish-speaking countries and the United States

You will use:

- present tense of -**ar** verbs
- the verbs **ir, dar,** and **estar**
- the contractions **al** and **del**

Introducción al tema

En clase y después. .90

Vocabulario

Vocabulario 1 92
Vocabulario 2 96

Gramática

Presente de los verbos en -**ar** 100
Los verbos **ir, dar, estar**. 105
Las contracciones **al** y **del** 107

Pronunciación

La consonante **t** 109

Conversación

Dos amigos 110

Lecturas culturales

Escuelas aquí y en Latinoamérica 112
¿Quiénes trabajan? 114

Prepárate para el examen

Self-check for achievement 116
Practice for oral proficiency. 118
Practice for written proficiency. 119

Repaso del Capítulo 3

Gramática 120
Vocabulario 121

Repaso cumulativo 122

Literatura 1

El Cid. 398

Language Arts Practice 1

Simón Bolívar 408

Larry Hamill

Capítulo 4 ¿Qué comemos y dónde?

Objetivos

You will:

- identify foods and discuss meals
- talk about places where you eat
- order food or a beverage at a café
- compare eating habits in Spain, Latin America, and the United States

You will use:

- present tense of regular **-er** and **-ir** verbs
- expressions with the infinitive— **ir a, tener que, acabar de**

Introducción al tema

¿Qué comemos y dónde?..............126

Vocabulario 🎧

Vocabulario 1 128

Vocabulario 2 132

Gramática

Presente de los verbos en **-er, -ir**.......136

Expresiones con el infinitivo 140

Pronunciación 🎧

La consonante **d**......................143

Conversación 🎧↺

Al teléfono...........................144

Lecturas culturales 🎧↺

La comida en otras partes 146

Una merienda ¿Dónde? 148

Prepárate para el examen

Self-check for achievement 150

Practice for oral proficiency............152

Practice for written proficiency.........153

Repaso del Capítulo 4

Gramática 154

Vocabulario 155

Repaso cumulativo ↺...........156

Tim Stepien

Capítulo 5 Deportes

Objetivos

You will:

- talk about sports
- describe a soccer uniform
- identify colors
- compare team sports in the United States and Spanish-speaking countries

You will use:

- present tense of stem-changing verbs
- verbs such as **interesar, aburrir,** and **gustar**

Introducción al tema

Deportes 160

Vocabulario

Vocabulario 1 162

Vocabulario 2 166

Gramática

Los verbos de cambio radical **e→ie** 170

Los verbos de cambio radical **o→ue** 172

Los verbos **interesar, aburrir, gustar** 175

Pronunciación

Las consonantes **s, c, z**. 177

Conversación

¿Quiénes juegan?. .178

Lecturas culturales

Los deportes de equipo 180

Roberto Clemente .182

Prepárate para el examen

Self-check for achievement 184

Practice for oral proficiency. 186

Practice for written proficiency. 187

Repaso del Capítulo 5

Gramática 188

Vocabulario 189

Repaso cumulativo 190

imagebroker/Alamy

Capítulo 6 El bienestar

Objetivos

You will:

- describe people's personality, conditions, and emotions
- explain minor illnesses
- talk about a doctor's appointment
- learn about a literary genre—the picaresque novel

You will use:

- **ser** and **estar**
- indirect object pronouns

Introducción al tema
El bienestar 194

Vocabulario 🎧
Vocabulario 1 196
Vocabulario 2 200

Gramática
Ser y **estar**—características y
condiciones. 204
Ser y **estar**—origen y colocación 206
Los pronombres **me, te, nos** 209
Los pronombres **le, les** 210

Pronunciación 🎧
Las consonantes **c, g** 211

Conversación 🎧 ↺
Un alumno de Colombia 212

Lecturas culturales 🎧 ↺
El Periquillo Sarniento 214
Lazarillo de Tormes 216

Prepárate para el examen
Self-check for achievement 218
Practice for oral proficiency. 220
Practice for written proficiency. 221

Repaso del Capítulo 6
Gramática 222
Vocabulario 223

Repaso cumulativo ↺ 224

Literatura 2
*Una leyenda mexicana—Iztaccíhuatl y
Popocatépetl* 402

Language Arts Practice 2
La familia. 413

• •

 Literary Reader

Literatura 1
El Cid. 398

Literatura 2
Iztaccíhuatl y Popocatépetl 402

 Language Arts Practice

Language Arts Practice 1
Simón Bolívar 408

Language Arts Practice 2
La familia. 413

Student Resources

InfoGap.. SR2

Grammar Review SR10

Verb Charts SR16

Spanish-English Dictionary SR18

English-Spanish Dictionary SR32

Culture Index SR42

Grammar Index SR44

Guide to Symbols

Throughout **¡Así se dice!** you will see these symbols, or icons. They will tell you how to best use the particular part of the chapter or activity they accompany. Following is a key to help you understand these symbols.

Audio link This icon indicates material in the chapter that is recorded.

Recycling This icon indicates sections that review previously introduced material.

Paired activity This icon indicates activities that you can practice orally with a partner.

Group activity This icon indicates activities that you can practice together in groups.

Critical thinking This icon indicates activities that require critical thinking.

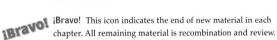 **InfoGap** This icon refers to additional paired activities at the end of the book.

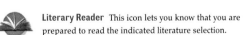 **¡Bravo!** This icon indicates the end of new material in each chapter. All remaining material is recombination and review.

Literary Reader This icon lets you know that you are prepared to read the indicated literature selection.

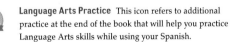 **Language Arts Practice** This icon refers to additional practice at the end of the book that will help you practice Language Arts skills while using your Spanish.

Andrew Payti

¡Viva el español!

Spanish is currently the fourth-most-spoken language in the world. Studying Spanish will help you explore other cultures, communicate with Spanish speakers, and increase your career possibilities.

It's fascinating!

Culture Hispanic culture is full of diverse expressions of music, art, and literature. From dancing the tango or salsa to admiring a modern painting by Salvador Dalí, your studies will introduce you to an array of what the culture has to offer. You'll learn about the various customs, traditions, and values in Latin America and Spain. From food and family to school and sports, you'll learn all about life in the Hispanic world.

It's all around us!

Communication The United States is home to more than fifty million Hispanics or Latinos. Whether on the radio, in your community or school, or in your own home, the Spanish language is probably part of your life in some way. Understanding Spanish allows you to sing along with Latin music on the radio or chat with Spanish speakers in your school, community, or family. No matter who you are, Spanish can enrich your life in some way.

If you plan to travel outside the United States, remember that Spanish is the official language of many countries. Experiencing another country is more fun and meaningful when you can understand restaurant menus, read newspapers, follow street signs, watch TV, and better yet converse with the locals.

CULTURA
Dancers of the tango on the streets of Argentina

Andrew Payti

A Spanish-speaking dentist

It's a lifelong skill!

Career Do you know what career you plan to pursue? Medicine, business, social work, teaching? What will you do if you have a Spanish-speaking patient, client, or student? Speak Spanish, of course! Whatever your career, you will be able to reach more people if you are able to converse in Spanish. After all, it's spoken by more than 16 percent of the U.S. population. You will also be open to many more career opportunities if you know Spanish. Businesses, government agencies, and educational institutions are always looking for people with the ability to speak and read more than one language.

It's an adventure!

Challenge When you study a language, you not only learn about the language and its speakers but also about yourself. Studying a language requires that you challenge yourself and more fully develop your skills. When you know about the customs and values of another culture, you are better able to reflect upon your own. Language is a means of self-discovery. Enjoy!

Reading in a New Language

Following are skills and strategies that can help you understand what you read in a language you have just begun to learn. *Reading and Succeeding* will help you build skills and strategies that will make it easier to understand what you are reading in your exciting new language.

The strategies you use frequently depend on the purpose of your reading. You do not read a textbook or standardized testing questions the same way you read a novel or a magazine article. You read a textbook for information. You read a novel or magazine article for fun.

In the early stages of second-language learning, your vocabulary is, of course, very limited in comparison to the vast number of words you already know in English. The material presented to you to read in the early stages must accommodate this reality. Your limited knowledge of the language does not have to deter you from enjoying what you are reading. Most of what you read, however, will come from your textbook, since original novels and magazine articles are not written for people who have limited exposure to the language.

As you develop your reading ability in Spanish, you will encounter basically two types of readings.

Intensive Readings

These readings are short. They are very controlled, using only language you have already learned. You should find these readings easy and enjoyable. If you find them difficult, it means you have not sufficiently learned the material presented in the chapter of the textbook.

The vast majority of these informative readings will introduce you to the fascinating cultures of the Spanish-speaking world.

A very important aspect of reading in Spanish is to give you things to "talk about" in the language. The more you read, speak, and use the language, the more proficient you will become. Whenever you finish reading one of the intensive reading selections, you should be able to talk about it; that is, you should be able to retell it in your own words.

Extensive Readings

Since it is unrealistic to assume that you will never encounter new words as you branch out and read material in Spanish, you will also be presented with extensive readings. The goal of these extensive readings is to help you develop the tools and skills you need in order to read at some future date an original novel or magazine article. They do indeed contain some words and structures that are unfamiliar to you. In this *Reading and Succeeding* section, you will learn to develop many skills that will enable you to read such material with relative ease.

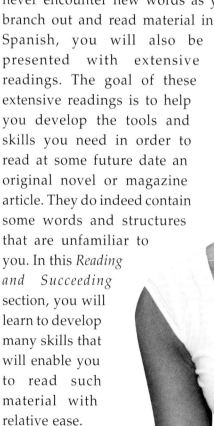

BananaStock/Jupiter Images

Use *Reading and Succeeding* to help you:

- adjust the way you read to fit the type of material you are reading
- identify new words and build your vocabulary
- use specific reading strategies to better understand what you read
- improve your ability to speak by developing strategies that enable you to retell orally what you have read
- use critical thinking strategies to think more deeply about what you read

Identifying New Words and Building Vocabulary

What do you do when you come across a word you do not know as you read? Do you skip the word and keep reading? You might if you are reading for fun. If it hinders your ability to understand, however, you might miss something important. When you come to a word you don't know, try the following strategies to figure out what the word means.

Reading Aloud

In the early stages of learning a second language, a good strategy is to sit by yourself and read the selection aloud. This can help you understand the reading because you once again hear words that you have already practiced orally in class. Hearing them as you read them can help reinforce meaning.

Identifying Cognates

As you read you will come across many cognates. Cognates are words that look alike in both English and Spanish. Not only do they look alike but

they mean the same thing. Recognizing cognates is a great reading strategy. Examples of cognates are:

cómico	**nacionalidad**	**entra**
popular	**secundaria**	**clase**
cubano	**matemática**	**prepara**
video	**blusa**	**televisión**

Identifying Roots and Base Words

The main part of a word is called its root. From a root, many new words can be formed. When you see a new word, identify its root. It can help you pronounce the word and figure out its meaning.

For example, if you know the word **importante,** there is no problem determining the meaning of **importancia.** The verb **importar** becomes a bit more problematic, but with some intelligent guessing you can get its meaning. You know it has something to do with importance so it means *it is important*, and by extension it can even carry the meaning *it matters*.

Identifying Prefixes

A prefix is a word part added to the beginning of a root or base word. Spanish as well as English has prefixes. Prefixes can change, or even reverse, the meaning of a word. For example, the prefixes **in-, im-,** and **des-** mean *not*.

**estable/inestable   posible/imposible
honesto/deshonesto**

Using Syntax

Like all languages, Spanish has rules for the way words are arranged in sentences. The way a sentence is organized is called its syntax. Spanish syntax, however, is a bit more flexible than English. In a simple English sentence someone or something (its subject) does something (the predicate or verb) to or with another person or thing (the object). This word order can vary in Spanish and does not always follow the subject/verb/object order.

Because Spanish and English syntax vary, you should think in Spanish and not try to translate what you are reading into English. Reading in Spanish will then have a natural flow and follow exactly the way you learned it. Trying to translate it into English confuses the matter and serves no purpose.

Example

English always states: *John speaks to me.*
Spanish can state: *John to me speaks.* or
To me speaks John.

The latter leaves the subject to the end of the sentence and emphasizes that it is John who speaks to me.

Using Context Clues

This is a very important reading strategy in a second language. You can often figure out the meaning of an unfamiliar word by looking at it in context (the words and sentences that surround it). Let's look at the example below.

Example

The glump ate it all up and flew away.

You have no idea what a *glump* is. Right? But from the rest of the sentence you can figure out that it's a bird. Why? Because it flew away and you know that birds fly. In this way you guessed the meaning of an unknown word using context. Although you know it is a bird, you cannot determine the specific meaning such as a robin, a wren, or a sparrow. In many cases it does not matter because that degree of specificity is not necessary for comprehension.

Let's look at another example:
The glump ate it all up and phlumped.

In this case you do not know the meaning of two key words in the same sentence—*glump* and *phlumped*. This makes it impossible to guess the meaning and this is what can happen when you try to read something in a second language that is beyond your proficiency level. This makes reading a frustrating experience. For this reason all the readings in your textbook control the language to keep it within your reach. Remember, if you have studied the vocabulary in your book, this will not happen.

Understanding What You Read

Try using some of the following strategies before, during, and after reading to understand and remember what you read.

Previewing

When you preview a piece of writing, you are looking for a general idea of what to expect from it. Before you read, try the following.

- Look at the title and any illustrations that are included.
- Read the headings, subheadings, and anything in bold letters.
- Skim over the passage to see how it is organized. Is it divided into many parts? Is it a long poem or short story?
- Look at the graphics—pictures, maps, or diagrams.
- Set a purpose for your reading. Are you reading to learn something new? Are you reading to find specific information?

Using What You Know

Believe it or not, you already know quite a bit about what you are going to read. Your own knowledge and personal experience can help you create meaning in what you read. There is, however, a big difference in reading the information in your Spanish textbook. You already have some knowledge about what you are reading from a United States-oriented base. What you will be reading about takes place in a Spanish-speaking environment and thus you will be adding an exciting new dimension to what you already know. Comparing and contrasting are important critical skills to put to use when reading material about a culture other than your own. This skill will be discussed later.

Visualizing

Creating pictures in your mind about what you are reading—called visualizing—will help you understand and remember what you read. With the assistance of the many accompanying photos, try to visualize the people, streets, cities, homes, etc., you are reading about.

Identifying Sequence

When you discover the logical order of events or ideas, you are identifying sequence. Look for clues and signal words that will help you find how information is organized. Some signal words are **primero, al principio, antes, después, luego, entonces, más tarde, por fin, finalmente.**

Determining the Main Idea

When you look for the main idea of a selection, you look for the most important idea. The examples, reasons, and details that further explain the main idea are called supporting details.

Reviewing

When you review in school, you go over what you learned the day before so that the information is clear in your mind. Reviewing when you read does the same thing. Take time now and then to pause and review what you have read. Think about the main ideas and organize them for yourself so you can recall them later. Filling in study aids such as graphic organizers can help you review.

Monitoring Your Comprehension

As you read, check your understanding by summarizing. Pause from time to time and state the main ideas of what you have just read. Answer the questions: **¿Quién?** *(Who?)* **¿Qué?** *(What?)* **¿Dónde?** *(Where?)* **¿Cuándo?** *(When?)* **¿Cómo?** *(How?)* **¿Por qué?** *(Why?)*. Summarizing tests your comprehension because you state key points in your own words. Remember something you read earlier: reading in Spanish empowers your ability to speak by developing strategies that enable you to retell orally what you have read.

BananaStock/PictureQuest

Thinking About Your Reading

Sometimes it is important to think more deeply about what you read so you can get the most out of what the author says. These critical thinking skills will help you go beyond what the words say and understand the meaning of your reading.

Compare and Contrast

To compare and contrast shows the similarities and differences among people, things, and ideas. Your reading experience in Spanish will show you many things that are similar and many others that are different depending upon the culture groups and social mores.

As you go over these culturally oriented readings, try to visualize what you are reading. Then think about the information. Think about what you know about the topic and then determine if the information you are reading is similar, somewhat different, or very different from what you know.

Continue to think about it. In this case you may have to think about it in English. Determine if you find the similarities or the differences interesting. Would you like to experience what you are reading about? Analyzing the information in this way will most certainly help you remember what you have read.

- Signal words and phrases that indicate similarity are **similar, semejante, parecido, igual.**
- Signal words and phrases that indicate differences are **diferente, distinto, al contrario, contrariamente, sin embargo.**

Cause and Effect

Just about everything that happens in life is the cause or the effect of some other event or action. Writers use cause-and-effect structure to explore the reasons for something happening and to examine the results of previous events. This structure helps answer the question that everybody is always asking: Why? Cause-and-effect structure is about explaining things.

- Signal words and phrases are **así, porque, por consiguiente, resulta que.**

Using Reference Materials

In the early stages of second-language learning, you will not be able to use certain types of reference materials that are helpful to you in English. For example, you could not look up a word in a Spanish dictionary as you would not be able to understand many of the words used in the definition.

You can, however, make use of the glossary that appears at the end of your textbook. A glossary includes only words that are included in the textbook. Rather than give you a Spanish definition, the glossary gives you the English equivalent of the word. If you have to use the glossary very frequently, it indicates to you that you have not studied the vocabulary sufficiently in each chapter. A strategy to use before beginning a reading selection in any given chapter is to quickly skim the vocabulary in the **Vocabulario 1** and **Vocabulario 2** sections of the chapter.

Expand your view of the Spanish-speaking world.

¡Así se dice! will show you the many places where you will be able to use your Spanish.

Cultural and geographic information is at your fingertips with **GeoVistas**, your virtual field trip to the Spanish-speaking countries.

Start your journey into language and culture.

Opening photo provides a cultural backdrop for the chapter.

Aquí y Allí introduces you to the chapter theme and invites you to make connections between your culture and the cultures of Spanish-speaking countries.

Objectives let you know what you will be able to do by the end of the chapter.

Use your online resources to enhance learning.

Get acquainted with the chapter theme.

Explore each chapter's theme with vivid cultural photos and informative captions.

See how the theme relates to different countries in the Spanish-speaking world.

Talk about the chapter theme with your new vocabulary.

Vocabulary is introduced and practiced in two manageable sections.

Recorded presentation ensures proper pronunciation.

Watch video clips to experience the diversity of the Spanish-speaking world while reinforcing the language you have learned and improving your listening and viewing skills.

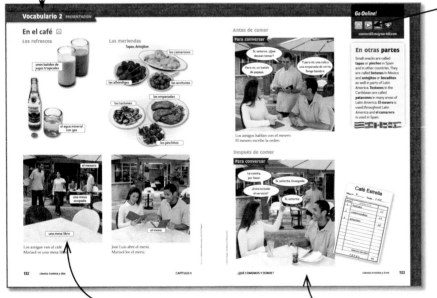

New words are used in a meaningful context.

Photos and illustrations aid comprehension and vocabulary acquisition.

Practice and master new vocabulary.

Practice authentic communication with InfoGap activities.

Expansión enables you to tell and retell a story, using your new words.

Practice and master your new vocabulary with your Workbook.

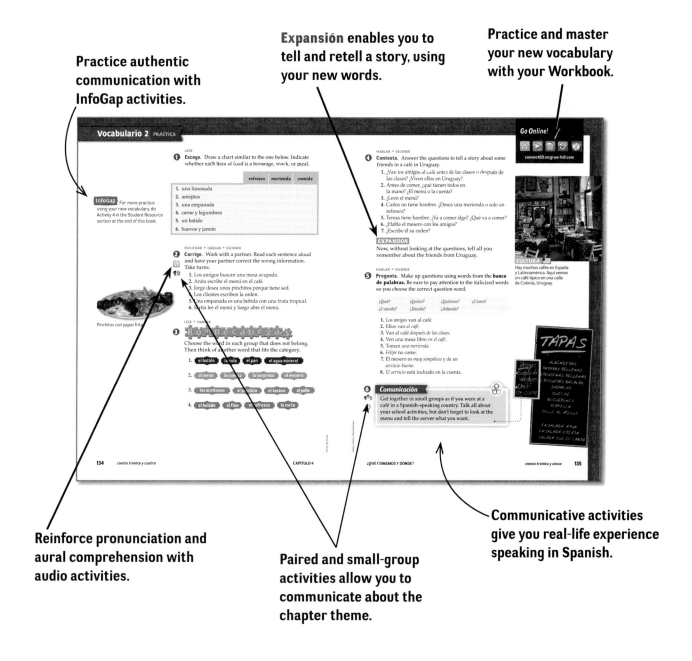

Reinforce pronunciation and aural comprehension with audio activities.

Paired and small-group activities allow you to communicate about the chapter theme.

Communicative activities give you real-life experience speaking in Spanish.

Learn grammar within the context of the chapter theme.

Learn colloquial phrases to make conversation easy.

Graphic organizers make practice clear and easy.

Useful tips help you avoid language pitfalls.

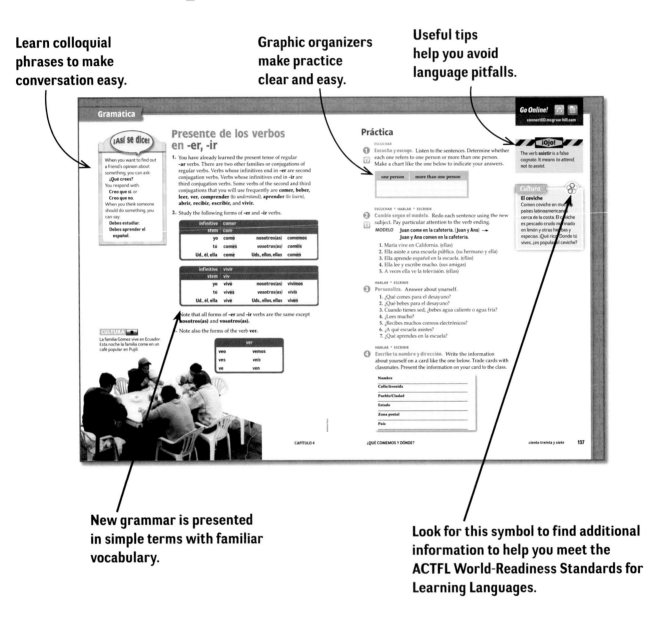

New grammar is presented in simple terms with familiar vocabulary.

Look for this symbol to find additional information to help you meet the ACTFL World-Readiness Standards for Learning Languages.

Build on what you already know and improve pronunciation.

Use your new vocabulary as you practice the new grammar points.

Listen to speakers from diverse areas of the Spanish-speaking world to improve pronunciation.

Have fun using your Spanish to figure out the meaning of Spanish proverbs.

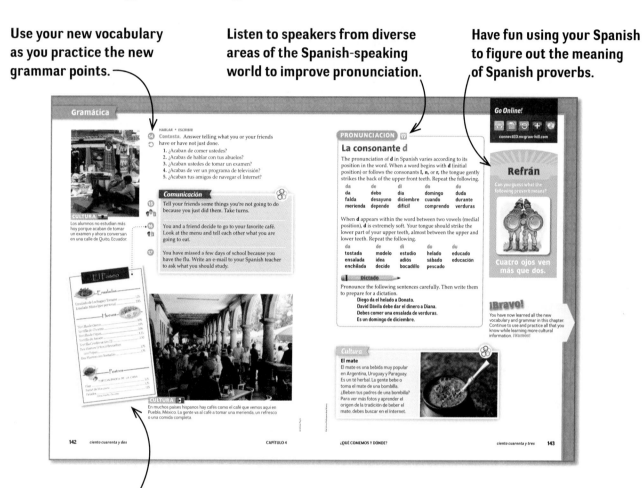

Realia adds interest to the lesson. You can see the language you are learning in real-life contexts.

You will build confidence as you complete activities that progress from easy to more challenging.

Engage classmates in real conversation.

You will have a sense of accomplishment when you are able to comprehend the conversation.

You will have many opportunities to connect to other disciplines.

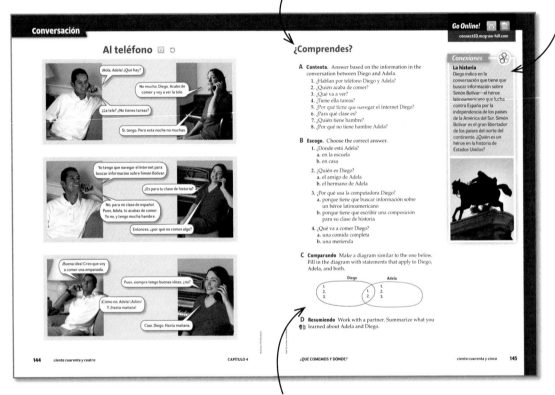

Graphic organizers make practice clear and easy.

Heighten your cultural awareness.

Step-by-step reading strategies help to develop your reading skills.

Verify your comprehension throughout the selection with Reading Checks.

Un poco más reading reinforces the chapter theme and expands your understanding of the Spanish-speaking world.

Cultural reading uses learned language to reinforce chapter theme.

Recorded reading online provides options for addressing various skills and learning styles.

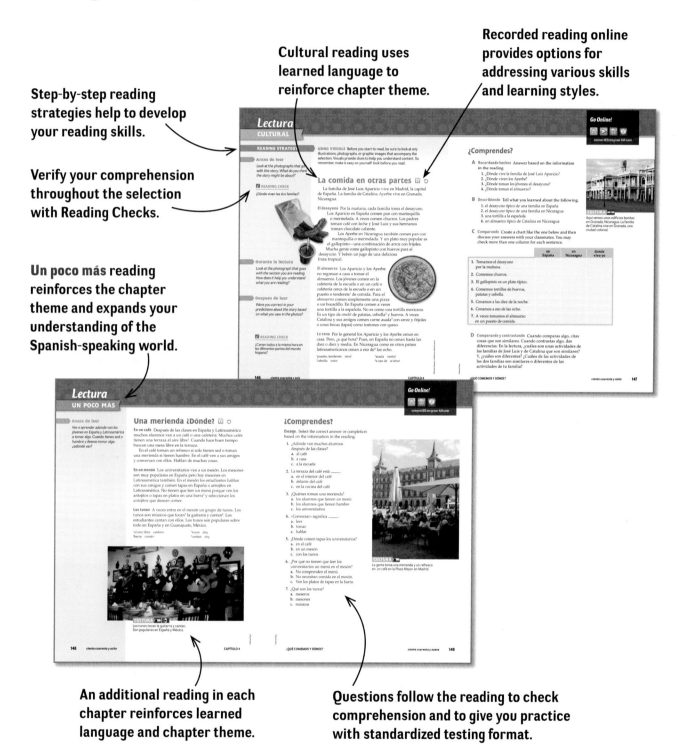

An additional reading in each chapter reinforces learned language and chapter theme.

Questions follow the reading to check comprehension and to give you practice with standardized testing format.

Show what you know!

Review what you have learned and prepare for your chapter test.

Reference notes direct you to the correct section for review.

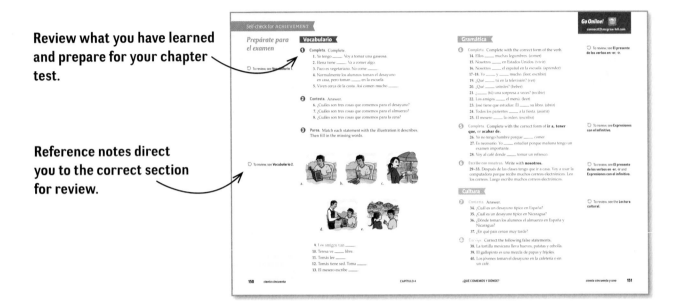

Apply what you have learned!

Use your new skills to communicate orally in meaningful, open-ended activities.

Practice what you have learned while improving your written Spanish.

Writing Strategy gives you the tools you need to develop better writing skills.

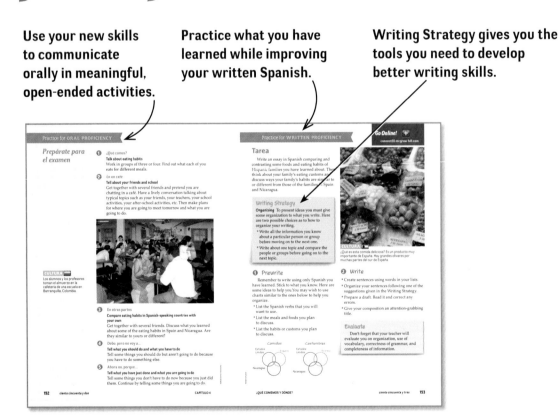

Review grammar and vocabulary at a glance.

Succinct grammar notes help you efficiently review chapter material.

Use this vocabulary list to review the vocabulary you have learned in this chapter.

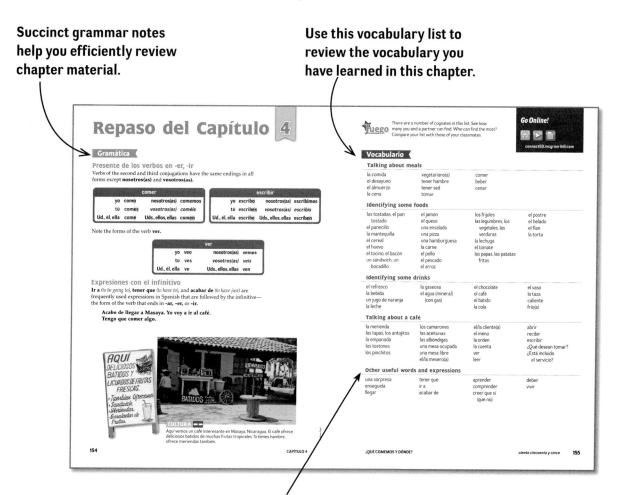

Repaso del Capítulo 4

Gramática

Presente de los verbos en -er, -ir

Verbs of the second and third conjugations have the same endings in all forms except **nosotros(as)** and **vosotros(as).**

comer		
yo **como**	nosotros(as)	**comemos**
tú **comes**	vosotros(as)	**coméis**
Ud., él, ella **come**	Uds., ellos, ellas	**comen**

escribir		
yo **escribo**	nosotros(as)	**escribimos**
tú **escribes**	vosotros(as)	**escribís**
Ud., él, ella **escribe**	Uds., ellos, ellas	**escriben**

Note the forms of the verb **ver.**

ver		
yo **veo**	nosotros(as)	**vemos**
tú **ves**	vosotros(as)	**veis**
Ud., él, ella **ve**	Uds., ellos, ellas	**ven**

Expresiones con el infinitivo

Ir a (*to be going to*), **tener que** (*to have to*), and **acabar de** (*to have just*) are frequently used expressions in Spanish that are followed by the infinitive—the form of the verb that ends in **-ar, -er,** or **-ir.**

Acabo de llegar a Masaya. Yo voy a ir al café.
Tengo que comer algo.

CULTURA
Aquí vemos un café interesante en Masaya, Nicaragua. El café ofrece deliciosos batidos de muchas frutas tropicales. Si tienes hambre, ofrece meriendas también.

154   CAPÍTULO 4

Juego There are a number of cognates in this list. See how many you and a partner can find. Who can find the most? Compare your list with those of your classmates.

Go Online!
connectED.mcgraw-hill.com

Vocabulario

Talking about meals

la comida	vegetariano(a)	comer
el desayuno	tener hambre	beber
el almuerzo	tener sed	cenar
la cena	tomar	

Identifying some foods

las tostadas, el pan tostado	el jamón	los frijoles	el postre
el panecillo	el queso	las legumbres, los	el helado
la mantequilla	una ensalada	vegetales, las	el flan
el cereal	una pizza	verduras	la torta
el huevo	una hamburguesa	la lechuga	
el tocino, el bacón	la carne	el tomate	
un sándwich, un	el pollo	las papas, las patatas	
bocadillo	el pescado	fritas	
	el arroz		

Identifying some drinks

el refresco	la gaseosa	el chocolate	el vaso
la bebida	el agua (mineral)	el café	la taza
un jugo de naranja	(con gas)	el batido	caliente
la leche		la cola	frío(a)

Talking about a café

la merienda	los camarones	el/la cliente(a)	abrir
las tapas, los antojitos	las aceitunas	el menú	recibir
la empanada	las albóndigas	la orden	escribir
los tostones	una mesa ocupada	la cuenta	¿Qué desean tomar?
los pinchitos	una mesa libre	ver	¿Está incluido
	el/la mesero(a)	leer	el servicio?

Other useful words and expressions

una sorpresa	tener que	aprender	deber
enseguida	ir a	comprender	vivir
llegar	acabar de	creer que sí	
		(que no)	

¿QUÉ COMEMOS Y DÓNDE?   ciento cincuenta y cinco **155**

Vocabulary is categorized to help recall.

Practice what you have learned so far in Spanish.

Cumulative activities allow you to practice what you have learned so far in Spanish class.

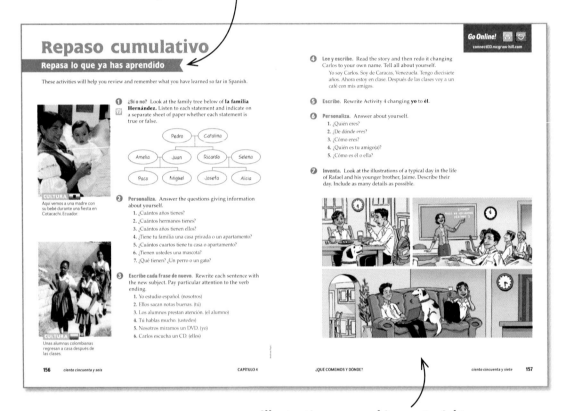

Illustrations recombine material to remind you what you have already learned in Spanish. Use the illustration as a prompt to demonstrate how much you can say or write.

Enhance your appreciation of literature and culture.

Literary Reader gives you another opportunity to apply your reading skills in Spanish.

Literary selections present another view of Hispanic culture.

Level-appropriate literature selections make reading fun.

Practice your Language Arts skills.

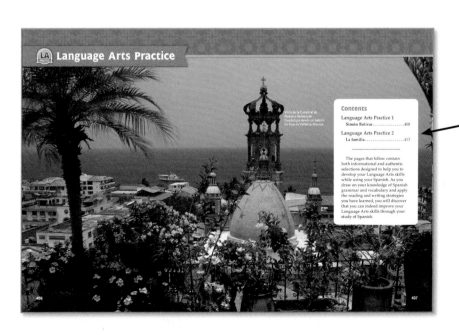

Informational and authentic texts will provide you with the opportunity to improve your Language Arts skills while using your Spanish.

Dear Student,

Foldables are interactive study organizers that you can make yourself. They are a wonderful resource to help you organize and retain information. Foldables have many purposes. You can use them to remember vocabulary words or to organize more in-depth information on any given topic, such as keeping track of what you know about a particular country.

You can write general information, such as titles, vocabulary words, concepts, questions, main ideas, and dates, on the front tabs of your Foldables. You view this general information every time you look at a Foldable. This helps you focus on and remember key points without the distraction of additional text. You can write specific information—supporting ideas, thoughts, answers to questions, research information, empirical data, class notes, observations, and definitions—under the tabs. Think of different ways in which Foldables can be used. Soon you will find that you can make your own Foldables for study guides and projects. Foldables with flaps or tabs create study guides that you can use to check what you know about the general information on the front of tabs. Use Foldables without tabs for projects that require information to be presented for others to view quickly. The more you make and use graphic organizers, the faster you will become able to produce them.

To store your Foldables, turn one-gallon freezer bags into student portfolios which can be collected and stored in the classroom. You can also carry your portfolios in your notebooks if you place strips of two-inch clear tape along one side and punch three holes through the taped edge. Write your name along the top of the plastic portfolio with a permanent marker and cover the writing with two-inch clear tape to keep it from wearing off. Cut the bottom corners off the bag so it won't hold air and will stack and store easily. The following figures illustrate the basic folds that are referred to throughout this book.

Good luck!

Dinah Zike

Dinah Zike
www.dinah.com

Category Book

Los números Use this *category book* organizer as you learn dates and numbers.

Step 1 **Fold** a sheet of paper (8½" x 11") in half like a *hot dog*.

Step 2 On one side, **cut** every third line. This usually results in ten tabs. Do this with three sheets of paper to make three books.

Step 3 **Write** one Arabic number on the outside of each of the tabs. On the inside write out the respective number. As you learn more numbers, use *category books* to categorize numbers in this way.

Other Suggestions for a *Category Book* Foldable

A *category book* foldable may be used to help you remember the names of school subjects. Use pictures, numbers, or a few Spanish words you already know to describe the subject on the outside of the foldable. You will write the name of the subject in Spanish on the inside. Then show your descriptions to a partner and have the partner come up with the name of the subject in Spanish. You may also use this foldable to group school subjects by discipline.

Forward-Backward Book

Las estaciones Use this *forward-backward book* to compare and contrast two seasons of your choice.

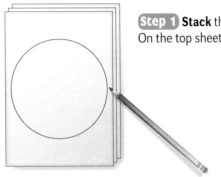

Step 1 **Stack** three sheets of paper. On the top sheet, trace a large circle.

Step 2 With the papers still stacked, **cut out** the circles.

Step 3 **Staple** the paper circles together along the left-hand side to create a circular booklet.

Step 4 **Write** the name of a season on the cover. On the page that opens to the right list the months of the year in that particular season. On the following page draw a picture to illustrate the season.

front · El invierno · inside

Step 5 **Turn the book upside down** and write the name of a season on the cover. On the page that opens to the right list the months of the year in that particular season. On the following page draw a picture to illustrate the season.

back · El verano · inside

Other Suggestions for a *Forward-Backward Book* Foldable

You may wish to use a *forward-backward book* foldable to organize summer and winter activities. You may use titles such as *the beach* and *skiing* in Spanish. On the inside, list activities that go with each on the right-hand page and illustrate a scene on the opposite page. To give information for the second category, turn the book upside down.

It may be helpful to use a *forward-backward book* foldable to organize the food groups. You could use the name of a food group in the target language (meat, vegetable, fruit, etc.) as the title. On the inside, list as many foods in this food group as you can on the right-hand page and illustrate these foods on the opposite page. Give the same information for a second food group by reversing the book.

Pocket Book

La geografía Use this *pocket book* organizer in your ongoing study of all the countries in the Spanish-speaking world.

Step 1 **Fold** a sheet of paper (8½" x 11") in half like a *hamburger*.

Step 2 **Open** the folded paper and fold one of the long sides up two inches to form a pocket. Refold the *hamburger* fold so that the newly formed pockets are on the inside.

Step 3 **Glue** the outer edges of the two-inch fold with a small amount of glue.

Step 4 **Make a multipaged booklet** by gluing six pockets side-by-side. Glue a cover around the multipaged *pocket book*.

Step 5 **Label** five pockets with the following geographical areas: **Europa, la América del Norte, la América del Sur, la América Central,** and **Islas del Caribe.** Use index cards inside the pockets to record information each time you learn something new about a specific country. Be sure to include the name of the country (in Spanish, of course) and its capital.

Other Suggestions for a *Pocket Book* Foldable

You may wish to use a *pocket book* foldable to organize masculine and feminine nouns or singular and plural forms. You can make an index card to put in the correct pocket each time you learn a new word.

A *pocket book* foldable may be used to organize information about several subjects. For example, to organize information about airplane travel, label pockets with topics such as *preparing for a trip, getting to the airport, at the airport,* and *on the airplane* in Spanish. Make cards for all the words and phrases you know that go with each topic.

If you wish to organize what you are learning about important people, works of art, festivals, and other cultural information in countries that speak Spanish, a *pocket book* foldable may be helpful. You can make a card for each person, work of art, or event that you study, and you can add cards and even add categories as you continue to learn about cultures that speak Spanish.

Vocabulary Book

Sinónimos y antónimos Use this *vocabulary book* to practice your vocabulary through the use of synonyms and antonyms.

Step 1 **Fold** a sheet of notebook paper in half like a *hot dog*.

Step 2 On one side, **cut** every third line. This usually results in ten tabs. Do this with two sheets of paper to make two books.

Step 3 **Label** the tops of the *vocabulary books* with the word **Sinónimos** on one and **Antónimos** on the other. As you learn new vocabulary in each unit, try to categorize words in this manner. Remember also to think of words you have previously learned to fill in your books.

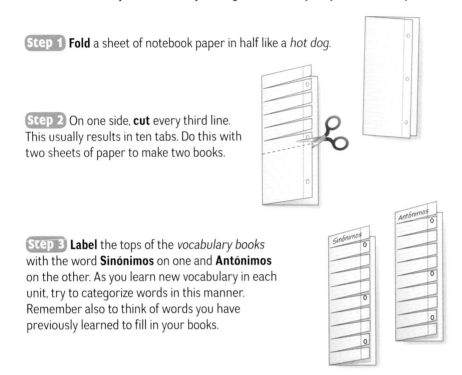

Other Suggestions for a *Vocabulary Book* Foldable

You may wish to use a *vocabulary book* foldable to help you remember words related to minor illnesses and going to the doctor. Come up with categories to write on the outside such as *a cold, at the doctor's office,* or *at the pharmacy*. On the inside, write as many terms and phrases as you can think of that relate to that category.

You can use a *vocabulary book* foldable to help remember any verb conjugation in Spanish. Write the infinitive at the top. If you know several tenses of a verb, you should also write what tense or tenses are being practiced. On the outside of the foldable, write the pronouns and, on the inside, write the corresponding verb form. You can use this as a quick study and review tool for any verb. At a more advanced level, you may wish to write many verbs on the outside and entire conjugations on the inside.

You may wish to use a *vocabulary book* foldable to help organize different kinds of clothing. Come up with categories in Spanish to list on the outside, such as *school, casual, men's, women's, summer, winter,* etc. On the inside, list as many articles of clothing fitting the category as you can in Spanish.

You can use *vocabulary book* foldables to practice adjective forms. Create two *vocabulary book* foldables, one for singular forms and the other for plural forms. On the singular book, write either masculine or feminine singular adjective forms on the outside and the other forms on the inside. To make this more challenging, write a mix of masculine and feminine forms on the outside, with the corresponding form on the inside. Repeat this process on the second book for the plural forms.

Tab Book

Preguntas Use this *tab book* to practice asking
and answering questions.

Step 1 **Fold** a sheet of paper (8½" x 11") like a *hot dog* but fold it so that one side is
one inch longer than the other.

Step 2 On the shorter side only, **cut** five equal tabs. On the front of each tab, **write** a
question word you have learned. For example, you may wish to write the following.

Step 3 On the bottom edge, **write** any sentence you would like.

Elena es una alumna en un colegio en Puerto Rico.

Step 4 Under each tab, **write** the word from your sentence that answers the
question on the front of the tab.

Other Suggestions for a *Tab Book* Foldable

You may also use a *tab book* foldable to practice verb conjugations. You would need to make six tabs instead of five. Write a verb and a tense on the bottom edge and write the pronouns on the front of each tab. Under each tab, write the corresponding verb form.

You may wish to use a *tab book* foldable to practice new vocabulary words. Leave extra space on the bottom edge. Choose five or six vocabulary words and write each one on a tab.

You may also make multiple *tab book* foldables to practice more words. Under each tab, write a definition or translation of the word. If you can, write an original definition in Spanish. At a more beginning level, you may wish to illustrate the word or write the word in English. Use the bottom edge to write one or more original sentences using all of the words on the tabs.

Miniature Matchbook

Descripciones Use this *miniature matchbook* to help communicate in an interesting and more descriptive way.

Step 1 **Fold** a sheet of paper (8½" x 11") in half like a *hot dog*.

Step 2 **Cut** the sheet in half along the fold line.

Step 3 **Fold** the two long strips in half like *hot dogs,* leaving one side ½" shorter than the other side.

Step 4 **Fold** the ½" tab over the shorter side on each strip.

Step 5 **Cut** each of the two strips in half forming four halves. Then cut each half into thirds, making twelve *miniature matchbooks.*

Step 6 **Glue** the twelve small *matchbooks* inside a *hamburger* fold (three rows of four each).

Step 7 On the front of each *matchbook,* **write** a subject you are going to tell or write about, for example, **la escuela.** Open up the tab and list any words you think you could use to make your discussion more interesting. You can add topics and words as you continue with your study of Spanish. If you glue several sections together, this foldable will "grow."

Other Suggestions for a *Miniature Matchbook* Foldable

You may use a *miniature matchbook* foldable to test each other on your knowledge of the vocabulary. Work in pairs with each partner making a blank *miniature matchbook* foldable. Each partner writes a topic related to the subjects you have just studied on the front of each *matchbook.* You may use categories of vocabulary, verbs you have recently learned to conjugate, or the subject of a reading. Your partner then writes as much as he or she can about that topic under the flap. This can alert you if you need to go back and review a topic.

A *miniature matchbook* foldable may help you organize and remember information you have read. After doing a cultural or literary reading, write down a concept presented in the reading on the front of each *matchbook.* Open up each tab and write down supporting details that support the idea.

Single Picture Frame

Dibujar y escribir Use this *single picture frame* to help
you illustrate the stories you write.

Step 1 **Fold** a sheet of paper (8½" x 11") in half like a *hamburger*.

Step 2 **Open** the *hamburger* and gently roll one side of the *hamburger* toward the valley. Try not to crease the roll.

Step 3 **Cut** a rectangle out of the middle of the rolled side of paper, leaving a ½" border and forming a frame.

Step 4 **Fold** another sheet of paper (8½" x 11") in half like a *hamburger*.

Step 5 **Apply** glue to the picture frame and place it inside the *hamburger* fold.

Variation:
- Place a picture behind the frame and glue the edges of the frame to the other side of the *hamburger* fold. This locks the picture in place.
- Cut out only three sides of the rolled rectangle. This forms a window with a cover that opens and closes.

Other Suggestions for a *Single Picture Frame* Foldable

You may wish to write about a shopping trip using a *single picture frame* foldable. Before you begin, organize what you will say by drawing your path through the shops at the market, through the supermarket, or through the mall. You can then write about the shopping trip using your drawings as a guide.

Work in small groups. Each student should create a *single picture frame* foldable with a picture glued into it. You may either cut out a magazine picture or draw your own, although it should be fairly complex. Then give your foldable to another member of the group who will write sentences about what is in the picture and what people in the picture are doing. That student will pass it on to a third student who will write sentences about what is not in the picture and what people in the picture are not doing. The foldables can be passed to additional students to see if they can add more sentences.

Minibook

Mi autobiografía Use this *minibook* organizer to write and illustrate your autobiography. Before you begin to write, think about the many things concerning yourself that you have the ability to write about in Spanish. On the left pages, draw the events of your life in chronological order. On the right, write about your drawings.

Step 1 **Fold** a sheet of paper (8½" x 11") in half like a *hot dog*.

Step 2 **Fold** it in half again like a *hamburger*.

Step 3 Then **fold** in half again, forming eight sections.

Step 4 **Open** the fold and **cut** the eight sections apart.

Step 5 **Place** all eight sections in a stack and fold in half like a *hamburger*.

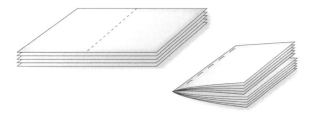

Step 6 **Staple** along the center fold line. **Glue** the front and back sheets into a construction paper cover.

Other Suggestions for a *Minibook* Foldable

Work in pairs to practice new verbs and verb forms using a *minibook* foldable. Illustrate different verbs on the left pages. If it is not clear what pronoun is required, you should write the pronoun under the drawing, for instance to differentiate between *we* and *they*. Then trade *minibooks* and write sentences to go with each picture on the right pages, using the new verb and the pronoun illustrated or indicated.

A *minibook* foldable can be used to help practice vocabulary about the family and house as well as possessive adjectives and the verb *to have* in Spanish. Draw your family members and the rooms of your house on the left pages. If you have several brothers or sisters, several cousins, and several aunts or uncles, you should draw each group on one page. On the right page, write sentences about the drawings, telling how many brothers you have, for example. Add additional sentences describing the family members and rooms using possessive adjectives.

Paper File Folder

Las emociones Use this *paper file folder* organizer to keep track of happenings or events that cause you to feel a certain way.

Step 1 **Fold** four sheets of paper (8½" x 11") in half like a *hamburger*. Leave one side one inch longer than the other side.

Step 2 On each sheet, **fold** the one-inch tab over the short side, forming an envelopelike fold.

Step 3 **Place** the four sheets side-by-side, then move each fold so that the tabs are exposed.

Step 4 Moving left to right, **cut** staggered tabs in each fold, 2⅛" wide. Fold the tabs upward.

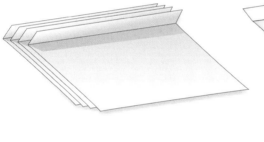

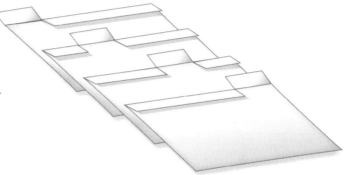

Step 5 **Glue** the ends of the folders together. On each tab, write an emotion you sometimes feel. Pay attention to when it is that you feel happy, sad, nervous, etc. Describe the situation in Spanish and file it in the correct pocket.

Other Suggestions for a *Paper File Folder* Foldable

You may use a *paper file folder* organizer to keep track of verbs and verb forms. You should make a folder for each type of regular verb and for each type of irregular verb. Write the conjugations for some important verbs in each category and file them in the *paper file folder* organizer. Add new tenses to the existing cards and new verbs as you learn them.

A *paper file folder* organizer can be useful for keeping notes on the cultural information that you will learn. You may wish to make categories for different types of cultural information and add index cards to them as you learn new facts and concepts about the target cultures.

Envelope Fold

Un viaje especial Use this *envelope fold* to make a hidden picture or to write secret clues about a city in the Spanish-speaking world you would like to visit.

Step 1 **Fold** a sheet of paper into a *taco* to form a square. Cut off the leftover piece.

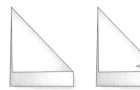

Step 2 **Open** the folded *taco* and refold it the opposite way, forming another *taco* and an X-fold pattern.

Step 3 **Open** the *taco fold* and fold the corners toward the center point of the X, forming a small square.

Step 4 **Trace** this square onto another sheet of paper. Cut and glue it to the inside of the envelope. Pictures can be drawn under the tabs.

Step 5 Use this foldable to **draw** a picture of the city you would like to visit. Or if you prefer, **write** clues about the city and have your classmates raise one tab at a time until they can guess what city the picture represents. Number the tabs in the order in which they are to be opened.

Other Suggestions for an *Envelope Fold* Foldable

An *envelope fold* can be useful for practicing vocabulary related to school, sports, vacations, airports, or shopping. Draw a scene that depicts many of the vocabulary words. Then write on each of the four flaps the new words that are represented under that flap. You could also give the picture to a partner and have the partner fill in the words.

You may want to use an *envelope fold* to review a selection you have read. Depict a scene from the selection on the paper covered by the tabs. Number the tabs in the order they are to be opened and have a partner open the tabs one at a time to guess what scene is illustrated. The partner should then write a description of the scenes.

Large Sentence Strips

El presente y el pasado Use these *large sentence strips* to help you compare and contrast activities in the past and in the present.

Step 1 Take two sheets of paper (8½" x 11") and **fold** into *hamburgers*. Cut along the fold lines, making four half sheets. (Use as many half sheets as necessary for additional pages in your book.)

Step 2 **Fold** each half sheet in half like a *hot dog*.

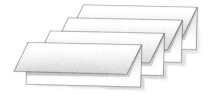

Step 3 Place the folds side-by-side and **staple** them together on the left side.

Step 4 About one inch from the stapled edge, **cut** the front page of each folded section up to the top. These cuts form flaps that can be raised and lowered.

Step 5 To make a half-cover, use a sheet of construction paper one inch longer than the book. **Glue** the back of the last sheet to the construction paper strip, leaving one inch on the left side to fold over and cover the original staples. Staple this half-cover in place.

Step 6 With a friend, **write** sentences on the front of the flap, either in the present tense or in the past tense. Then switch your books of sentence strips and write the opposite tense inside under the flaps.

Other Suggestions for a *Large Sentence Strips* Foldable

You may work in pairs to use *large sentence strips* to practice using direct and/or indirect object pronouns. On the front of each flap, write full sentences that have direct or indirect objects or both. Then trade sentence strips. You and your partner will each write sentences under the flaps replacing the direct or indirect objects with object pronouns.

Large sentence strips can help you contrast summer and winter activities. On the front of each flap, write sentences about activities that you do in either summer or winter. Under each flap, you should write that in the other season you do not do that activity, and you should tell what you do instead. This may be done as an individual or a partner activity.

You may use *large sentence strips* to practice using verbs that can be used reflexively and nonreflexively. Write a sentence using a reflexive verb on the outside of each flap. Under the flap, write a sentence using the same verb nonreflexively.

Project Board With Tabs

Diversiones favoritas Use this *project board with tabs* to display a visual about your favorite movie or event. Be sure to make it as attractive as possible to help convince others to see it.

Step 1 **Draw** a large illustration, a series of small illustrations, or write on the front of a sheet of paper.

Step 2 **Pinch** and slightly fold the sheet of paper at the point where a tab is desired on the illustrated piece of paper. Cut into the paper on the fold. Cut straight in, then cut up to form an L. When the paper is unfolded, it will form a tab with the illustration on the front.

Step 3 After all tabs have been cut, **glue** this front sheet onto a second sheet of paper. Place glue around all four edges and in the middle, away from tabs.

Step 4 **Write** or draw under the tabs. If the project is made as a bulletin board using butcher paper, tape or glue smaller sheets of paper under the tabs.

Think of favorite scenes from a movie or cultural event that you enjoyed and draw them on the front of the tabs. Underneath the tabs write a description of the scene or tell why you liked it. It might be fun to not put a title on the project board and just hang it up and let classmates guess the name of the movie or event you are describing.

Other Suggestions for a *Project Board With Tabs* Foldable

You may wish to use a *project board with tabs* to illustrate different shopping venues. Draw a type of place to shop on the outside of each tab. Under each tab make a list of some of the things you might buy at that particular kind of place. Use your drawings and lists to create conversations with a partner or small group.

You may also use a *project board with tabs* to illustrate a party, museum, sport, or concert. Draw one aspect of it on the outside of the tab and write a description of your drawing under the tab.

You may work in pairs to practice the comparative and superlative. Each of you will make a *project board with tabs*. On the outside of each tab, draw a different comparison or superlative. Then trade with your partner and under each tab write a sentence describing the other's illustrations.

You may also wish to use a *project board with tabs* to practice the use of object pronouns. Draw a series of scenes involving two or more people on the outside of the tabs. Write sentences using object pronouns describing the people's conversations.

Sentence Strip Holder

Para practicar más Use this *sentence strip holder* to practice your vocabulary, your verbs, or anything else you might feel you need extra help with.

Step 1 **Fold** a sheet of paper (8½" x 11") in half like a *hamburger*.

Step 2 **Open** the *hamburger* and fold the two outer edges toward the valley. This forms a shutter fold.

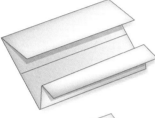

Step 3 **Fold** one of the inside edges of the shutter back to the outside fold. This fold forms a floppy L.

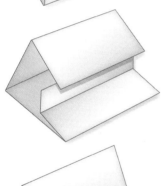

Step 4 **Glue** the floppy L tab down to the base so that it forms a strong straight L tab.

Step 5 **Glue** the other shutter side to the front of this L tab. This forms a tent that is the backboard for the flashcards or student work to be displayed.

Step 6 **Fold** the edge of the L up ¼" to ½" to form a lip that will keep the sentence strips from slipping off the holder.

Vocabulary and verbs can be stored inside the "tent" formed by this fold.

Other Suggestions for a *Sentence Strip Holder* Foldable

You may wish to practice new or irregular verbs using a *sentence strip holder.* Work in pairs. Make flash cards showing the infinitives of the verbs to practice in Spanish. You should each take half of the cards and take turns setting one verb on the *sentence strip holder.* One partner will then say as many sentences as possible using different forms of that verb, and the other will write down the subject and conjugated verb form (or just the verb form) for each sentence. Partners should check to make sure each verb form is spelled correctly. You can repeat this activity for each verb.

You may practice food vocabulary working in small groups and using a *sentence strip holder.* Groups may make flash cards containing the names of local restaurants that everyone will be familiar with, making sure to include different types of restaurants. Put the cards up on the *sentence strip holder* one at a time. Students will spend several minutes writing about what they like to eat at that restaurant. After writing about each restaurant on the list, share your favorite foods with the group.

El alfabeto español

a avión

b bebé

c cesta

d dedo

e elefante

f foto

g gemelas

h hamaca

i iglesia

j jabón

k kilo

l lago

m mono

n nariz

ñ ñame

o oso

p pelo

q queso

r rana

s sala

t té

u uva

v vaca

w Washington, D.C.

x examen

y yeso

z zapato

ch chicle

ll lluvia

rr guitarra

Ch, ll, and **rr** are not letters of the Spanish alphabet. However, it is important for you to learn the sounds they represent.

CULTURA
México

Spanish is the language of almost 400 million people around the world. Spanish had its origin in Spain. It is sometimes fondly called the "language of Cervantes," the author of the famous novel *El Quijote*. The Spanish **conquistadores** and **exploradores** brought their language to the Americas in the fifteenth and sixteenth centuries. Spanish is the official language of almost all the countries of Central and South America. It is the official language of Mexico and several of the larger islands in the Caribbean. Spanish is also the heritage language of more than fifty million people in the United States.

CULTURA
Perú

CULTURA
Puerto Rico

CULTURA
España

(bl)Rebecca Smith, (others)Andrew Payti

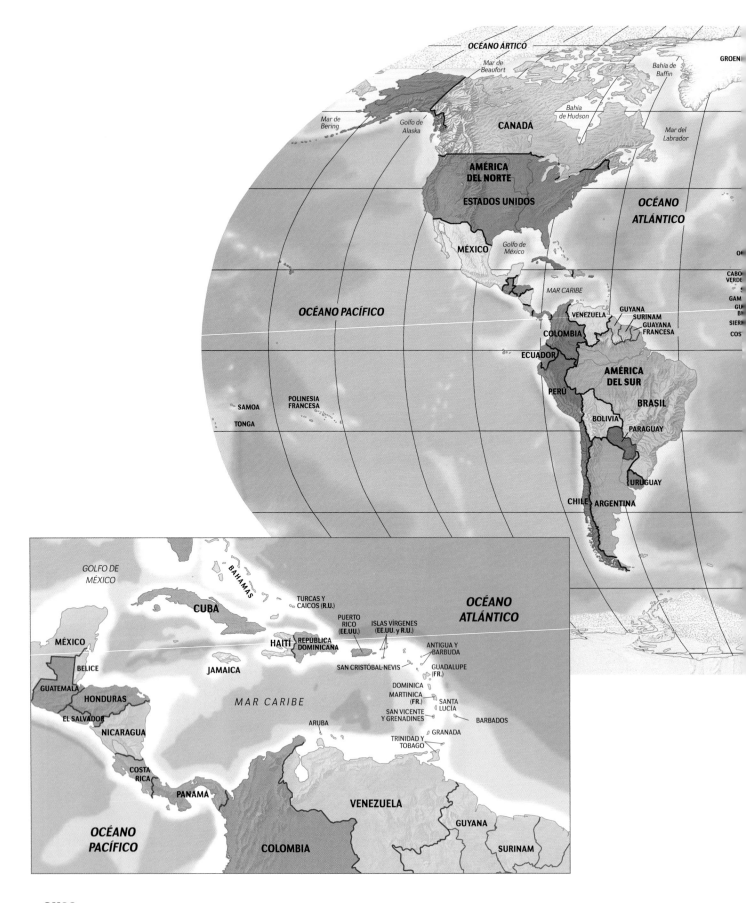

OCÉANO ÁRTICO

GROEN

Mar de
Beaufort

Bahía de
Baffin

Mar de
Bering

Golfo de
Alaska

Bahía
de Hudson

CANADÁ

Mar del
Labrador

AMÉRICA
DEL NORTE

ESTADOS UNIDOS

OCÉANO
ATLÁNTICO

MÉXICO

Golfo de
México

O

CABO
VERDE

OCÉANO PACÍFICO

MAR CARIBE

GAM

VENEZUELA

GUYANA
SURINAM
GUAYANA
FRANCESA

GUI
B

SIER

COLOMBIA

COST

ECUADOR

AMÉRICA
DEL SUR

PERÚ

BRASIL

SAMOA

POLINESIA
FRANCESA

BOLIVIA

PARAGUAY

TONGA

URUGUAY

CHILE   ARGENTINA

GOLFO DE
MÉXICO

BAHAMAS

CUBA

TURCAS Y
CAICOS (R.U.)

OCÉANO
ATLÁNTICO

PUERTO
RICO
(EE.UU.)

ISLAS VÍRGENES
(EE.UU. y R.U.)

MÉXICO

HAITÍ   REPÚBLICA
DOMINICANA

ANTIGUA Y
BARBUDA

BELICE

SAN CRISTÓBAL-NEVIS

GUADALUPE
(FR.)

JAMAICA

GUATEMALA

MAR CARIBE

DOMINICA
MARTINICA
(FR.)

SANTA
LUCÍA

HONDURAS

EL SALVADOR

ARUBA

SAN VICENTE
Y GRENADINES

BARBADOS

NICARAGUA

GRANADA

TRINIDAD Y
TOBAGO

COSTA
RICA

PANAMÁ

OCÉANO
PACÍFICO

VENEZUELA

GUYANA

COLOMBIA

SURINAM

OCÉANO ÁRTICO

Mar de Groenlandia

Mar de Noruega

Mar de Barents

Mar de Kara

Mar de Láptiev

ISLANDIA

RUSIA

ASIA

Mar de Ojotsk

Mar del Norte

EUROPA

KAZAJSTÁN

MONGOLIA

MELILLA

Mar Negro

GEORGIA
ARMENIA

UZBEKISTÁN

KIRGUIZISTÁN

CEUTA

MAR MEDITERRÁNEO

TURQUÍA

TURKMENISTÁN

TAYIKISTÁN

CHINA

COREA
DEL NORTE

Mar
del
Japón

JAPÓN

MARRUECOS

TÚNEZ

LÍBANO

SIRIA

AZERBAIJAN

COREA
DEL SUR

ISRAEL

IRAK
JORDANIA

IRÁN

AFGANISTÁN

Mar de la
China
oriental

OCÉANO
PACÍFICO

SAHARA
IDENTAL

ARGELIA

LIBIA

EGIPTO

KUWAIT

BAHREIN

PAKISTÁN

NEPAL

BHUTAN

TAIWÁN

MAURITANIA

MALÍ

NIGER

CHAD

SUDÁN

QATAR
ARABIA
SAUDITA

EMIRATOS
ÁRABES
UNIDOS

OMÁN

INDIA

BANGLADESH

MYANMAR

LAOS

Mar de la China
meridional

NEGAL
A

BURKINA
FASO

NIGERIA

ÁFRICA

ERITREA

YEMEN

DJIBOUTI

Golfo
de Bengala

TAILANDIA

FILIPINAS

MARSHALL

EA
SAU

GUINEA

GHANA

BENÍN

REPÚBLICA
CENTROAFRICANA

ETIOPÍA

SRI
LANKA

VIETNAM

MICRONESIA

LEONA

DE MARFIL

LIBERIA

TOGO

CAMERÚN

MALDIVAS

CAMBOYA

PALAU

KIRIBATI

SAN TOMÉ E PRÍNCIPE

GUINEA ECUATORIAL

GABÓN
REP. DEL
CONGO

UGANDA

KENYA

SOMALIA

BRUNEI

MALAYSIA

NAURÚ

RUANDA

REP. DEM.
DEL CONGO

BURUNDI

TANZANIA

SEYCHELLES

OCÉANO
ÍNDICO

SINGAPUR

INDONESIA

PAPÚA-
NUEVA
GUINEA

SALOMÓN

TUVALU

ANGOLA

MALAWI

ISLAS COMORES

WALLIS Y
FUTUNA

ZAMBIA

MOZAMBIQUE

MADAGASCAR

MAURICIO

Mar del
Coral

VANUATU

ISLAS
FIJI

ZIMBABWE

OCÉANO
ATLÁNTICO

NAMIBIA

BOTSWANA

REUNIÓN

AUSTRALIA

NUEVA
CALEDONIA

SUDÁFRICA

SWAZILANDIA

LESOTHO

Mar de
Tasmania

NUEVA
ZELANDIA

ANTÁRTIDA

NORUEGA

FINLANDIA

SUECIA

IRLANDA

REINO
UNIDO

DINAMARCA

ESTONIA

RUSIA

LETONIA

LITUANIA

RUSIA

BELARÚS

PAÍSES
BAJOS

OCÉANO
ATLÁNTICO

BÉLGICA

ALEMANIA

LUXEMBURGO

POLONIA

REPÚBLICA
CHECA

UCRANIA

FRANCIA

SUIZA

AUSTRIA

ESLOVAQUIA

HUNGRÍA

MOLDOVA

ANDORRA

ESLOVENIA

CROACIA

RUMANIA

PORTUGAL

MÓNACO

BOSNIA
HERZOGOVINA

YUGOSLAVIA
(Fed. Rep.)

Mar Negro

GEORGIA

ESPAÑA

ITALIA

BULGARIA

MELILLA

ALBANIA

MACEDONIA

TURQUÍA

CEUTA

Mar Mediterráneo

GRECIA

ÁFRICA

MALTA

CHIPRE

SIRIA

LÍBANO

NDIA

EL MUNDO HISPANOHABLANTE

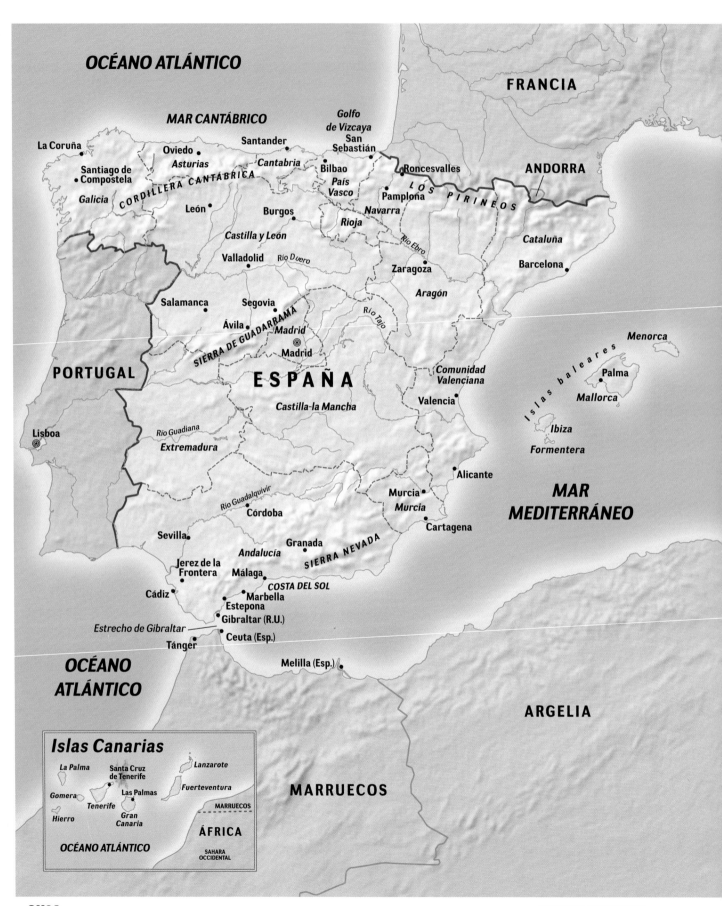

OCÉANO ATLÁNTICO

FRANCIA

MAR CANTÁBRICO

Golfo
de Vizcaya

La Coruña

Santander

San
Sebastián

Santiago de
Compostela

Oviedo

Asturias

Cantabria

Bilbao

Roncesvalles

ANDORRA

País
Vasco

LOS PIRINEOS

Galicia

CORDILLERA CANTÁBRICA

León

Pamplona

Navarra

Burgos

Rioja

Río Ebro

Castilla y León

Cataluña

Valladolid

Río Duero

Zaragoza

Barcelona

Salamanca

Segovia

Aragón

Río Tajo

Ávila

SIERRA DE GUADARRAMA

Madrid

Madrid

PORTUGAL

ESPAÑA

Comunidad
Valenciana

Menorca

Islas baleares

Palma

Castilla-la Mancha

Valencia

Mallorca

Lisboa

Río Guadiana

Extremadura

Ibiza

Formentera

Alicante

MAR
MEDITERRÁNEO

Río Guadalquivir

Córdoba

Murcia

Murcia

Sevilla

Granada

Andalucía

SIERRA NEVADA

Cartagena

Jerez de la
Frontera

Málaga

COSTA DEL SOL

Cádiz

Marbella

Estepona

Gibraltar (R.U.)

Estrecho de Gibraltar

Ceuta (Esp.)

Tánger

OCÉANO
ATLÁNTICO

Melilla (Esp.)

ARGELIA

Islas Canarias

La Palma

Santa Cruz
de Tenerife

Lanzarote

Gomera

Las Palmas

Fuerteventura

MARRUECOS

Tenerife

MARRUECOS

Hierro

Gran
Canaria

ÁFRICA

OCÉANO ATLÁNTICO

SAHARA
OCCIDENTAL

MAR CARIBE

OCÉANO ATLÁNTICO

Barranquilla
Maracaibo
Caracas
Cartagena
Lago de Maracaibo
Río Orinoco
VENEZUELA
GUYANA
SURINAM
Medellín
GUAYANA FRANCESA
Santafé de Bogotá
COLOMBIA
Cali
Río Magdalena
Ecuador
Otavalo
Quito
ECUADOR
Islas Galápagos (Ecuador)
Guayaquil
Cuenca
Río Amazonas
PERÚ
BRASIL
El Callao
Lima
Cuzco
CORDILLERA DE LOS ANDES
Lago Titicaca
BOLIVIA
La Paz
Cochabamba
Santa Cruz
Brasília
Sucre
PARAGUAY
Trópico de Capricornio
Asunción
CHILE
Río Paraná
Vicuña
Córdoba
OCÉANO PACÍFICO
Valparaíso
Rosario
URUGUAY
Santiago
Buenos Aires
Montevideo
La Plata
Río de la Plata
ARGENTINA
Mar del Plata
OCÉANO ATLÁNTICO
Puerto Montt
PATAGONIA
Estrecho de Magallanes
Islas Malvinas (R.U.)
Tierra del Fuego
Punta Arenas
Cabo de Hornos

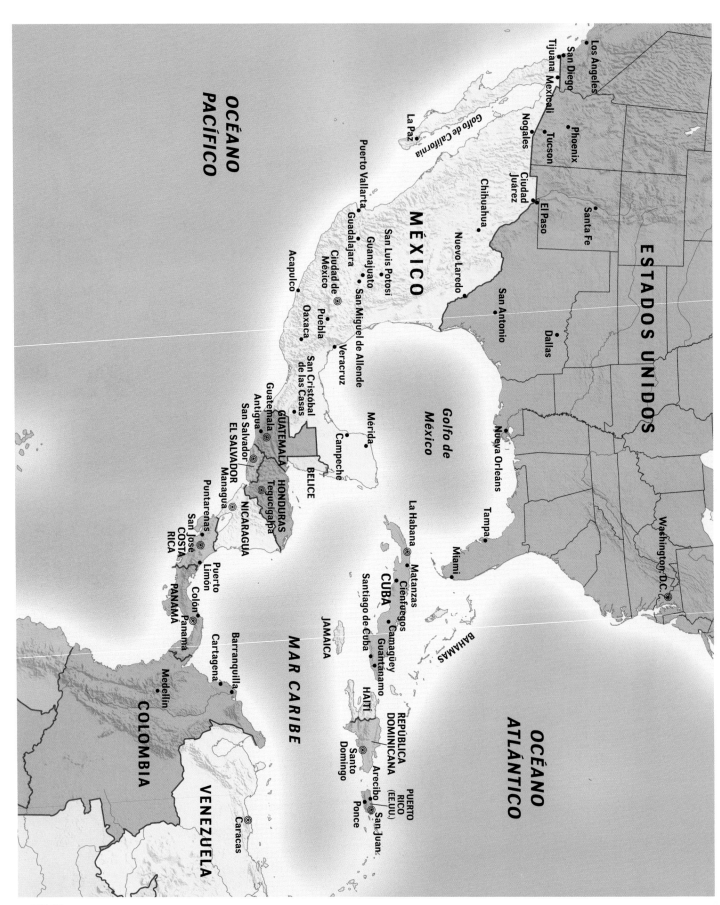

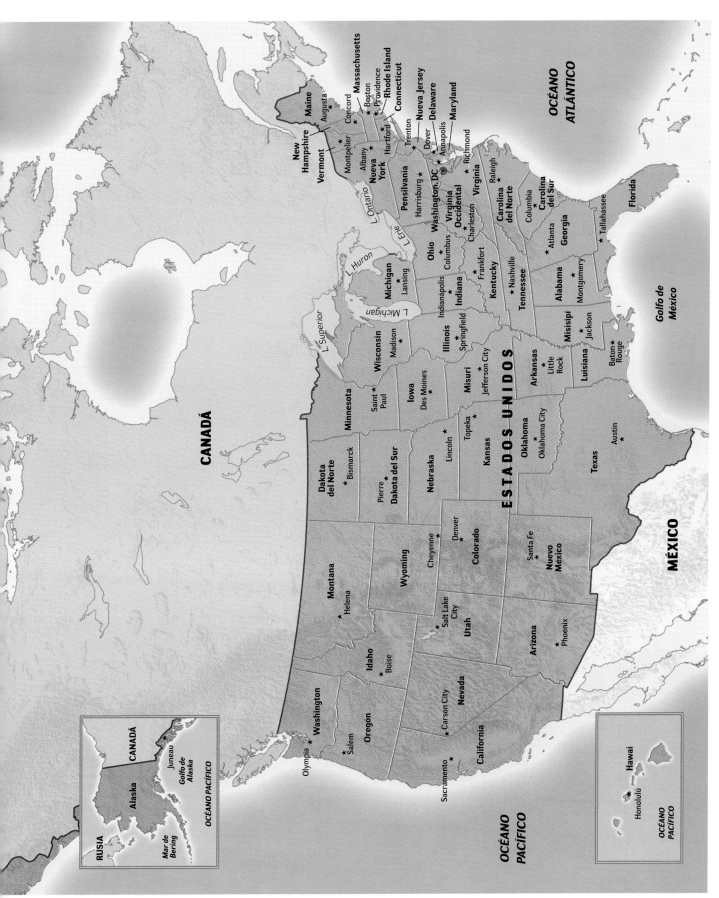

OCÉANO ATLÁNTICO

Maine
Augusta
Massachusetts
Concord
Boston
Providence
Rhode Island
Connecticut
Nueva Jersey
Delaware
Maryland

New Hampshire
Vermont
Montpelier
Albany
Hartford
Trenton
Dover
Annapolis
Richmond

Nueva York
L. Ontario
Pensilvania
Washington, DC
Virginia
Raleigh

Harrisburg
Virginia Occidental
Charleston
Carolina del Norte
Columbia
Carolina del Sur

L. Erie
Ohio
Columbus
Frankfort
Nashville
Atlanta
Georgia

L. Huron
Michigan
Lansing
Indianápolis
Indiana
Kentucky
Tennessee
Alabama
Montgomery

L. Superior
L. Michigan
Wisconsin
Madison
Illinois
Springfield
Misisipi
Jackson
Tallahassee
Florida

Minnesota
Saint Paul
Iowa
Des Moines
Misuri
Jefferson City
Arkansas
Little Rock
Luisiana
Baton Rouge

Golfo de México

CANADÁ

Dakota del Norte
Bismarck
Dakota del Sur
Pierre
Nebraska
Lincoln
Topeka
Kansas
ESTADOS UNIDOS
Oklahoma
Oklahoma City
Austin

Montana
Helena
Wyoming
Cheyenne
Denver
Colorado
Santa Fe
Nuevo México
Texas

MÉXICO

Idaho
Boise
Salt Lake City
Utah
Nevada
Carson City
Arizona
Phoenix

Washington
Olympia
Oregon
Salem
Sacramento
California

CANADÁ
Juneau
Golfo de Alaska
OCÉANO PACÍFICO
RUSIA
Alaska
Mar de Bering

Hawai
Honolulú
OCÉANO PACÍFICO

OCÉANO PACÍFICO

Mount Fitzroy, at an elevation of 3,375 meters, is the highest peak in Glaciar Park in Patagonia, Argentina. The views from Mount Fitzroy vary a great deal according to the time of day and the weather. It is a favorite site for trekking for as much as five days at a time.

Explorando el mundo hispanohablante

España SH44

México SH46

Guatemala, Honduras SH48

El Salvador, Nicaragua SH50

Costa Rica, Panamá SH52

Colombia, Venezuela SH54

Ecuador, Perú, Bolivia SH56

Chile, Argentina SH58

Paraguay, Uruguay SH60

Cuba, República Dominicana, Puerto Rico . SH62

Estados Unidos SH64

GeoVista

España

España

Beautiful Moorish architecture in the Mezquita de Córdoba

España

Post office or Palacio de Comunicaciones in Madrid, the capital of Spain

España

A modern fish market in Gijón, Asturias

España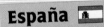

Casares, a typical town of Andalucía in southern Spain

España

Flamenco dancers in Estepona, Spain

España 🏳️

Windmills in La Mancha on the plains of central Spain

España 🏳️

A rendering of the famous knight Don Quijote de la Mancha

España 🏳️

Delicious oranges from Valencia

España 🏳️

A European hedgehog, various species of which live in Spain

Golfo de Vizcaya

FRANCIA

Mar Cantábrico

La Coruña

San Sebastián

Bilbao

Santiago de Compostela

Pamplona

LOS PIRINEOS

Río Ebro

Río Duero

Salamanca

Segovia

Zaragoza

Barcelona

SIERRA DE GUADARRAMA

Madrid

ESPAÑA

Islas Baleares

PORTUGAL

Mérida

Río Tajo

Valencia

Río Guadiana

Mar Mediterráneo

Río Guadalquivir

Córdoba

SIERRA NEVADA

Sevilla

Granada

Cádiz

Marbella

Estepona

Islas Canarias

Estrecho de Gibraltar

Ceuta

Melilla

MARRUECOS

SH45

GeoVista
México

México
A view of the cathedral at Tepoztlán in Morelos, Mexico

México
The monarch butterfly is famous for its annual migration from the northern United States to southern California and the states of Mexico and Michoacán.

México
Beautiful modern buildings in Mexico's capital

México
A skeletal mask for the Day of the Dead celebration

México
The modern resort of Cancún on the Yucatan Peninsula on Mexico's Caribbean coast

STUDENT HANDBOOK

ESTADOS UNIDOS

Mexicali

Tijuana

Ciudad Juárez

DESIERTO
DE SONORA

DESIERTO DE
CHIHUAHUA

Río Grande
Río Bravo

SIERRA MADRE ORIENTAL

Nuevo
Laredo

Golfo de México

Chihuahua

SIERRA MADRE OCCIDENTAL

La Paz

Golfo de California

Monterrey

Matamoros

MÉXICO

San Luis
Potosí

Cancún

Río Grande
de Santiago

OCÉANO PACÍFICO

Guanajuato

Puerto Vallarta

San Miguel
de Allende

Campeche

Guadalajara

Río Lerma

Lago Chapala

México, D.F. ☆

Veracruz

Puebla

Volcán Pico
de Orizaba

BELICE

Mar Caribe

SIERRA MADRE DEL SUR

Oaxaca

Acapulco

GUATEMALA

México 🇲🇽

Independence Monument
on the famous Paseo de la
Reforma in Mexico City,
the capital of Mexico

México 🇲🇽

A souvenir shop on
isla Mujeres off the
Yucatan Peninsula
in Mexico

México 🇲🇽

Famous ruins of the Toltec and Olmec
indigenous civilizations in Monte Albán in
the state of Oaxaca in southern Mexico

México 🇲🇽

A food market in
Mérida, Mexico

GeoVista

Guatemala 🇬🇹

Lake Atitlán and the San Pedro Volcano

Guatemala 🇬🇹

A street scene in the colonial city of Antigua, the former capital of Guatemala

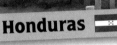

Honduras 🇭🇳

Artisan shop on a beach in Honduras

Although the coati spends much of its time in treetops, it is also very much at home on the ground.

Honduras 🇭🇳

An ancient ballpark and stela in the Mayan ruins of Copán

(tr b)Richard Brommer, (cl)©Glow Images/SuperStock, (others)Lori Ernfridsson

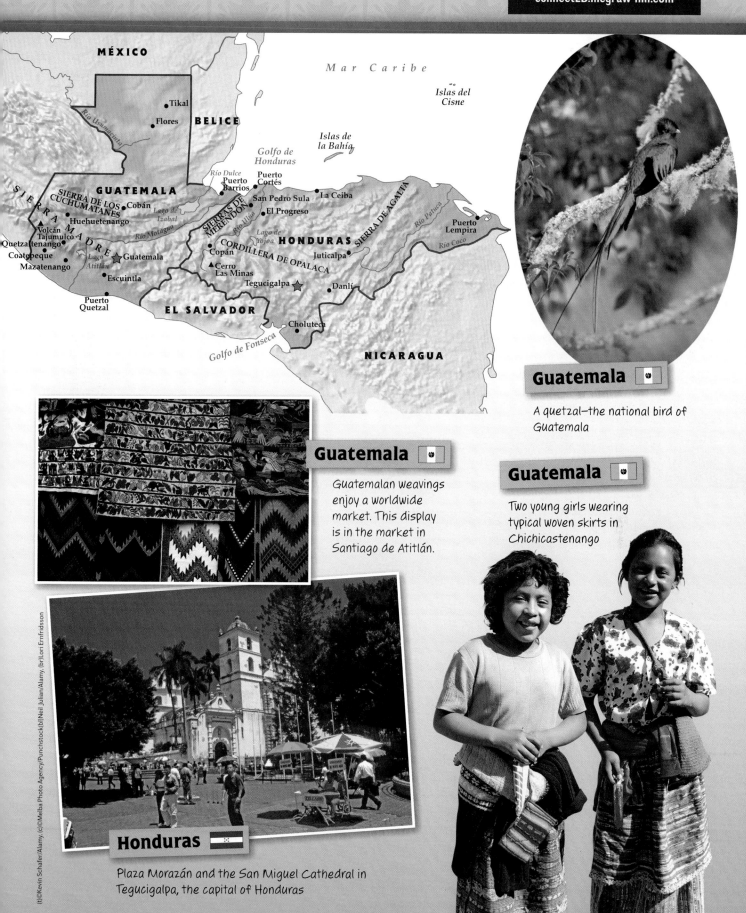

MÉXICO

Mar Caribe

Islas del Cisne

Tikal

Flores

BELICE

Río Usumacinta

Islas de la Bahía

Golfo de Honduras

Río Dulce

Puerto Barrios

Puerto Cortés

GUATEMALA

SIERRA DE LOS CUCHUMATANES

Cobán

San Pedro Sula

La Ceiba

SIERRA DE MERENDÓN

Lago de Izabal

Huehuetenango

Río Motagua

Río Ulúa

El Progreso

SIERRA DE AGALTA

Río Patuca

Puerto Lempira

Volcán Tajumulco

Quetzaltenango

Lago de Yojoa

HONDURAS

CORDILLERA DE OPALACA

Río Coco

Coatepeque

Lago Atitlán

Guatemala

Copán

Juticalpa

Mazatenango

Cerro Las Minas

Escuintla

Tegucigalpa

Danlí

Puerto Quetzal

EL SALVADOR

Cholutech

Golfo de Fonseca

NICARAGUA

Guatemala

A quetzal—the national bird of Guatemala

Guatemala

Guatemalan weavings enjoy a worldwide market. This display is in the market in Santiago de Atitlán.

Guatemala

Two young girls wearing typical woven skirts in Chichicastenango

Honduras

Plaza Morazán and the San Miguel Cathedral in Tegucigalpa, the capital of Honduras

GeoVista

El Salvador ● **Nicaragua**

Nicaragua

A modern high-rise and the colonial cathedral in Managua

Nicaragua

The cathedral in the colonial city of Granada

Nicaragua

The Palacio Nacional in Managua, the capital of Nicaragua

El Salvador

A spider monkey, one of those still inhabiting a few areas of El Salvador

El Salvador

Izalco Volcano

Nicaragua

Cattle on a rural road in Viejo León

Nicaragua

A young fisherman on Lake Nicaragua

El Salvador

The Metropolitan Cathedral in Plaza Barrios in San Salvador

Nicaragua

Ceramic statues of Nicaraguan women

GUATEMALA

HONDURAS

Río Coco

Lago Güija

Cerro El Pital

CORDILLERA DE TILARAN

Santa Ana

El Mozote

Puerto Cabezas

Embalse Cerrón Grande

Volcán Santa Ana

Sensuntepeque

San Salvador

Lago Ilopango

Río Lempa

San Miguel

Volcán de San Miguel

Acajulta

La Libertad

Puerto El Triunfo

Pico Mogotón

CORDILLERA ISABELIA

Estelí

Matagalpa

Río Grande de Matagalpa

M a r   C a r i b e

EL SALVADOR

Río Grande de San Miguel

Golfo de Fonseca

Chinandega

León

NICARAGUA

Lago Managua

Corinto

Río Escondido

Islas del Maíz

Managua

Granada

Bluefields

Lago Nicaragua

OCÉANO PACÍFICO

Rivas

Isla de Ometepe

San Carlos

Río San Juan

COSTA RICA

(tl)©Neil Julian/Alamy, (others)Andrew Payti

GeoVista

Costa Rica   Panamá

(tl)©Image Source/PunchStock, (tr cl)Richard Brommer; (cr l)©Jon Arnold Images Ltd/Alamy, (b)Andrew Payti

Panamá

A view of the modern capital of Panama, Panama City

Costa Rica

Tourists enjoying the lush vegetation of Costa Rica

Costa Rica

A parrot in the forest of Costa Rica

Panamá

A view of the Panama Canal

Panamá

The Church of Saint Francis of Assisi in the colonial section of Panama City

SH52

NICARAGUA

Mar Caribe

Lago Nicaragua

CORDILLERA DE GUANACASTE

Liberia

Nicoya

Lago Arenal

Río San Juan

COSTA RICA

CORDILLERA CENTRAL

Puerto Limón

Alajuela

Puntarenas

Caldera

San José

Volcán de Irazú

Puerto Quepos

CORDILLERA DE TALAMANCA

San Isidro

Bocas del Toro

Río Chagres

El Porvenir

Canal de Panamá

Colón

Archipiélago de San Blas

SERRANÍA DE SAN BLAS

Ciudad de Panamá

Lago Gatún

Balboa

Vacamonte

Río Chepo

Lago Bayano

SERRANÍA DEL DARIÉN

Volcán Barú

Golfito

CORDILLERA CENTRAL

Isla del Rey

Penonomé

La Palma

David

PANAMÁ

Santiago

Archipiélago de las Perlas

Río San Pablo

Golfo de Panamá

Río Tuira

Yaviza

COLOMBIA

Isla de Coiba

OCÉANO PACÍFICO

Panamá 🏴

Emberá girls in the tropical forest near Panama City

Panamá 🏴

A statue of Vasco Núñez de Balboa, the discoverer of the Pacific Ocean

Costa Rica 🏴

Poas Volcano

GeoVista

Colombia Venezuela

Colombia

Coffee plants

Venezuela

The famous
Angel Falls

Venezuela

One of the many thousands of
flamingos seen in the lagoons or in
flight in the Cuare Wildlife Refuge in
Morrocoy National Park in Venezuela

Sancocho, a typical Venezuelan
and Colombian dish, has many
variations. Here is sancocho
made with meat.

(tl)Kelli Drummer-Avendaño, (tr)Digital Vision/age fotostock, (c)Nico Tondini/Alamy, (b)Getty Images/Digital Vision

Mar Caribe

Isla de Providencia

Isla de San Andrés

Archipiélago Los Roques

Isla de Margarita

OCÉANO ATLÁNTICO

Santa Marta
Pico Cristóbal Colón
Barranquilla
Puerto Bolívar
Cartagena
SIERRA NEVADA DE SANTA MARTA
Maracaibo
Golfo de Venezuela
Lago Maracaibo
Coro
Caracas
Valencia
Maracay
Lago Valencia

PANAMÁ

Río Magdalena
Pico Bolívar
Mérida
Río Apure
Río Orinoco
Ciudad Bolívar
Ciudad Guayana

Cúcuta
San Cristóbal
San Fernando de Apure
VENEZUELA
Canaima
Río Caroní
GUYAN

Bucaramanga

Medellín

Puerto Ayacucho

Bogotá
Río Meta

Ibagué
COLOMBIA
Río Guaviare

Buenaventura

Cali

Pasto

Río Caquetá

LOS ANDES

ECUADOR

Río Putumayo

Río Amazonas

BRASIL

PERÚ

Venezuela

A view of Caracas, the capital of Venezuela

Venezuela

A hiker in the Venezuelan Andes

Colombia

A typical narrow street in the colonial section of Cartagena, Colombia

Venezuela

A cable car in the mountains of Mérida

Colombia

Plaza Bolívar and the Cathedral of Bogotá in the capital of Colombia

(tl)Hisham Ibrahim/Getty Images, (tr cr)Kelli Drummer-Avendaño, (cl)Glowimages/Getty Images, (b)Lissa Harrison

GeoVista

Ecuador **Perú** **Bolivia**

Perú
Partial view of the ruins of Machu Picchu, an imperial city of the Incas

Perú
A view of the cathedral and Plaza de Armas in Cuzco

Ecuador
The Church of Saint Francis in colonial Quito

Perú
A woman selling woven goods on the shores of Lake Titicaca

Ecuador
A beach in the port city of Manta

(cr b)Andrew Payti, (others)Richard Brommer

Ecuador

These indigenous people are at an outdoor market in Otavalo.

Islas Galápagos

Esmeraldas
Santo Domingo
Manta
Volcán Chimborazo
Guayaquil
Golfo de Guayaquil
Punta Sal
Puerto Bolívar

COLOMBIA
Ibarra
Otavalo
Quito
ECUADOR
Riobamba
Cuenca
Iquitos
Río Napo
Río Putumayo
Río Amazonas

BRASIL

Huanchaco
Trujillo
PERÚ
Río Marañón
Río Ucayali

Barranca
Huancayo
Cuenca
Lima
Ayacucho
Ica
Machu Picchu
Nazca
Cuzco
Pisac
Río Urubamba
Lago Titicaca

Cobija
Riberalta
Río Beni
Río Mamoré
Río Guaporé

Puno
Arequipa
El Alto
Oruro
Nevado Sejama
Potosí
Tarija
La Paz
Cochabamba
Santa Cruz
BOLIVIA
Sucre
Trinidad
Puerto Aguirre
Río Pilcomayo

CHILE
ARGENTINA
PARAGUAY

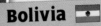

Bolivia

A man paddling his reed boat on Lake Titicaca

Bolivia

Salar de Uyuni—the largest salt flat in the world

GeoVista

 Chile   **Argentina**

Argentina

Dancing the Argentine tango in the San Telmo section of Buenos Aires, the capital of Argentina

Argentina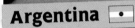

The Woman's Bridge in the Puerto Madero section of Buenos Aires

Argentina

La Casa Rosada in the Plaza de Mayo in Buenos Aires

Chile

A fish market in Puerto Montt

Chile

Arica, Chile's northernmost city, with a view of the beginnings of the Atacama Desert in the background

Chile 🇨🇱

Horses in the Torres del Paine National Park

Chile 🇨🇱

A view of the beautiful Elqui Valley in northern Chile

Argentina

Sea lions, or **lobos marinos**, sunning themselves on rocks in Punta Loma, near Puerto Madryn

Argentina

Colorful houses in the picturesque area of La Boca in Buenos Aires

SH59

Uruguay

A view of Independence Square and the monument to the hero José Gervasio Artigas in downtown Montevideo

Uruguay

A street musician performing in Colonia

Paraguay

A young man of guaraní descent

Uruguay

A view of Pocitos, a lovely beachside section of Montevideo, the capital of Uruguay

(tl)Glow Images, (tr)Richard Bromer, (c)Brian Atkinson/Alamy, (b)Andrew Payti

BOLIVIA

Capitán Pablo
Lagerenza

Fuerte Olimpo

PARAGUAY

Río Pilcomayo

GRAN CHACO

Pozo
Colorado

Río Paraguay

Pedro Juan
Caballero

Concepción

Río Paraná

BRASIL

Asunción

Villarrica

Ciudad del Este

Formosa

San Juan
Bautista

Encarnación

Río Paraná

ARGENTINA

Río Uruguay

Artigas

Rivera

Salto

URUGUAY

Lago Artificial de
Rincón del Bonete

Paysandú

Río Negro

Lago Artificial de
Paso del Palmar

Melo

Mercedes

CUCHILLA
GRANDE

Laguna
Merín

Nueva Palmira

Treinta
y Tres

Colonia

Minas

▲ Cerro Catedral

Río de la Plata

Montevideo

Punta del Este

OCÉANO ATLÁNTICO

(t)James Balog/age fotostock. (c)Creatas/PunchStock.
(bl)©Medioimages/PunchStock. (br)Glow Images

Paraguay

A green iguana

Paraguay

A jaguar, the largest
cat in South America

Uruguay

A view of the harbor in the resort
of Punta del Este, Uruguay

Paraguay

Iguazú Falls on the border of Paraguay,
Argentina, and Brazil

SH61

Cuba 🏳️

Musicians playing in the Casa de las Tradiciones in Santiago de Cuba

República Dominicana 🏳️

A square in Puerto Plata, a famous resort

Cuba 🏳️

The bell tower of the Church and Monastery of Saint Francis in Trinidad, Cuba

Cuba 🏳️

A panoramic view of Havana, the capital of Cuba

Puerto Rico 🏳️

A group of students in their school uniform in Fajardo

(tl)Author's Image/PunchStock, (tr)M. Timothy O'Keefe/Alamy, (cl b)Lissa Harrison, (cr)Hola Images/Getty Images

Golfo de México

BAHAMAS

OCÉANO ATLÁNTICO

Río Sagua la Grande

La Habana

SIERRA DE LOS ÓRGANOS

CUBA

SIERRA DE TRINIDAD

Isla de la Juventud

• Camagüey

Río Cauto

Manzanillo

SIERRA MAESTRA

Pico Turquino

Santiago de Cuba

Guantánamo

Islas Caimán

REPÚBLICA DOMINICANA

Santiago

La Vega

HAITÍ

San Pedro de Macorís

Santo Domingo

La Española

PUERTO RICO

Bayamón

Arecibo

San Juan

Rincón

Mayagüez

Ponce

Carolina

Mar Caribe

Puerto Rico

Starflowers in El Yunque rain forest

Puerto Rico

Land crabs are used in many specialty dishes in Puerto Rico.

República Dominicana

A view of Cabarete Beach, a favorite among surfers

Puerto Rico

El Yunque rain forest

GeoVista

Estados Unidos

Michigan

Mexican Americans celebrating Cinco de Mayo in Port Huron, Michigan

New York

A man with his bicycle and Puerto Rican flag participates in the Puerto Rican Day Parade in New York City.

Texas

The famous River Walk in San Antonio

Washington

Latino newscasters in Seattle

Florida

A view of downtown Saint Augustine, the oldest European settlement in the United States

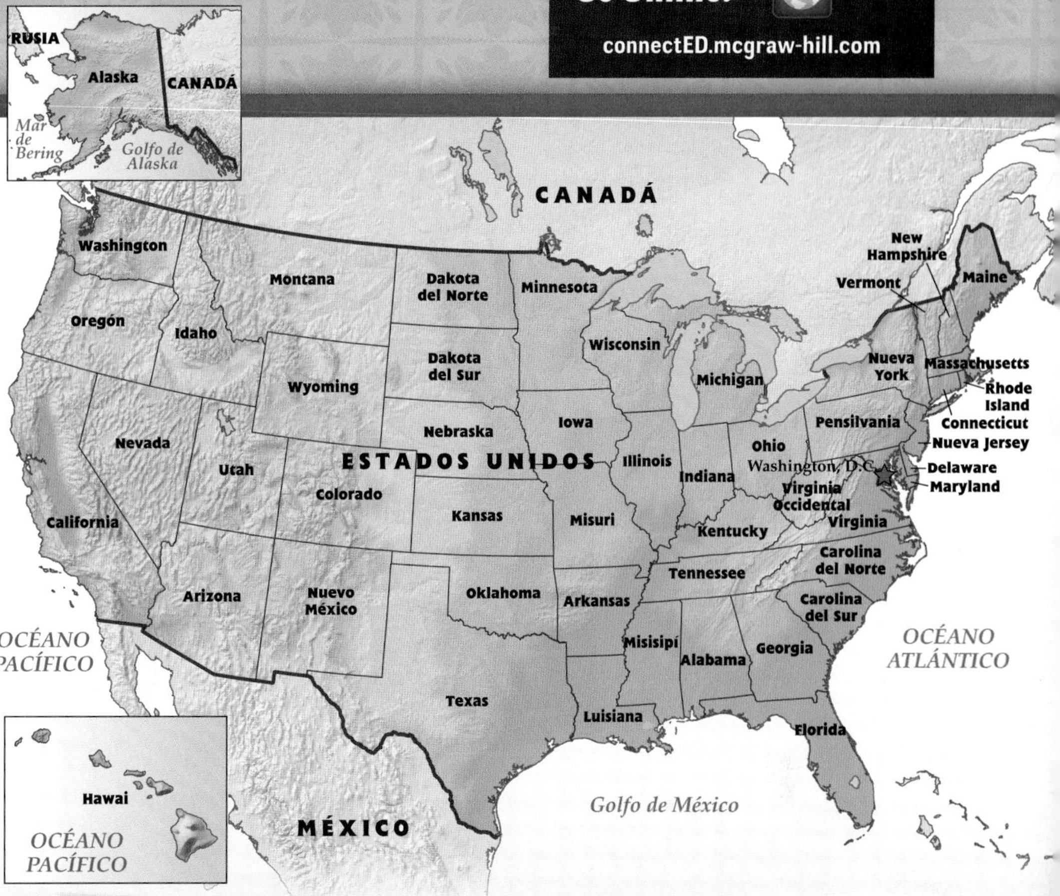

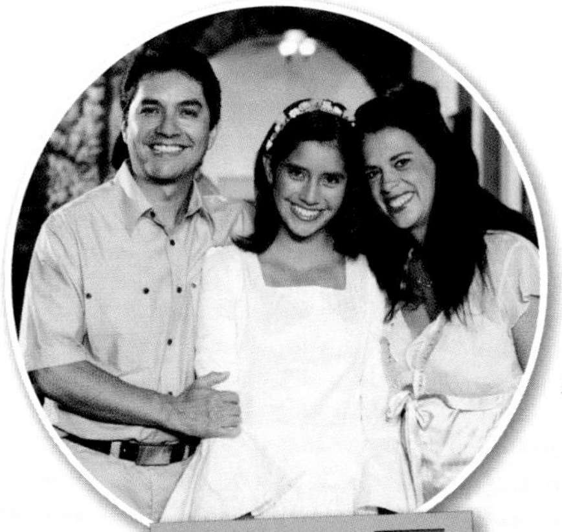

RUSIA

Alaska   CANADÁ

Mar de Bering   *Golfo de Alaska*

CANADÁ

Washington
Montana   Dakota del Norte   Minnesota
Oregón   Idaho   Wisconsin
Wyoming   Dakota del Sur   Michigan
New Hampshire   Vermont   Maine
Nueva York   Massachusetts
Rhode Island
Pensilvania   Connecticut
Nueva Jersey
Nevada   Iowa   Nebraska   Ohio   Delaware
Utah   Indiana   Maryland
Washington, D.C.
California   Colorado   ESTADOS UNIDOS   Illinois   Virginia Occidental   Virginia
Kansas   Misuri   Kentucky
Carolina del Norte
Arizona   Nuevo México   Oklahoma   Tennessee
Arkansas   Carolina del Sur
Misisipí   Georgia
Texas   Alabama
Luisiana   OCÉANO ATLÁNTICO
Florida
Golfo de México

OCÉANO PACÍFICO

Hawai
OCÉANO PACÍFICO

MÉXICO

Arizona 🇺🇸

A young Latina with her family celebrating her fifteenth birthday

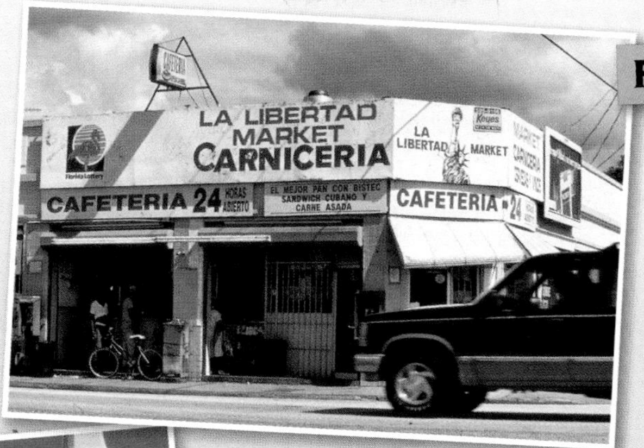

Florida 🇺🇸

The Calle Ocho Festival is celebrated each year in March in Little Havana, Miami.

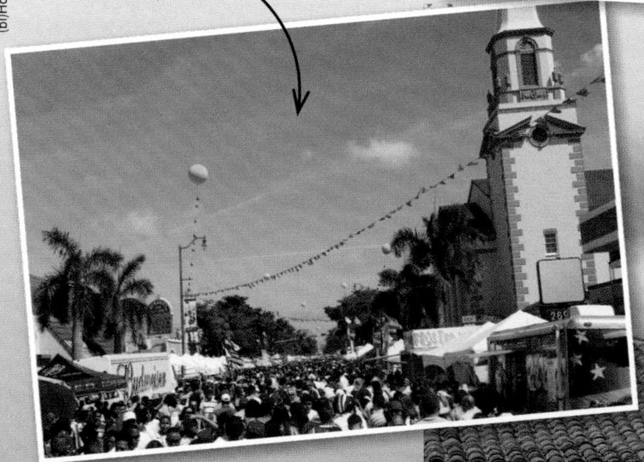

Florida 🇺🇸

A market on a street in the Little Havana neighborhood in Miami

California 🇺🇸

The Mission San Antonio de Padua in Monterey

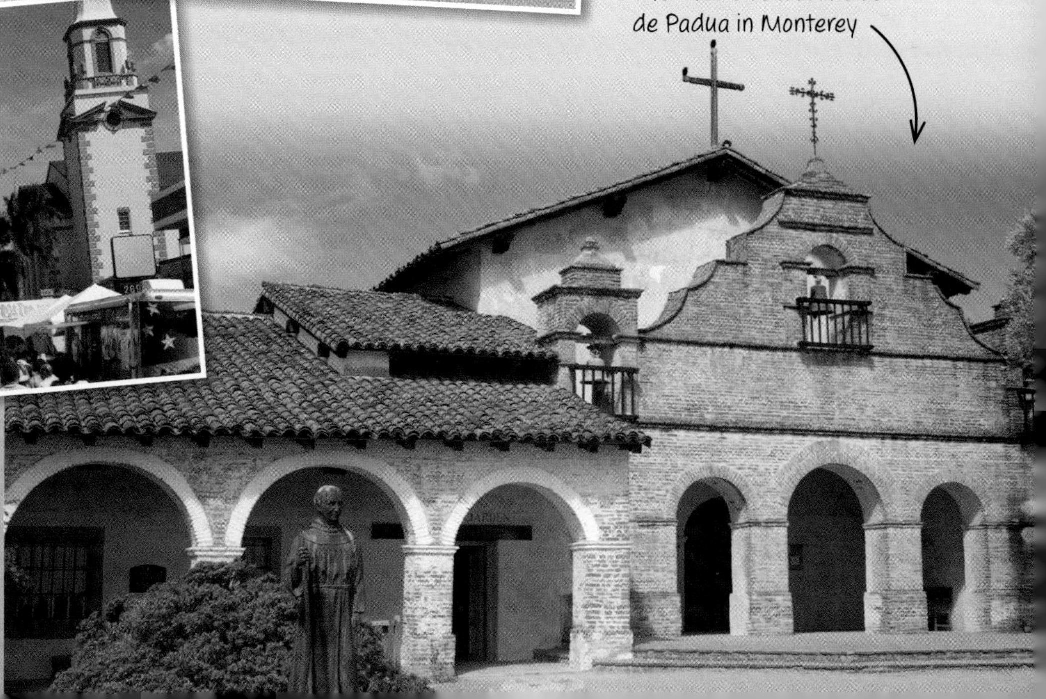

LA LIBERTAD MARKET
CARNICERÍA
CAFETERIA 24 HORAS ABIERTO
LA LIBERTAD MARKET
CAFETERIA 24

Go Online!
connectED.mcgraw-hill.com

Audio

Video

Práctica

Repaso

Diversiones

eScape

ePals

Lecciones preliminares

Objetivos

In these preliminary lessons you will:

- greet people
- say good-bye to people
- express yourself politely
- count to 100
- identify the days of the week
- identify the months of the year
- find out and give the date
- ask and tell the time
- discuss the seasons and weather

◀ Unos amigos de Puerto Rico

Greeting people

To get off to a good start in Spanish, it is important to learn how to greet people. Look at the photographs and take note of some of the gestures people use when greeting each other in Spanish-speaking countries.

1 ¡Hola! Get up from your desk and walk around the classroom. Greet each classmate you meet.

2 ¿Qué tal? Work in pairs. Greet each other and find out how things are going.

3 Muchachos Look at these boys' names that are popular in the Spanish-speaking world. How many do you recognize? Which ones have English equivalents? Give Spanish names to the boys in this photo.

Cultura

Nombres de muchachos

Alejandro, Álvaro, Andrés, Ángel, Antonio, Carlos, Daniel, David, Eduardo, Emilio, Enrique, Felipe, Fernando, Francisco, Gabriel, Gerardo, Gustavo, Ignacio, Jaime, Javier, José, Juan, Lucas, Luis, Manuel, Mario, Mateo, Miguel, Moisés, Pablo, Pedro, Rafael, Raúl, Ricardo, Roberto, Stefano, Tomás, Vicente

David H. Brennan

4 Muchachas Look at these girls' names that are •········ popular in the Spanish-speaking world. How many do you recognize? Which ones have English equivalents? Give Spanish names to the girls in this photo.

Cultura

• **Nombres de muchachas**

Adela, Alejandra, Alicia, Ana, Andrea, Beatriz, Catalina, Clara, Claudia, Cristina, Débora, Elena, Elisa, Esperanza, Éster, Eva, Gabriela, Guadalupe, Isabel, Josefina, Juana, Julia, Karina, Leonor, Luisa, Luz, Maïte, Mar, María, Marisa, Marisol, Marta, Patricia, Paz, Pilar, Rosa, Sandra, Teresa

5 ¡Hola, Mario! Greet these Spanish-speaking friends.

1. Mario
2. Alejandra
3. Julia
4. Felipe
5. Vicente
6. Andrea

Some Spanish greetings are more formal than **¡Hola!** When you greet someone, for example, you might say:

> **Buenos días, señora.**
>
> **Buenas tardes, señorita.**
>
> **Buenas noches, señor.**

When speaking Spanish, the titles **señor, señora,** and **señorita** are most often used without the name of the person.

6 ¡Buenos días! Greet the following people appropriately.

1. Señora Álvarez in the morning
2. Señor Salas in the afternoon
3. Señorita Ramos at night

7 Saludos Look at these photographs of people in Mexico. Do they greet each other differently than we do? Explain how.

(t)Andrew Payti, (bl br)Federico Gil

Saying good-bye

In this lesson you will learn how to say good-bye to people. You will notice that there are many different expressions you can use when taking leave of a person.

Adiós, Marta.

Adiós, Diego.

1. The usual expression to use when saying good-bye to someone is **¡Adiós!**

2. If you plan to see the person again soon, you can say **¡Hasta pronto!** or **¡Hasta luego!** If you plan to see the person the next day, you can say **¡Hasta mañana!**

3. You will frequently hear the informal expression **¡Chao!**, especially in Spain as well as in some countries of Latin America.

1 **¡Chao!** Go over to a classmate and say good-bye to him or her.

2 **¡Hasta luego!** Work with a classmate. Say **¡Chao!** to each other and let each other know that you will be getting together again soon.

3 **¡Adiós!** Say good-bye to your Spanish teacher. Then say good-bye to a friend. Use a different expression with each person.

Federico Gil

Para conversar

4 **¡Hola! ¡Adiós!** Listen to some Hispanic friends. Indicate on a chart like the one below whether they are greeting each other or saying good-bye.

greeting	saying good-bye

5 **Comunicación**

¡Hola, amigo(a)! Work with a friend. Speak Spanish together. Have fun saying as much as you can to each other.

6 **Rompecabezas**

Join two pieces to form a word. When you have finished, you should have nine words. Do not use any piece more than once.

Speaking politely

In this lesson you will learn how to request some foods and drinks in a polite way.

1. Whenever you ask for something, remember to be polite and say **por favor.** Whenever someone gives you something or does something for you, say **gracias.**

2. There are several ways to express *You're welcome* in Spanish.

   De nada.

   Por nada.

   No hay de qué.

1   **La cortesía, por favor.**   Complete the following conversation.

    —Una limonada, ___1___.

    —Sí, señora.

    (Server brings the lemonade.)

    — ___2___, señor.

    — ___3___, señora.

(tl tr)Federico Gil; (b)Rebecca Smith

2 **Una cola, por favor.** You are at a café in La Palma, Canary Islands. Order the following things in a polite way. A classmate will be the server.

1. un sándwich
2. un café
3. una limonada
4. una ensalada
5. una pizza
6. una hamburguesa

3 **Por favor.** Order the following foods at a Mexican restaurant. Do you recognize them all? Be polite when you order.

1. un taco
2. una enchilada
3. una tostada
4. un burrito

CULTURA
Restaurante La Placeta en La Palma, islas Canarias

CULTURA
Amigos en un café en Baños, Ecuador

(t bl)Andrew Payti, (br)Richard Brommer

Counting in Spanish 🎧

In this lesson you will learn to count to one hundred. You will also learn how to find out the price of something.

1	uno	11	once	21	veintiuno	31	treinta y uno	50	cincuenta
2	dos	12	doce	22	veintidós	32	treinta y dos	60	sesenta
3	tres	13	trece	23	veintitrés	33	treinta y tres	70	setenta
4	cuatro	14	catorce	24	veinticuatro	34	treinta y cuatro	80	ochenta
5	cinco	15	quince	25	veinticinco	35	treinta y cinco	90	noventa
6	seis	16	dieciséis	26	veintiséis	36	treinta y seis	100	cien, ciento
7	siete	17	diecisiete	27	veintisiete	37	treinta y siete		
8	ocho	18	dieciocho	28	veintiocho	38	treinta y ocho		
9	nueve	19	diecinueve	29	veintinueve	39	treinta y nueve		
10	diez	20	veinte	30	treinta	40	cuarenta		

1 **De diez a cien** Count from 10 to 100 by tens. Then do it backwards!

2 **¿Qué número es?** Say the following numbers in Spanish.
1. 32	3. 51	5. 77	7. 96
2. 46	4. 67	6. 84	8. 23

Nota

Note that before a noun **ciento** shortens to **cien**.

cien pesos
cien euros

but

ciento cincuenta pesos
ciento cuarenta euros

3 **El número, por favor.** Say the following numbers.
1. your area code
2. the number you dial for an emergency
3. your zip code
4. the number of your house or apartment

4 **Juego** Create a math pattern similar to the one below. Your partner will try to figure out the missing number before you count to ten in Spanish. Take turns.

tres   seis   nueve   _____   quince

Finding out the price

To find out or give the price of something, you say:

¿Cuánto es, por favor?

Diez pesos.

5 **¿Cuánto es?** Work with a partner. Make believe you are buying something. Hold it up and get the price in pesos.

MODELO 20 →

—¿Cuánto es, por favor?

—Veinte pesos.

1. 30	**4.** 60	**7.** 78
2. 22	**5.** 15	**8.** 50
3. 45	**6.** 90	**9.** 84

euros

pesos

Cultura

Monetary systems

When you travel, you will use different currencies.

- Spain uses the **euro**, the currency of all countries of the European Union.
- In many Latin American countries, such as Mexico, the currency is the **peso.**
- Venezuela uses the **bolívar**, named in honor of the Latin American hero Simón Bolívar.
- In Guatemala, the currency is named after the beautiful national bird—**el quetzal.**
- In some countries, such as Panama and Ecuador, the monetary unit is the U.S. dollar.

bolívares

6 **Las matemáticas** Count the money below. Give the total amount.

quetzales

Identifying days of the week and months of the year

In this lesson you will learn the days of the week, months of the year, and how to give the date.

Look at the calendar to identify the days of the week.

lunes	martes	miércoles	jueves	viernes	sábado	domingo
					1	2
3	4	5	6	7	8	9
10	11	12	13	14	15	16

To find out and give the day of the week, you say:

Para conversar

¿Qué día es hoy?

Hoy es lunes.

Nota

The days of the week and the months are not capitalized in Spanish.

1 **¿Qué día es?** Work with a partner. Have a conversation.
1. ¿Qué día es hoy?
2. ¿Qué día es mañana?
3. ¿Cuáles son los días de la semana?

Look at the calendars to identify the months of the year.

abril						
marzo						
febrero						

enero

lunes	martes	miércoles	jueves	viernes	sábado	domingo
			1	2	3	4
5	6	7	8	9	10	11
12	13	14	15	16	17	18
19	20	21	22	23	24	25
26	27	28	29	30	31	

agosto						
julio						
junio						

mayo

lunes	martes	miércoles	jueves	viernes	sábado	domingo
				1	2	3
4	5	6	7	8	9	10
11	12	13	14	15	16	17
18	19	20	21	22	23	24
25	26	27	28	29	30	31

diciembre						
noviembre						
octubre						

septiembre

lunes	martes	miércoles	jueves	viernes	sábado	domingo
						1
2	3	4	5	6	7	8
9	10	11	12	13	14	15
16	17	18	19	20	21	22
23	24	25	26	27	28	29
30						

Finding out and giving the date

¿Cuál es la fecha de hoy?

Hoy es el diez de septiembre.

2 **Mi cumpleaños** Each of you will stand up and give the date of your birthday in Spanish. Listen and keep a record of how many of you were born in the same month.

3 **La fecha, por favor.** Look at these calendars and give the dates.

mayo						
				1	2	3
4	5	6	7	8	9	10
11	12	13	14	15	16	17
18	19	20	21	22	23	24
25	26	27	28	29	30	31

febrero						
						1
2	3	4	5	6	7	8
9	10	11	12	13	14	15
16	17	18	19	20	21	22
23	24	25	26	27	28	

octubre						
			1	2	3	4
5	6	7	8	9	10	11
12	13	14	15	16	17	18
19	20	21	22	23	24	25
26	27	28	29	30	31	

4 **Fechas importantes** Give the Spanish for the following important dates.

1. January 1   2. July 4   3. February 14

5 **Un día favorito** Work with a partner. Tell the date of your favorite day of the year in Spanish. Your partner will try to guess the importance of that day. Take turns.

Nota

For the first day of the month you say:

Es el primero de octubre.

La música

The following are the words for a song that is sung in Spain for a fiesta that takes place on July 7. Sing the song with your classmates.

U-no dee-ne-ro, dos de fe-bre-ro, tres de mar-zo, cua-tro dea-bril, cin-co de

ma-yo, seis   de   ju-nio, sie-te de ju-lio, San Fer-mín

Telling time 🎧

In this lesson you will learn how to tell time in Spanish. You will also learn to tell at what time certain events take place.

To find out the time, you ask:

¿Qué hora es?

Es la una.

Son las dos.

Son las tres.

Son las cuatro.

Son las cinco.

Son las seis.

Son las siete.

Son las ocho.

Son las nueve.

Son las diez.

Son las once.

Son las doce.

Cultura

In most Spanish-speaking countries it is not considered rude to arrive a bit late for an appointment. If you have a 10 A.M. appointment, it would not be unusual to arrive a bit later.

The Studio Dog/Getty Images

Son las siete...

y cinco.

y cuarto.

cuarenta.

y diez.

y media.

cuarenta y cinco.

1 **¿Qué hora es?** Give the following times.

1.
2.
3.
4.
5.
6.

2 **¡La hora, por favor!** Walk up to a classmate and ask for the time. Your classmate will answer you.

To find out and tell at what time something takes place, you say:

¿A qué hora es la clase de español?

Es a la una.

3 **¿A qué hora es?** Work with a partner. Ask your partner at what time he or she has the following classes.

1. matemáticas
2. historia
3. educación física
4. ciencias
5. español
6. inglés

¡Ojo!

Note that the words in Activity 3 are cognates. Cognates look alike in Spanish and English, but be careful. They are pronounced differently!

Talking about the seasons

In this lesson you will learn to identify the seasons and describe the weather.

Las cuatro estaciones son:

el invierno

la primavera

el verano

el otoño

1 **¿Qué estación es?** Name the season.
1. los meses de junio, julio y agosto
2. los meses de marzo, abril y mayo
3. los meses de diciembre, enero y febrero
4. los meses de septiembre, octubre y noviembre

2 **¿En qué estación?** Name the season for these events.
1. Thanksgiving
2. April Fool's Day
3. Valentine's Day
4. U.S. Independence Day

3 **Juego** Play this guessing game with a partner. Your partner will try to guess the month and day of your birthday. The only hint you will give is the season in which it occurs. Take turns.

Describing the weather 🎧

¿Qué tiempo hace?

Hace buen tiempo.
Hace (mucho) calor.
Hace (Hay) sol.

Hace mal tiempo.
Llueve.

Hace frío.
Nieva.

Hace fresco.
Hace viento.

4 **¿Qué tiempo hace hoy?** Tell what the weather is like today.

5 **El tiempo** Describe the weather.
  1. ¿Qué tiempo hace en el verano?
  2. ¿Qué tiempo hace en el invierno?
  3. ¿Qué tiempo hace en la primavera?
  4. ¿Qué tiempo hace en el otoño?

6 **La estación** Identify the season according to its weather.
  1. ¿En qué estación hace fresco?
  2. ¿En qué estación hace mucho calor?
  3. ¿En qué estación llueve mucho? ¿En qué mes?
  4. ¿En qué estación nieva?

InfoGap For more practice with what you've learned so far, do Activity LP in the Student Resource section at the end of this book.

7 **Las estaciones y el tiempo** Get together in small groups. Ask one another different types of questions about the seasons and the weather.

Repaso

Review what you have already learned. See all that you can do in Spanish.

1 Respond to each of the following.

1. ¡Hola!
2. ¿Qué tal?
3. ¿Qué día es hoy?
4. ¿Cuál es la fecha?
5. ¿Qué tiempo hace?

6. ¿A qué hora es la clase de español?
7. ¿Qué hora es?
8. ¡Adiós!

2 See how much you can already read in Spanish.

Es el mes de julio en Argentina. Hace mucho frío. ¿Hace frío en julio? En Argentina, sí. El mes de julio no es el verano en Argentina. Es el invierno. Cuando es el verano—los meses de junio, julio y agosto—en el hemisferio norte, es el invierno en el hemisferio sur. Las estaciones son contrarias en el hemisferio norte y en el hemisferio sur.

3 Answer the questions about the reading.

1. ¿Qué mes es en Argentina?
2. ¿Qué tiempo hace?
3. ¿Qué estación es en Argentina?
4. ¿Cuáles son los meses de invierno en Estados Unidos?
5. ¿Cuáles son los meses de invierno en Argentina?

CULTURA
Estepona, España

CULTURA
Bariloche, Argentina

(l)Andrew Payti; (r)Kelli Drummer-Avendaño

Juego There are a number of cognates in this list. See how many you and a partner can find. Who can find the most? Compare your list with those of your classmates.

Vocabulario

Greeting people

saludos	Buenos días.	Buenas noches.	Bien, gracias.
¡Hola!	Buenas tardes.	¿Qué tal?	Muy bien.

Identifying titles

señor	señora	señorita

Saying good-bye

¡Adiós!	¡Hasta luego!	¡Hasta mañana!
¡Chao!	¡Hasta pronto!	

Being courteous

la cortesía	Por favor.	De (Por) nada.
	Gracias.	No hay de qué.

Identifying the days of the week

¿Qué día es hoy?	martes	viernes	hoy
la semana	miércoles	sábado	mañana
lunes	jueves	domingo	

Identifying the months of the year

¿Cuál es la fecha de hoy?	abril	septiembre	el mes
	mayo	octubre	el año
enero	junio	noviembre	el primero (de enero)
febrero	julio	diciembre	el dos (de enero)
marzo	agosto		

Telling time

¿Qué hora es?	Son las dos (tres,	y cuarto	¿A qué hora es?
Es la una.	cuatro...).	y media	Es a la una (a las dos, a las tres...).

Identifying the seasons

¿Qué estación es?	el invierno	el verano
	la primavera	el otoño

Describing the weather

¿Qué tiempo hace?	Hace (mucho) calor.	Llueve.	Hace fresco.
Hace buen tiempo.	Hace (Hay) sol.	Hace frío.	Hace viento.
	Hace mal tiempo.	Nieva.	

Other useful words and expressions

¿Cuánto es?	cumpleaños

¿Cómo somos?

Go Online!
connectED.mcgraw-hill.com

Audio   Video   Práctica   Repaso   Diversiones   eScape

ePals

Vamos a comparar Have you ever thought about what types of friends you might have if you lived in another country? The theme of friendship is universal, but the qualities that people like in a friend differ. In this chapter, you will learn how to describe friends—both their looks and their personality. Think about your own friends. What qualities do you look for in a good friend?

Objetivos

You will:

- identify and describe people and things
- tell where someone is from
- tell what subjects you take and express opinions about them
- talk about Spanish speakers in the United States

You will use:

- nouns, adjectives, and articles
- the verb **ser**
- **tú** and **usted**

◄ Los jóvenes puertorriqueños son amigos muy buenos.

¿Cómo somos?

Look at these photographs to acquaint yourself with the theme of this chapter. You will learn to describe yourself and many new friends from all over the Spanish-speaking world as well as some Latino students in the United States. What similarities and differences do you see in the teens in these photos? How do they compare with your friends and the students in your school?

Colombia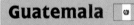

Los muchachos son de Barranquilla, una ciudad y puerto en el norte de Colombia.

República Dominicana

Los dos amigos dominicanos son alumnos en la misma escuela en Villa Fundación.

Guatemala

¡Hola, amigos! Somos todos amigos de Antigua. Y ustedes, ¿de dónde son?

Puerto Rico

Unos amigos en la plaza principal de Isabela, Puerto Rico

México

Un grupo de jóvenes mexicanos en la capital, la Ciudad de México

Venezuela

Un grupo de amigos con motos en Mérida, Venezuela

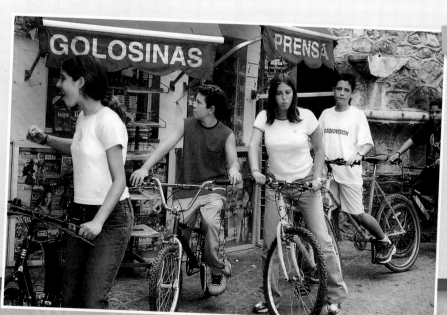

España

Un grupo de amigos en bici en Órgiva, España, un pueblo pequeño en el sur de España

(tl)Larry Hamill, (cl)Kelli Drummer-Avendano, (cr)Federico Gil, (b)Andrew Payti

¿Cómo es? 🎧

guapa, bonita

fea

baja

alto

pelirroja

morena

moreno

rubia

cómica, graciosa

seria

antipático

simpático

David H. Brennan

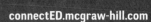

Roberto es un amigo de Julia.
Roberto es un amigo bueno.
Julia es una amiga de Roberto.
Julia es una amiga buena.

Para conversar

¿Quién es el amigo de Julia?

Roberto.

¿Cómo es él?

Es alto y gracioso.

La muchacha joven es de Ecuador.
Ella es ecuatoriana.

Para conversar

¿De dónde es la muchacha?

Es de Ecuador.

¿De qué nacionalidad es?

Es ecuatoriana.

En otras partes

In addition to **el muchacho,** you will also hear **el chico.** In Mexico you will hear **el chamaco.**

(t)David H. Brennan, (b)Andrew Payti

ESCUCHAR

1 Escucha y escoge. Match each statement you hear with the picture it describes.

LEER • HABLAR • ESCRIBIR

2 Parea. Look at the words below and match the opposites or antonyms.

guapo simpático antipático
malo cómico bajo alto
bueno feo serio

CULTURA

Elena es de Guatemala. Es una muchacha simpática, ¿no?

ESCUCHAR • HABLAR • ESCRIBIR

3 Contesta. Look at the photo of Elena and answer the questions about her.

1. ¿Quién es la muchacha? ¿Es Elena o Cecilia?
2. ¿Cómo es la muchacha? ¿Es pelirroja o morena?
3. ¿Cómo es la muchacha? ¿Es fea o guapa?
4. ¿Cómo es la muchacha? ¿Es graciosa o seria?
5. ¿Cómo es la muchacha? ¿Es simpática o antipática?

HABLAR • ESCRIBIR

4 Describe a Eduardo. Look at the photo of Eduardo. Describe him. You may wish to choose the appropriate words from the **banco de palabras** to use in your description.

guapo	feo	bajo
moreno	serio	guatemalteco
gracioso	alto	pelirrojo

CULTURA

Eduardo es de Antigua, Guatemala. Es un muchacho guapo, ¿no?

Lori Ernfridsson

5 **Comunicación**

Habla de un(a) amigo(a). In Activity 4, you learned about Eduardo. Present to the class some similar information about one of your own friends.

Mi amigo(a) es...

HABLAR

6  ¡Manos a la obra! Work in groups. Draw several faces. Exaggerate a feature on each one so members of your group can guess the adjective you have in mind.

HABLAR • ESCRIBIR

7 **Contesta.** Answer. Pay particular attention to the word ••••• that introduces each question.

1. ¿Quién es la muchacha? ¿Es Antonia?
2. ¿Cómo es Antonia?
3. ¿De dónde es Antonia?
4. ¿De qué nacionalidad es?

CULTURA

Antonia es una joven de Cuzco, Perú.

ESCUCHAR • HABLAR • ESCRIBIR

8 **Forma preguntas.** Form questions according to the model. Pay attention to the words in italics. They will help you figure out which question word to use.

MODELO   Rafael es *muy gracioso.* →
          ¿Cómo es Rafael?

1. *Elena* es de Chile.
2. Paco es *muy serio.*
3. Felipe es *de México.*
4. La amiga de Felipe es *Sofía.*
5. Bárbara es *norteamericana.*
6. Carlos es *guapo y gracioso.*
7. Fernando es *puertorriqueño.*
8. *El muchacho* es de México.

HABLAR

9 **Juego** Work with a group of friends. Each person secretly chooses a student in the class and gives as many adjectives as possible to describe that person. The others try to guess who it is. Keep score.

CULTURA

Es una vista de Punta Arenas, una ciudad en la Patagonia chilena. Aquí hace mucho frío.

(t)Richard Brommer, (b)©Brand X Pictures/PunchStock

¿Quiénes son?

los alumnos · la escuela · las alumnas

Los alumnos son mexicanos.
Son alumnos en una escuela secundaria.
Son alumnos en la misma escuela.
Ellos son amigos también.

¡Así se dice!

When you want to get someone's attention you can say **¡Oye!**

¡Oye! ¿Quién es?

Para conversar

¿Quiénes son amigos?

Los alumnos.

Mucho gusto, Ricardo.

Ricardo es un alumno nuevo.

ambiciosos

perezosos

(t c)Federico Gil, (bl br)David H. Brennan

una clase grande

el profesor

Es la clase de español.
Los alumnos son inteligentes.
Son muy buenos. No son malos.
Son ambiciosos. No son perezosos.

¡Ojo!

A cognate is a word that looks similar and means the same in two or more languages. But be careful. Although cognates look alike, they are pronounced differently. Guess the meaning of the following school subjects.

el español
el inglés
el francés
la ciencia
los estudios sociales
la historia
las matemáticas
la música
el arte
la educación física

la profesora

una clase pequeña

Es una clase interesante. No es aburrida.
El curso es bastante difícil (duro).
No es fácil.

David H. Brennan

InfoGap For more practice using your new vocabulary, do Activity 1 in the Student Resource section at the end of this book.

ESCUCHAR

1 **Escucha y escoge.** Listen to each statement and indicate which photograph it refers to.

a.

b.

c.

d.

ESCUCHAR • HABLAR • ESCRIBIR

2 **Contesta.** Look at the photo and make up answers about Rosa and Gabriela, two good friends from Colombia.

1. ¿Quiénes son las dos muchachas?
2. ¿Son amigas?
3. ¿Son ellas colombianas?
4. ¿Son alumnas en una escuela en Barranquilla?
5. ¿Son muy inteligentes?
6. ¿Son alumnas buenas o malas?

ESCRIBIR

3 **Categoriza.** You have already learned a number of adjectives. Some describe physical appearance and others describe personality. Make a chart like the one below and put the adjectives you know into the appropriate category.

apariencia física	características de personalidad

CULTURA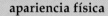

Las muchachas son de Barranquilla, una ciudad bonita en el norte de Colombia.

ESCUCHAR • HABLAR • ESCRIBIR

4 **Personaliza.** Answer the questions about your own
Spanish class.

1. ¿Es grande o pequeña la clase de español?
2. ¿Quién es el/la profesor(a) de español?
3. ¿Es interesante el curso de español?
4. ¿Es fácil o difícil?
5. ¿Son inteligentes los alumnos?

5 **Comunicación**

Work with a partner. Using words you have already
learned, describe your courses to each other. Then
share your results with the class. See how many of
you agree.

ESCRIBIR

6

Join two pieces to form a word. When you have finished,
you should have eight words. Do not use any piece more
than once.

7 **Completa.** Complete the story with the correct words.
¡Cuidado! You will now use different types of words,
including nouns, adjectives, and verbs.

¿__1__ son los muchachos? El muchacho __2__ Diego y la
muchacha __3__ Marta. Marta es una __4__ de Diego y Diego
es un __5__ de Marta. Son alumnos en la misma __6__. Son
alumnos __7__. ¿Cómo son? Diego es __8__ y Marta es __9__.
¿De __10__ nacionalidad son? Son __11__.

FOLDABLES
Study Organizer

VOCABULARY BOOK See the
Foldables section of the Student
Handbook at the beginning of this
book for help with making this
foldable. Use this study organizer
to help remember synonyms and
antonyms. Compare your list with
a partner to see who came up
with more pairs.

Conexiones

La biología
La biología es una ciencia. La
biología es el estudio de los
animales y las plantas. El/La
biólogo(a) es el científico. El
microscopio es un
instrumento muy importante
para el/la biólogo(a).

Artículos y sustantivos

Comparaciones

In the United States we use the word "friend" a great deal. Spanish speakers use the word **amigo** a great deal, too, but **un amigo** is used only for a person they know well. If they don't know the person well, they say **un conocido.** Spanish speakers tend to use the word **conocido** more than we use the word "acquaintance."

1. The name of a person, place, or thing is a noun. In Spanish, every noun has a gender, either masculine or feminine. Almost all nouns that end in **-o** are masculine and almost all nouns that end in **-a** are feminine.

2. *The* in English is called a definite article. In Spanish, the definite article is either **el** or **la.** You use **el** with masculine nouns and **la** with feminine nouns.

el muchacho	**la muchacha**
el amigo	**la amiga**
el curso	**la escuela**

Note that in the plural (more than one) **el** becomes **los** and **la** becomes **las.**

los muchachos	**las muchachas**
los amigos	**las amigas**
los cursos	**las escuelas**

3. *A, an,* and *some* are called indefinite articles. Note the following forms of the indefinite articles in Spanish.

un muchacho	**una muchacha**
un amigo	**una amiga**
unos muchachos	**unas muchachas**
unos amigos	**unas amigas**

4. Note that when a noun ends in **-e,** you have to learn whether it is masculine or feminine.

el continente	**los continentes**
la clase	**las clases**

CULTURA

Los muchachos son unos amigos muy buenos.

©Creatas/PunchStock

Práctica

ESCUCHAR • HABLAR • ESCRIBIR

1 **Completa.** Complete with **el, la, los,** or **las.**

1. _____ amigo
2. _____ muchacha
3. _____ escuela
4. _____ alumnos
5. _____ amigas
6. _____ muchachos
7. _____ cursos
8. _____ alumno

EXPANSIÓN

Now repeat the words in the activity. Change **el, la, los,** and **las** to **un, una, unos,** and **unas.**

CULTURA

Las jóvenes son alumnas en la misma escuela en Antigua, Guatemala.

ESCUCHAR • HABLAR • ESCRIBIR

2 **Contesta.** Answer with *yes.* María and Pedro are friends from the United States. Answer the questions about them.

1. ¿Es norteamericano el muchacho?
2. ¿Y la muchacha? ¿Es ella norteamericana?
3. ¿Son norteamericanos los amigos?
4. ¿Son los muchachos alumnos buenos?
5. ¿Es Pedro un amigo de María?
6. ¿Es María una amiga de Pedro?

CULTURA

María y Pedro son alumnos en una escuela pública en la ciudad de El Paso en Texas.

Adjetivos

1. An adjective is a word that describes or modifies a noun. In Spanish, unlike English, the adjective must agree with the noun in gender (masculine or feminine) and number (singular or plural). Study the following examples.

ADJECTIVES ENDING IN -O

el muchacho argentino	**los muchachos argentinos**
la muchacha argentina	**las muchachas argentinas**

ADJECTIVES ENDING IN -E

el curso interesante	**los cursos interesantes**
la clase interesante	**las clases interesantes**

ADJECTIVES ENDING IN A CONSONANT

el curso fácil	**los cursos fáciles**

2. Note that you use the masculine form when a group consists of both boys and girls.

> **Juan y José son alumnos buenos.**
> **María y Teresa son alumnas buenas.**
> **José y Teresa son alumnos buenos.**

CULTURA

Los muchachos son de Arequipa, Perú. Ellos son alumnos buenos.

Andrew Payti

Práctica

ESCUCHAR

3 **Escucha.** Listen to each statement and determine if it is about one person or thing or more than one. Make a chart like the one below to indicate your answers.

singular	plural

ESCUCHAR • HABLAR • ESCRIBIR

4 **Contesta.** Answer the questions. Pay attention to the form of the adjective.

1. ¿Es gracioso el muchacho guatemalteco?
2. ¿Es graciosa la muchacha guatemalteca?
3. ¿Son graciosos los muchachos guatemaltecos?
4. ¿Son graciosas las muchachas guatemaltecas?

LEER • ESCRIBIR

5 **Cambia Carlos a María.** Change Carlos to María. Be careful to make all the necessary changes.

Carlos es colombiano. Él es moreno. No es rubio. Carlos es muy inteligente y es bastante gracioso. Carlos es un amigo bueno.

LEER • ESCRIBIR

6 **Completa.** Complete with the correct form of the adjective.

1. La escuela no es _____. (pequeño)
2. La escuela es _____. (grande)
3. Las clases no son _____. (pequeño)
4. Las clases son _____. (grande)
5. Un curso es _____. (difícil)
6. Y otro curso no es _____; es _____. (difícil, fácil)
7. Unos cursos son _____. (fácil)
8. Y otros cursos son _____. (difícil)

CULTURA

Las amigas guatemaltecas son alumnas en la misma escuela.

CULTURA

Una escuela primaria en Saquisilí, un pueblo en los Andes de Ecuador

(t)Lori Ernfridsson, (b)Andrew Payti

⑦
↺

Comunicación

Look at these photographs of a girl from Mexico and a boy from Chile. Give them each a name and say as much as you can about them. Use the diagram below to tell what they have in common.

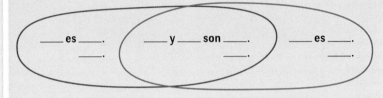

_____ es _____.
_____.

_____ y _____ son _____.
_____.

_____ es _____.
_____.

El verbo ser

1. Study the following forms of the verb **ser.**

ser			
yo	soy	nosotros(as)	somos
tú	eres	_vosotros(as)_	_sois_
Ud., él, ella	es	Uds., ellos, ellas	son

2. Note that the form of the verb changes with each subject. Since the verb changes, the subject pronouns **yo, tú, usted, él, ella, nosotros(as), ustedes, ellos,** and **ellas** are often omitted in Spanish.

(Yo) soy Juana.

(Nosotros) somos alumnos.

You use **yo** to talk about yourself.

You use **nosotros(as)** to talk about yourself and someone else.

(Él) es rubio y (ella) es rubia también.

You use **él** or **ella** to talk about someone.

Ellos son cubanos.

Ellas son mexicanas.

Ellos son amigos.

You use **ellos** or **ellas** to talk about two or more people. Note that **ellos** also refers to a group of males and females.

3. Unlike in English, there are several ways to express *you* in Spanish.

You use **tú** when speaking to a friend or person the same age.
> **José, (tú) eres de México, ¿no?**

You use **usted** when speaking to an adult or someone you do not know well. **Usted**, often abbreviated **Ud.**, shows respect.
> **Señor López, usted es de México, ¿no?**

Ustedes is a plural form. In the plural there is no distinction. You use **ustedes (Uds.)** when addressing two or more friends or adults.
> **¿Son ustedes de México?**

However, **vosotros(as)** is used in Spain as the plural of **tú** when addressing two or more friends.
> **Sois de España, ¿no?**

Práctica

ESCUCHAR • LEER • HABLAR

8 **Practica la conversación.** Practice the conversation with a classmate. Take turns playing each role. Pay close attention to the verb form you use when speaking about yourself as opposed to talking to a friend.

Susana	¡Hola!
Andrés	¡Hola! ¿Quién eres?
Susana	¿Quién? ¿Yo?
Andrés	Sí, tú.
Susana	Pues, soy Susana, Susana Gómez. Y tú, ¿quién eres?
Andrés	Soy Andrés. Andrés Álvarez.
Susana	Mucho gusto, Andrés. ¿Eres de Estados Unidos?
Andrés	No. Soy de México.
Susana	¿De México? ¡Increíble! Yo también soy mexicana.

CULTURA
Monumento de la Independencia, Ciudad de México

(tl tc tr)McGraw-Hill Education, (b)Andrew Payti

ESCRIBIR • HABLAR

9 Completa. Complete the chart based on the information in the conversation. Then summarize the conversation using complete sentences.

	¿quién es?	¿de dónde es?	¿de qué nacionalidad es?
la muchacha			
el muchacho			

HABLAR • ESCRIBIR

10 Personaliza. Answer about yourself. Think about which verb form you use when you talk about yourself.

1. ¿Quién eres?
2. ¿Eres norteamericano(a)?
3. ¿De qué nacionalidad eres?
4. ¿De dónde eres?
5. ¿Eres gracioso(a) o serio(a)?

LEER • HABLAR • ESCRIBIR

11 Completa la conversación. Complete the conversation with the correct form of **ser.**

Catalina	Hola, Ricardo. ¿__1__ de Puerto Rico?
Ricardo	Sí, Catalina. __2__ puertorriqueño.
Catalina	¿__3__ de San Juan?
Ricardo	Sí, __4__ de la capital.
Catalina	¿__5__ alumno en una escuela privada en San Juan?
Ricardo	No, __6__ alumno en una escuela pública.
Catalina	¿__7__ un alumno bueno o malo?
Ricardo	¡Oye, Catalina! Yo __8__ un alumno bueno.

EXPANSIÓN

Now, without looking at the conversation, tell all you remember about Ricardo and Catalina. Your partner will add anything you forgot.

CULTURA
Una vista de San Juan, Puerto Rico

HABLAR • ESCRIBIR

12 Personaliza. Answer each question about yourself and a friend. Remember to use the **nosotros(as)** form of the verb.

1. ¿De qué nacionalidad son ustedes?
2. ¿Son ustedes alumnos(as)?
3. ¿En qué escuela son alumnos(as)?
4. ¿Son ustedes amigos(as) buenos(as)?
5. ¿Son ustedes alumnos(as) en la misma clase de español?

Andrew Payti

13

Comunicación

Work in small groups. Interview one another to find out as much as possible about yourselves and your friends. Take turns. Share what you have learned about one another with your classmates.

ESCUCHAR • HABLAR • ESCRIBIR

14 **Forma preguntas con De dónde.** Ask where the people are from. Use **tú, usted,** or **ustedes** as appropriate.

1. Adelita

2. Linda y Marta

3. Señor Nadal

4. Señor y Señora Gómez

5. Antonio

HABLAR

15 **Juego** Work in teams. One person begins by giving **el, la, los,** or **las.** Each member will then add a new word until a complete sentence is formed.

HABLAR • ESCRIBIR

16 Completa. Complete with **ser.** You will now have to use all forms of this verb.

¡Hola! Yo ___1___ un amigo de Marcos. Marcos y yo ___2___ muy buenos amigos. Marcos ___3___ de Puerto Rico y yo ___4___ de la República Dominicana. Puerto Rico y la República Dominicana ___5___ dos islas en el mar Caribe. ___6___ dos islas tropicales.

Ahora nosotros ___7___ alumnos en una escuela secundaria en Nueva York. Nosotros ___8___ alumnos muy buenos. Marcos ___9___ un alumno muy bueno en matemáticas y yo ___10___ un alumno bueno en historia. Y nosotros dos ___11___ alumnos muy buenos en español.

Y ustedes, ¿de dónde ___12___? ¿Y quiénes ___13___? ¿___14___ ustedes alumnos buenos en español también?

CULTURA

Una plaza colonial en Santo Domingo, la capital de la República Dominicana

ESCRIBIR

17 Forma frases. Choose words from each column to make sentences. Be sure to make the adjectives agree with the words they describe.

yo	somos	dominicano
usted	es	norteamericano
tú	eres	puertorriqueño
Julia y Roberto	son	chileno
nosotros	soy	venezolano
la amiga de José		

Larry Hamill

18 **Completa.** Complete the following activity. **¡Cuidado!**
You will have to use nouns, articles, adjectives, verbs, etc.

Carlos __1__ Teresa __2__ alumnos en __3__ escuela __4__ en Lima, __5__ capital de Perú. Ellos son __6__ muy buenos. __7__ clase de español __8__ muy interesante y __9__ profesora __10__ español es simpática. Carlos y Teresa __11__ alumnos y amigos.

PRONUNCIACIÓN

Las vocales a, e, i, o, u

When you speak Spanish, it is important to pronounce the vowels carefully. The vowel sounds in Spanish are short, clear, and concise. The vowels in English have several different pronunciations, but in Spanish they have only one sound. Note that the pronunciation of **a** is similar to the *a* in *father*. The pronunciation of **e** is similar to the *a* in *mate*. The pronunciation of **i** is similar to the *ee* in *bee*. The **o** is similar to the *o* in *most*, and **u** is similar to the *u* in *flu*. Repeat the following.

a	e	i	o	u
Ana	**Elena**	**Isabel**	**o**	**uno**
baja	**peso**	**Inés**	**no**	**mucha**
amiga	**Felipe**	**italiano**	**Paco**	**mucho**
alumna	**feo**	**simpático**	**amigo**	**muchacho**

 **Dictado**

Pronounce the following sentences carefully. Then write them to prepare for a dictation.

Ana es alumna.
Adán es alumno.
Ana es una amiga de Adán.
Elena es una amiga de Felipe.
Inés es simpática.
Sí, Isabel es italiana.

Refrán

Can you guess what the following proverb means?

Un amigo sincero es un tesoro divino.

¡Bravo!

You have now learned all the new vocabulary and grammar in this chapter. Continue to use and practice all that you know while learning more cultural information. **¡Vamos!**

¿Comprendes?

A Contesta. Answer based on the information in the conversation between Sandra, Anita, and José.

1. ¿Es alto o bajo José Cárdenas?
2. ¿Son amigos José y Sandra?
3. ¿Es José un alumno nuevo en la escuela?
4. ¿Es guapo?
5. ¿De dónde es?
6. Y, ¿de dónde es Anita?
7. ¿Son colombianos los dos?

B ¿Sí o no? Correct any wrong information.

1. José es alto.
2. Sandra y José son amigos.
3. José es norteamericano.
4. José es colombiano y Sandra es colombiana también.

C Resumiendo Work with a partner. Summarize what Sandra, Anita, and José talked about.

D Dando opiniones Do you think Anita and José will be friends? Why or why not?

CULTURA
Una vista de Cartagena, Colombia

Radius/SuperStock

Lectura
CULTURAL

READING STRATEGY

USING TITLES AND SUBTITLES What is the first thing you see when you look at any reading? The title, right? Titles provide important information about the content of a reading. As you read, remember to also focus on any subtitles. Understanding titles and subtitles will clarify content and help you understand and enjoy what you read.

Antes de leer

Read the title of the reading. Based on the title, what do you think this reading is about?

✔ READING CHECK

¿Es el español una lengua extranjera para Francisco y Guadalupe?

Amigos latinos en Estados Unidos

Mexicanoamericanos ¡Hola, amigos! Somos Francisco Chávez y Guadalupe Garza. Somos alumnos en una escuela secundaria en Norteamérica. Somos alumnos en una escuela secundaria norteamericana pero para nosotros el español no es una lengua extranjera[1]. ¿Por qué? Porque nosotros somos de ascendencia[2] mexicana. Somos mexicanoamericanos. Somos el grupo número uno—el grupo mayoritario—de hispanohablantes[3] en Estados Unidos.

Cubanoamericanos Somos Ramón Ugarte y Marisa Dávila. Somos de Miami en la Florida. Como muchas personas en Miami, somos de ascendencia cubana. Somos cubanoamericanos.

El español es una lengua importante en todas partes de Estados Unidos. En Estados Unidos hay[4] más de cincuenta millones de hispanohablantes.

[1]extranjera *foreign*
[2]ascendencia *background*
[3]hispanohablantes *Spanish speakers*
[4]hay *there are*

Durante la lectura

Look at the subtitle of each section. How does it help you understand what you are reading?

✔ READING CHECK

Ramón y Marisa son de ascendencia cubana. Pero no son de Cuba. ¿De dónde son?

Después de leer

Did the reading discuss what you predicted? Explain.

Marisa y Ramón

Francisco y Guadalupe

(l)Larry Hamill; (r)ImageSource/AGE Fotostock

¿Comprendes?

A Recordando hechos Answer the questions to see how much information you remember from the story.

1. ¿Dónde son alumnos Francisco y Guadalupe?
2. ¿De qué ascendencia son?
3. ¿Es el español una lengua extranjera para Francisco y Guadalupe?
4. ¿De dónde son Ramón y Marisa?
5. ¿De qué ascendencia son Ramón y Marisa?

B Buscando información Find the following information in the reading.

1. estado con muchos residentes o habitantes de ascendencia cubana
2. el grupo mayoritario de latinos en Estados Unidos
3. la población (el número de habitantes) latina en Estados Unidos

Comunidades

Hay muchos latinos en todas partes de Estados Unidos. ¿Hay latinos en la escuela donde tú eres alumno(a)? ¿De dónde son ellos? ¿De qué países o naciones hispanohablantes son?

C Describiendo Write as much information as you can about the following people.

Francisco Chávez y Guadalupe Garza	Ramón Ugarte	Marisa Dávila

D Identificando What is the main idea of this reading?

CULTURA 🇺🇸

San Agustín es una ciudad en la Florida con mucha influencia hispana.

Lectura
UN POCO MÁS

Antes de leer

You are going to read about two main characters in a famous Spanish novel. Have you ever heard of Don Quijote and Sancho Panza in other courses? In Spanish, tell anything you know about them.

Dos personajes importantes

Una descripción Una novela famosa de la literatura española es *El Quijote*. El autor es Miguel de Cervantes Saavedra.

El Quijote es la historia del famoso caballero andante[1] don Quijote de la Mancha. La Mancha es una región de España.

Don Quijote es alto y flaco[2]. Sancho Panza es el compañero de don Quijote. Pero don Quijote y Sancho Panza son dos personajes muy diferentes. Sancho, ¿es alto y flaco como don Quijote? No, de ninguna manera. Él es bajo y gordo[3]. Sancho Panza es una persona graciosa. Él es cómico pero don Quijote, no. Él es muy serio y es una persona honesta y generosa. Pero según[4] Sancho Panza, don Quijote es tonto[5]. Y según don Quijote, Sancho es perezoso.

[1]caballero andante *knight errant*
[2]flaco *thin*
[3]gordo *fat*

[4]según *according to*
[5]tonto *foolish, crazy*

Conexiones

La literatura

The novel *El Quijote* is the second most widely read book in the world. The first is *La Biblia*. *El Quijote* has also been translated into more languages than any other literary work.

CULTURA

Don Quijote montado a caballo y Sancho Panza montado en un asno

Andrew Payti

¿Comprendes?

A Escoge. Choose the correct answer or completion.

1. El título de la novela es _____.
   a. *España*
   b. *Un caballero andante*
   c. *El Quijote*
   d. *Don Quijote y Sancho Panza*

2. Cervantes es _____.
   a. un personaje en la novela
   b. un famoso caballero andante
   c. una región de España
   d. el autor de la novela

3. ¿Cómo es don Quijote?
   a. Es perezoso.
   b. Es serio.
   c. Es bajo.
   d. Es gracioso.

4. _____ es un defecto.
   a. Ser cómico
   b. Ser serio
   c. Ser perezoso
   d. Ser un caballero andante

5. _____ es un atributo positivo.
   a. Ser tonto
   b. Ser perezoso
   c. Ser honesto
   d. Ser alto

B Categoriza. Make a chart similar to the one below. Place a check under the character each adjective describes. Then use the adjectives and the verb **ser** to compare Don Quijote and Sancho Panza.

característica	don Quijote	Sancho Panza
alto		
bajo		
gordo		
flaco		
gracioso		
serio		
generoso		
honesto		
tonto		
perezoso		

CULTURA

Unos molinos de viento en La Mancha

*Prepárate para
el examen*

↺ To review, see **Vocabulario 1**
and **Vocabulario 2**.

Vocabulario

1 **Parea.** Match each description with the girl it describes.

1. una muchacha rubia
3. una muchacha graciosa
2. una muchacha alta
4. una muchacha inteligente

2 **Completa.** Complete.

5. El joven es _____. No es alto.
6. Ella no es muy seria. Es bastante _____.
7. Carlos es un _____ muy bueno en matemáticas.
8. La clase de español no es pequeña. Es _____.
9. Rosa no es antipática. Es _____.
10. La señora Ortiz es una _____ de español.

3 **Escoge.** Choose the correct answer.

11. ¿Quién es?
    a. Carlos   b. la clase   c. grande
12. ¿Cómo es él?
    a. mexicano   b. José   c. alto
13. ¿De dónde es?
    a. Puerto Rico b. la escuela   c. sincero
14. ¿Quiénes son?
    a. los cursos b. José   c. José y Tomás

Gramática

↺ To review, see **Artículos y sustantivos**.

4 **Escoge.** Choose.

15. _____ muchacho es de Guatemala.
    a. El   b. Los   c. La
16. Carlos es _____ amigo sincero.
    a. una   b. un   c. unos

17. _____ escuelas son grandes.
    a. Unas   b. Una   c. La

18. _____ cursos son fáciles.
    a. El   b. Las   c. Los

⑤ **Completa.** Complete with the correct form of the adjective.

↻ To review, see **Adjetivos.**

19. La amiga de Enrique es _____. (rubio)

20. Los cursos son _____. (difícil)

21. La clase es _____. (aburrido)

22–23. Los alumnos son _____ y _____. (inteligente, bueno)

24. Paco y Anita son _____. (ambicioso)

25. Las profesoras son muy _____. (simpático)

⑥ **Completa con ser.** Complete with the correct form of **ser.**

26. ¡Hola! Yo _____ Teresa.

27. ¿De qué nacionalidad _____ tú?

28. Nosotros _____ amigos.

29. ¿_____ ustedes alumnos en la misma escuela?

30. Él _____ un alumno muy bueno.

31. Los cursos _____ interesantes.

32. ¿_____ usted argentino?

33. Las escuelas _____ grandes.

34. Ella _____ una alumna nueva.

↻ To review, see
El verbo ser.

⑦ **Forma una pregunta.** Make up a question asking each person where he or she is from.

35. Carlos

36. Señora Álvarez

Cultura

⑧ **¿Sí o no?**

37. Hay muchos cubanoamericanos en Miami, en la Florida.

38. Los cubanoamericanos son el grupo número uno de hispanohablantes en Estados Unidos.

39. Para los mexicanoamericanos en Estados Unidos, el español es una lengua extranjera.

40. El español es una lengua importante en Estados Unidos.

↻ To review this cultural information, see the **Lectura cultural.**

Prepárate para el examen

1 Un amigo nuevo

Describe a friend •············
Work with a partner. Look at this photograph of your new friend, Sergio Díaz, who is from Puerto Rico. Tell as much as you can about Sergio. Then ask each other questions about him.

2 La escuela y los cursos

Talk about school and subjects you take
Work with a partner. One of you will be Isabel Cortés, a student from Guatemala. She does not know much about schools in the United States and she has questions about your classes and teachers. Answer her questions.

3 Un alumno nuevo

Talk about yourself and get information about someone else
It's difficult to be a new student in a new school—even more difficult when you are in a new country. Take turns with a partner. Practice "breaking the ice." One of you will be Miguel Ramos, a new student from Nicaragua. Introduce yourself and tell him about yourself. Then ask him things you want to know about him.

4 Personas interesantes

Describe people
Bring in a photograph of several people. It can be a family photograph or a picture from a magazine. Give each person in the photograph a name. Say as much as you can about the people in the photograph.

CULTURA

Un colegio, o una escuela secundaria, en Masaya, Nicaragua

Go Online! ➕
connectED.mcgraw-hill.com

Tarea

Picture two of your best friends—a boy and a girl. Write a description of each of them. Include some things about them that are the same and other things that are different.

Writing Strategy

Describing Grab any popular novel and you will find colorful, detailed descriptions. Why? A good description brings a simple noun to life. Would you prefer to meet **una persona** or **una persona interesante?** The more adjectives you use to describe a person, the more interesting the portrait of that person is.

❶ Prewrite

There may be things you want to say about your friends, but you can't because you have not yet learned how to say them. When writing in Spanish, stick to what you know. Here is a suggestion to help you do that.

- Make a chart similar to the one below. Think of all the adjectives you have learned and put them in the appropriate categories in your chart.

	physical appearance	personality	background
boy			
girl			

❷ Write

- Describe each friend in a separate paragraph. From your chart, pick out the adjectives you need for that person.
- Begin each paragraph with a good introductory sentence. Be sure your introductory sentence identifies the person you are going to describe. A good example might be, **Anita es una amiga muy buena.**

- Be sure each paragraph has a logical order. Ask yourself if the paragraph describes the physical characteristics of your friend first and then his or her personality traits.
- Proofread your work and correct any errors. Check the endings of words you used to describe each person.
- Give your composition a title.
- You may wish to share your work with a classmate to have him or her edit your composition.
- **Expansion:** As you continue with your study of Spanish, you will have more language available to you so you will be able to better describe your best friend. Make a list of those categories that you would like to be able to use to describe him or her. Then continue to write as you learn more. At the end of the school year, you can evaluate your improvement.

Evaluate

Don't forget that your teacher will evaluate you on your ability to bring your friends to life through vivid description, correctness of grammar, sentence structure, and the completeness of your message.

Andrew Payti

Repaso del Capítulo 1

Gramática

Artículos y sustantivos

Nouns in Spanish are either masculine or feminine. The definite and indefinite articles that modify a noun must agree with the noun in gender and in number.

el amigo	los amigos
un amigo	unos amigos
la clase	las clases
una clase	unas clases

Adjetivos

An adjective must also agree with the noun it describes or modifies.

El amigo es simpático.	Los amigos son simpáticos.
La muchacha es seria.	Las muchachas son serias.
La escuela es grande.	Las escuelas son grandes.
El curso es difícil.	Los cursos son difíciles.

Ser

Review the forms of the verb **ser** (*to be*).

singular		plural	
yo	soy	nosotros(as)	somos
tú	eres	*vosotros(as)*	*sois*
Ud., él, ella	es	Uds., ellos, ellas	son

Tú vs. usted

Remember that there is more than one way to express *you* in Spanish.

> Tomás, (tú) eres un amigo bueno.
> Señora Cortés, (usted) es una profesora buena.

Comparaciones

Think about the similarities and differences between Spanish and English nouns and adjectives. How many forms do adjectives have in Spanish? How many forms do English adjectives have? Do English nouns have gender?

Now take a moment to consider the ways to express *you* in Spanish. How many ways are there to say *you* in Spanish? And in English? Why are there several words for *you* in Spanish?

Andrew Payti

CULTURA
Es una escuela o instituto secundario en Ushuaia, Argentina.

Juego There are a number of cognates in this list. See how many you and a partner can find. Who can find the most? Compare your list with those of your classmates.

Go Online!

connectED.mcgraw-hill.com

Vocabulario

Identifying a person or thing

el muchacho	el amigo	la escuela	el profesor
la muchacha	la amiga	la clase	la profesora
el joven	el alumno	el curso	ser
la joven	la alumna		

Describing a person

guapo(a)	pelirrojo(a)	cómico(a)	simpático(a)
bonito(a)	alto(a)	gracioso(a)	antipático(a)
feo(a)	bajo(a)	serio(a)	inteligente
moreno(a)	bueno(a)	ambicioso(a)	joven
rubio(a)	malo(a)	perezoso(a)	

Finding out information

¿quién?	¿cómo?	¿de qué nacionalidad?
¿quiénes?	¿de dónde?	

Identifying nationalities

argentino(a)	cubano(a)	guatemalteco(a)	peruano(a)
chileno(a)	dominicano(a)	mexicano(a)	puertorriqueño(a)
colombiano(a)	ecuatoriano(a)	norteamericano(a)	venezolano(a)

Describing classes and courses

grande	interesante	difícil, duro(a)
pequeño(a)	aburrido(a)	fácil

Identifying school subjects

el español	la ciencia	las matemáticas	la educación física
el francés	los estudios sociales	la música	
el inglés	la historia	el arte	

Other useful words and expressions

secundario(a)	también	pero
nuevo(a)	bastante	¡Mucho gusto!
mismo(a)	muy	¡Oye!

Repaso cumulativo

These activities will help you review and remember what you have learned so far in Spanish.

Unos amigos puertorriqueños

1 **Escucha y escoge.** Listen to each expression. On a separate sheet of paper, indicate whether you use the expression when you greet someone **(saludos)** or when you take leave of someone **(despedidas).**

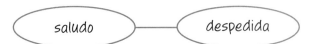

2 **Completa.** Make a calendar like the one below. Fill it in with the current month. Include numbers and days of the week. Remember which day is the first day of the week on a Spanish calendar.

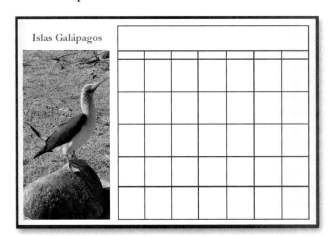

Islas Galápagos

3 **¿Qué hora es?** Tell what time it is on each clock.

1.

2.

3.

4.

5.

6.

4 **Personaliza.** Answer giving information about your school day.

    1. ¿A qué hora es la clase de español?

    2. ¿A qué hora es la clase de matemáticas?

    3. ¿A qué hora es la primera clase?

5 **Contesta.** Answer.

    1. ¿Qué tiempo hace hoy?

    2. ¿Qué estación es?

6 **Contesta.** Answer.

Give the expressions you know in Spanish to be polite.

7 **Personaliza.** Answer about yourself.

    ¿Quién eres?

    ¿De dónde eres?

    ¿De qué nacionalidad eres?

    ¿Cómo eres?

    ¿En qué escuela eres alumno(a)?

    ¿Qué tipo de alumno(a) eres?

EXPANSIÓN

Now use your answers from Activity 7 to write an e-mail to your new Costa Rican e-Pal.

8 **Rompecabezas**

¿Quién es el/la culpable? Look at the following people. Read the clues to find out who is to blame for stealing the pie.

Es pelirroja. Es baja. Es seria. ¿Quién es?

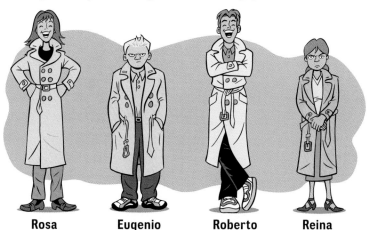

Rosa   Eugenio   Roberto   Reina

Go Online!
connectED.mcgraw-hill.com

Audio Video Práctica Repaso Diversiones eScape

ePals

Vamos a comparar In both Spain and Latin America, families were often quite large. However, family size is decreasing. Do you think families are also becoming smaller in the United States? The extended family, including aunts, uncles, cousins, second cousins, etc., is very important in the Spanish-speaking world. Do you think the same is true in the United States?

Objetivos

You will:

- talk about families and pets
- describe a house or apartment
- describe rooms and some furnishings
- discuss a family from Ecuador

You will use:

- the verb **tener**
- possessive adjectives

◀ Una familia de Santo Domingo, la capital de la República Dominicana

La familia y la casa

Look at these photographs to acquaint yourself with the theme of the chapter. You will learn to describe your family and home, as well as families and homes in Spanish-speaking countries. What do you notice about the families and homes seen here? Do any look like your own? How are they similar? How are they different?

España 🇪🇸

Las casas típicas de Guipúzcoa en el norte tienen balcones. En cada balcón hay flores bonitas.

Venezuela

Una familia venezolana durante una fiesta familiar—abuelos, tíos, padres, primos y nietos

Argentina

Una casa en una zona residencial de Buenos Aires, Argentina

(t)graphicart.net/Alamy, (c)Kelli Drummer-Avendaño, (b)Andrew Payti

Panamá

Son casas típicas de los indígenas en las zonas tropicales de muchos países latinoamericanos. Son casas sobre pilotes con techos de paja.

México

Una casa lujosa en una zona residencial de la Ciudad de México

Estados Unidos

Una familia latina en Estados Unidos

Costa Rica

Es una casa en San José, Costa Rica. Como muchas casas en Latinoamérica tiene un patio bonito en el centro.

La familia

¡Hola! Soy Daniela López. Yo tengo una mascota cariñosa. Su nombre es Rayas. Tengo muchos parientes.

mi gatito Rayas

mis abuelos

mi abuelo Juan López

mi abuela Ana López

mis padres

mi padre Pedro

mi madre Alicia

mis tíos

mi tía Laura

mi tío Alberto

mi primo Emilio

mis hermanos

¡Ojo!

Pariente is a false cognate. It looks like *parent* but it means *relative*. We call a false cognate **un amigo falso.**

mi hermano David

mi hermano Julio

No tengo hermanos. Soy hijo único.

nuestro perro Duque

Richard Hutchings

Mi tía Laura es la hermana de mi padre. Su hijo Emilio es mi primo y yo soy la sobrina de mi tía.

¡Hola! Soy Emilio Martínez. Mis abuelos son Juan y Ana López. Yo soy su nieto.

Para conversar

¿Cuántos años tienen tus hermanos?

Los dos tienen diez años. Son gemelos.

Nota

You may have a stepparent or stepbrother or sister. You can say:

mi padrastro el marido (el esposo) de mi madre

mi madrastra la mujer (la esposa) de mi padre

mi hermanastro el hijo del esposo de mi madre o de la esposa de mi padre

mi hermanastra la hija del esposo de mi madre o de la esposa de mi padre

el pelo rubio

el pelo castaño

el pelo negro

los ojos azules

los ojos verdes

los ojos castaños

Richard Hutchings

LA FAMILIA Y LA CASA

Go Online!

connectED.mcgraw-hill.com

cincuenta y nueve   **59**

CULTURA

Una abuela con sus nietas
en Cotacachi, Ecuador

Nota

The suffix **-ito** as in **gatito** can convey the meaning *small*. It can also express affection. Children often address their grandparents as **abuelito** and **abuelita.**

Parents often say **mi hijito(a)** when speaking to their children.

ESCUCHAR

1 **Escucha y escoge.** Listen to the statements. Decide if each statement is correct or not. Make a chart like the one below to indicate your answers.

correcto	incorrecto

How many did you get right?
8/8   **¡Estupendo!**
7/8   ¡Excelente!
6/8   **¡Muy bien!**
5/8   **¡Bien!**
0–4/8   **No muy bien.** ☹

LEER • ESCRIBIR

2 **Personaliza.** Answer about yourself. Pay attention to the gender.

1. ¿Eres el hijo o la hija de tu madre?
   Soy _____ de mi madre.
2. ¿Eres el sobrino o la sobrina de tu tía?
   Soy _____ de mi tía.
3. ¿Eres el nieto o la nieta de tus abuelos?
   Soy _____ de mis abuelos.
4. ¿Eres el primo o la prima de los hijos de tu tío?
   Soy _____ de los hijos de mi tío.

LEER

3

¿Quién es la nieta de Isabel?

Teresa es la hijita de Isabel.
Juana es la hermana de Teresa.
Sofía es la hermana de Paco.
Teresa es la madre de Paco.

Pista *(Hint)* Draw a diagram of the relationships to help discover the answer.

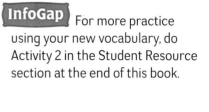

connectED.mcgraw-hill.com

ESCUCHAR • HABLAR • ESCRIBIR

4 **Contesta.** Answer the questions to tell a story about Felipe and Emilia using the information given.

1. ¿Es Felipe un hijo único? (no)
2. ¿Qué tiene Felipe? (una hermana, Emilia)
3. ¿Son hermanos Felipe y Emilia? (sí)
4. ¿Cuántos años tiene Felipe? (catorce)
5. ¿Cuántos años tiene Emilia? (dieciséis)
6. ¿Quién es menor? (Felipe)
7. ¿Quién es mayor? (Emilia)
8. ¿Tienen Felipe y Emilia una mascota cariñosa? (sí)
9. ¿Qué tienen? ¿Un perro o un gato? (un perro)
10. ¿Cuál es su nombre? (Roco)

EXPANSIÓN

Now, without looking at the questions, tell your partner all you remember about Felipe and Emilia. Then your partner will add any information you forgot.

InfoGap For more practice using your new vocabulary, do Activity 2 in the Student Resource section at the end of this book.

5 **Comunicación**

Work in small groups and tell who in your Spanish class has the following.

ojos azules	ojos castaños	ojos verdes
el pelo negro	el pelo castaño	el pelo rubio
el pelo rojo		

LEER • ESCRIBIR

6 **Personaliza.** Complete to tell all about yourself.

¡Hola! Yo soy ___1___. Tengo ___2___ años. Soy bastante ___3___. No soy muy ___4___. Tengo el pelo ___5___ y tengo ojos ___6___.

HABLAR

7 **¡Manos a la obra!** Using pictures from a magazine, pick who you want your ideal family to be. Make a collage of your family and introduce the members to your classmates, indicating what relationship each of these people is to you.

CULTURA

La familia Suárez es de Arica, Chile. Los señores tienen dos hijos.

La casa

un árbol

un carro

el jardín

una flor

La familia Benavides tiene una casa privada
  en las afueras (los suburbios).
Hay un jardín delante de su casa.
Los Benavides tienen un carro nuevo. No es viejo.
Hay una bicicleta detrás del carro.

¡Ojo!

Note that the word **cada**
does not change.
  cada casa
  cada apartamento

una casa de apartamentos

un edificio alto

un apartamento

un piso

La familia Solís tiene un apartamento en la ciudad.
Los Solís tienen un apartamento en un edificio alto.
Cada piso del edificio tiene seis apartamentos.

(t)David H. Brennan. (b)Andrew Payti

Los cuartos y los muebles

la cocina

el comedor

una mesa · una silla

la sala

una lámpara

un sofá

una mesita

el cuarto de baño

el cuarto de dormir,
la recámara

la cama

¡Así se dice!

- The expression **hay** means *there is* or *there are*.
  Hay un garaje al lado de *(next to)* **la casa.**
  Hay árboles alrededor de *(around)* **la casa.**
- Whenever **de** is followed by **el**, it becomes one word, **del**.
  delante del árbol
  detrás del sofá

En otras partes

- The word **el carro** is used in almost all areas of Latin America. In Spain, **el coche** is used.
- The word **piso** means *floor*. In Spain, **el piso** can also mean *apartment*. Other common terms for *apartment* are **un departamento** and **un apartamiento**.
- **La recámara** is used in Mexico as well as in some other countries of Central and South America. Other commonly used terms in many areas are **el dormitorio, la alcoba, la habitación,** and **la pieza**. Ask Spanish speakers in your class what words they use to express these items.

---

1 **Indica.** Decide if the statements you hear are true or false. Make a chart like the one below to indicate your answers.

verdad	falso

HABLAR • ESCRIBIR

2 **Identifica.** Identify each item. Use **el** or **la.**

1.

2.

3.

4.

5.

6.

ESCRIBIR

3

Change one letter in each word to form a new word.

cama

madre

el

un

su

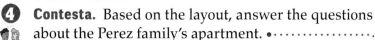

HABLAR • ESCRIBIR

4 **Contesta.** Based on the layout, answer the questions about the Perez family's apartment. •·················

1. ¿Tienen los Pérez un apartamento?
2. ¿Tiene un balcón su apartamento?
3. ¿Es grande o pequeño el apartamento?
4. ¿Cuántos cuartos tiene?
5. ¿Qué cuartos tiene?

EXPANSIÓN

Now, without looking at the questions, tell all you remember about the home of the Perez family. Your partner will fill in any information you forgot.

LEER • ESCRIBIR

5 **Completa según el dibujo.** •·················
Complete according to the illustration.

1. Hay ____ delante de la casa.
2. Hay ____ detrás de la casa.
3. Hay ____ al lado de la casa.
4. Hay ____ al lado del árbol.
5. Hay ____ detrás del carro.
6. Hay ____ al lado del sofá.

HABLAR

6 **Juego** Draw any part of a house, inside or outside, with a tiny cat for your partner to find. When your partner discovers the cat's hiding place, he or she exclaims, for example, **¡Hay un gato detrás del sofá en la sala!** Then reverse roles.

7 **Comunicación**

Think of a family you know. Tell as much as you can about them—members of the family, what they look like, their house or apartment, and their pets if they have any. Answer any questions your partner may have.

LA FAMILIA Y LA CASA   *sesenta y cinco*   **65**

El verbo tener

1. You will use the verb **tener** *(to have)* a great deal as you speak Spanish. Study the forms of this verb.

tener			
yo	tengo	nosotros(as)	tenemos
tú	tienes	*vosotros(as)*	*tenéis*
Ud., él, ella	tiene	Uds., ellos, ellas	tienen

2. You use the verb **tener** to express age **(la edad)**.

¿Cuántos años tienes?
Yo tengo catorce años.
Mi hermana menor tiene once años.

Práctica

HABLAR • ESCRIBIR

1 **Contesta.** Use the photos to tell what Antonio has and what the Ayerbes have.

Antonio

los Ayerbe

(tl tr bc br)Andrew Payti. (tc bl)Lori Ernfridsson

ESCUCHAR • HABLAR

2 **Conversa. Practica la conversación.** Practice the conversation with a classmate. Take turns playing each role. Pay attention to the changes in the forms of **tener.**

—**Pepe, ¿tienes hermanos?**
—**Sí, tengo dos—un hermano y una hermana.**
—**¿Cuántos años tiene tu hermana?**
—**Mi hermana tiene diez años y mi hermano tiene dieciséis.**
—**Y tú, ¿cuántos años tienes?**
—**Tengo dieciséis años también. Mi hermano y yo somos gemelos.**

EXPANSIÓN

Now, without looking at the conversation, tell all you remember about Pepe. Your partner will add anything you forgot.

HABLAR • ESCRIBIR

3 **Personaliza.** Answer about yourself.
1. ¿Tienes una familia grande o pequeña?
2. ¿Eres hijo(a) único(a) o tienes hermanos?
3. ¿Cuántos hermanos tienes?
4. Y tú, ¿cuántos años tienes?
5. ¿Tienes ojos azules, verdes o castaños?
6. ¿Tienes una mascota?
7. ¿Tienes un perro adorable?
8. ¿Tienes un gato cariñoso?

CULTURA

Son las mascotas de una familia en Guadalajara, México. Los perros son grandes, ¿no?

4 **Rompecabezas**

Complete the sentences with the correct form of **tener** and then solve the puzzle. **¿Cuántos años tiene Alberto?**

Yo __1__ una familia grande. Yo __2__ dieciséis años. Mi hermana Reina __3__ veintidós años. Los gemelos __4__ catorce años. Susana __5__ diez años y mi hermano Roberto __6__ siete años. Si el total de los años de todos los hijos es cien, ¿cuántos años tiene mi hermano Alberto?

Kerri Galloway

HABLAR

5 **Conversa.** Work in groups of four. Use the diagram below to make up short conversations to find out what your friends have. Use the model as your guide.

MODELO   muchos o pocos hermanos →
               —¿Tienen ustedes muchos o pocos hermanos?
               —Tenemos muchos (pocos) hermanos.

ESCRIBIR

6 **Escribe un e-mail.** You have a key pal in the Canary Islands in Spain. Write your key pal an e-mail telling as much as you can about your family and yourself. Ask your key pal questions about his or her family.

connectED.mcgraw-hill.com

LEER • ESCRIBIR

7 Completa con tener. Complete with **tener.** You will now have to use all forms of the verb.

CULTURA

Una familia en el jardín de su casa en un suburbio de Caracas, Venezuela

Aquí ___1___ (nosotros) una fotografía de la casa de la familia Sánchez. La familia Sánchez ___2___ una casa bonita en Caracas, Venezuela. Su casa ___3___ siete cuartos. Los Sánchez ___4___ dos hijos—Guadalupe y Daniel.

Guadalupe: ¡Hola! Soy Guadalupe Sánchez. Yo ___5___ dieciséis años y mi hermano Daniel ___6___ catorce. Nosotros ___7___ mascotas, dos perros cariñosos.

Daniel: ¡Hola, amigo! Y tú, ¿cuántos años ___8___? ¿___9___ hermanos? ¿Cuántos hermanos ___10___ (tú)? ¿___11___ ustedes una mascota también? ¿Qué ___12___? ¿Un perro o un gato?

Conexiones

La genética
Todos nosotros tenemos genes de nuestros padres. Los genes determinan, por ejemplo, el color de nuestros ojos, de nuestro pelo y otras características físicas. Los factores genéticos son muy importantes en cada individuo.

HABLAR • ESCRIBIR

8 ¡Te toca a ti! Using words from each of the boxes below, make up complete sentences telling what these people or places have or don't have.

Nosotros		dos pisos
Tú		un gato
Yo		un hijo único
Daniela	tener	quince años
La casa	no tener	pelo rubio
El jardín		ojos castaños
Mis primos		un garaje
Mi tía		dos mascotas
		plantas y árboles
		un carro nuevo

Daniel Salsgiver

LA FAMILIA Y LA CASA

Remember that the possessive adjective agrees with the thing possessed, not with the subject who possesses it.

**el perro de mis primos →
su perro**

**los gatos de mi primo →
sus gatos**

Los adjetivos posesivos

1. A possessive adjective tells who owns or possesses something—*my* book and *your* pencil. Observe the possessive adjectives in Spanish. Note that, like other adjectives in Spanish, they agree with the noun they modify.

yo	mi padre	mi prima	mis padres	mis primas
tú	tu padre	tu prima	tus padres	tus primas

él
ella
ellos } su padre   su prima   sus padres   sus primas
ellas
usted
ustedes

Es mi padre. **Es tu padre.** **Es su padre.**

2. The possessive adjectives **mi, tu,** and **su** have only two forms—singular and plural. As you can see from the examples above, **su** and **sus** can refer to many different people.

el perro de él	**su perro**
el perro de ella	**su perro**
el perro de usted	**su perro**
el perro de ellos	**su perro**
el perro de ustedes	**su perro**

3. The possessive adjective **nuestro** (and **vuestro**), like other adjectives that end in **-o,** has four forms.

nosotros(as) →

**nuestro padre
nuestra prima
nuestros padres
nuestras primas**

Comunidades

En muchas zonas de las ciudades de Latinoamérica hay casas privadas y edificios altos con condominios. En muchos casos hay un muro *(wall)* alrededor de las casas privadas. Detrás del muro hay un jardín. En tu pueblo o ciudad, ¿hay edificios de apartamentos y casas privadas? ¿Hay muros alrededor de las casas privadas?

CULTURA
Elena y su hermano en casa en Buenos Aires

(l)Andrew Payti. (r)Royalty-Free/Corbis

Práctica

HABLAR • ESCRIBIR

9 **Personaliza.** Answer about yourself.

1. ¿Es grande o pequeña tu familia?
2. ¿Cuántos años tiene tu hermano o tu hermana?
3. ¿Tiene tu familia un carro?
4. ¿Quién es tu profesor(a) de español?
5. ¿Es fácil o difícil tu curso de español?

ESCUCHAR • HABLAR

10 **Personaliza.** Work with a partner. Think of as many relatives as you can. Make up conversations as in the models and give personal answers.

MODELOS una prima →
—Yo tengo una prima.
—¿Ah, sí? ¿Quién es tu prima?
—Mi prima es _____.

dos primos →
—Yo tengo dos primos.
—¿Ah, sí? ¿Quiénes son tus primos?
—Mis primos son _____ y _____.

ESCUCHAR • HABLAR • ESCRIBIR

11 **Contesta según el modelo.**

Answer according to the model.

MODELO el carro del señor González / nuevo →
—¿Es el carro del señor González?
—Sí, es su carro. Su carro es nuevo.

1. el hermano de Paco / inteligente
2. las hermanas de Eduardo / gemelas
3. los amigos de Mari / alumnos en la misma escuela
4. el perro de ellos / cariñoso
5. la casa de los Gómez / bonita

CULTURA

Unas amigas de la misma escuela en Puebla, México

Kelli Drummer–Avendaño

LA FAMILIA Y LA CASA

Gramática

MINIBOOK See the Foldables section of the Student Handbook at the beginning of this book for help with making this foldable. Practice vocabulary pertaining to the family and house. On the left, draw your family members and your house or apartment. On the right, describe what you have drawn. Share your Minibook with a partner and ask each other questions about it.

HABLAR • ESCRIBIR

12 Personaliza. Answer about your school and classes. Be careful to use the correct possessive adjectives in your answers.

1. ¿Es nueva o vieja la escuela de ustedes?
2. Su clase de español, ¿es grande o pequeña?
3. ¿Cuántos alumnos hay en su clase de español?
4. En general, ¿son grandes o pequeñas las clases en su escuela?
5. ¿Son interesantes sus cursos? ¿Cuáles son interesantes?

13 Comunicación

Get together with a classmate. Talk to him or her about some things that you have, he or she has, or some friends have. Use the verb **tener** and possessive adjectives. You may want to use words from the **banco de palabras.**

casa	apartamento	perro	gato
mascota	carro	amigos	pelo (color)
jardín	hermanos	bicicleta	ojos (color)

HABLAR • ESCRIBIR

14 Juego These words are all mixed up! Can you rearrange them to make sentences?

1. seis hermano años su tiene
2. lámpara al lado de una hay cama mi
3. profesores de son dónde nuestros
4. grande tiene mi cocina casa una
5. son flores bonitas sus muy
6. perezoso padres gato un tienen tus

15 Rompecabezas

Paco is related to Juana. Read what he says below about Juana. Figure out how Paco and Juana are related. After you solve this riddle, make up others to present to the class.

Su tía es la hija de nuestros abuelos. Mi tío es su padre.

CULTURA
Unos hermanos panameños

72 *setenta y dos* CAPÍTULO 2

PRONUNCIACIÓN 🎧

Las consonantes f, l, m, n, p

The pronunciation of the consonants **f, l, m, n,** and **p** is very similar in both Spanish and English. The **p,** however, is not followed by a puff of air as it often is in English. Repeat the following.

f	l	m	n	p
favor	la	mucho	no	Pepe
familia	Lola	menor	alumna	padre
fácil	Lupe	madre	nieto	piso
famoso	alumno	cómico	nuevo	Perú
sofá	abuela	amigo	sobrino	guapo

 **Dictado**

Pronounce the following sentences carefully. Then write them to prepare for a dictation.

La familia de Felipe es francesa.
Mi hermano menor es Fernando.
Mis abuelos tienen un nieto nuevo.
El apartamento de Pepe tiene dos pisos.
Pepita es una peruana popular.
Mi mascota Mona es mala.
Perú es un país fabuloso.

Refrán

Can you guess what the following proverb means?

El mejor amigo, un perro.

CULTURA
Plaza de Armas, Trujillo, Perú

Andrew Payti

¡Bravo!

You have now learned all the new vocabulary and grammar in this chapter. Continue to use and practice all that you know while learning more cultural information. **¡Vamos!**

¿Comprendes?

A **Contesta.** Answer based on the conversation.

1. ¿Tiene hermanos Federico?
2. ¿Cuántos tiene?
3. ¿Quién es una hermana de Federico?
4. ¿Es su hermana menor o mayor?
5. ¿Tiene muchas preguntas José?

B **Completa.** Complete the summary of the conversation between José and Federico.

Federico __1__ tres hermanos. __2__ familia es bastante grande. La hermana __3__ de Federico es Laura. Ella es __4__ amiga de Maricarmen. Son amigas __5__.

C **Cuenta.** In your own words give as much information as you can about each of the following people.

Federico	José	Laura	Maricarmen

D **Dando opiniones** Give an opinion.

¿Tiene José mucho interés en la hermana de Federico? ¿Cómo indica que tiene mucho interés o no?

Lectura
CULTURAL

READING STRATEGY

▶ **Antes de leer**

Skim the reading to see if there are any words that are unfamiliar to you.

▶ **Durante la lectura**

As you read, look for the information around any unfamiliar word. It will help give you the meaning of the word.

✓ **READING CHECK**

¿Cuántas personas hay en la familia Morales?

✓ **READING CHECK**

¿Dónde tiene la familia Morales una casa privada?

▶ **Después de leer**

Were you able to guess the meaning of any unfamiliar words using context clues? Which ones?

USING CONTEXT TO GUESS MEANING When you read in a new language, you will likely come across some words you do not know. You can guess the meaning of unfamiliar words by the way they are used in the sentence. Look at the words, phrases, or passages that come before or after an unfamiliar word. The context will help clarify the meaning.

Una familia ecuatoriana

La familia Morales La familia Morales no es muy grande y no es muy pequeña. Es mediana. Los señores Morales tienen tres hijos—Jorge, Mari y Francisco. Jorge, el menor, tiene diez años. Mari tiene quince años y Francisco, el mayor, tiene diecisiete. Mari y Francisco son alumnos en un colegio en Quito, la capital de Ecuador. Pero no son alumnos en el mismo colegio. No van a un colegio mixto. Mari es alumna en un colegio para muchachas y Francisco es alumno en un colegio para muchachos. En Latinoamérica un colegio no es una universidad. Es una escuela secundaria.

La casa de los Morales Los Morales tienen una casa privada en un barrio residencial de Quito en las montañas, los Andes. En su barrio, hay casas privadas y edificios altos con condominios. Los edificios altos son muy modernos. Muchos tienen balcones con flores bonitas y de los balcones hay vistas fabulosas de la ciudad de Quito, de los picos andinos y del volcán Pichincha. La casa de los Morales tiene siete cuartos y detrás de la casa hay un jardín bonito con muchas plantas y flores. Alrededor de su casa hay un muro.

CULTURA

Una vista panorámica de Quito, Ecuador

Andrew Payti

¿Comprendes?

A Recordando hechos Answer the questions to see how much you remember about the Morales family from the story.

1. ¿Es grande la familia Morales?
2. ¿Cuántos hijos tienen los señores Morales?
3. ¿Cuántos años tiene el hijo menor?
4. ¿Cuántos años tiene el hijo mayor?
5. ¿Cuántos años tiene Mari?

B Confirmando información Correct all the wrong information.

1. Los Morales son de un barrio residencial en la costa del Pacífico.
2. Muchos condominios en los edificios altos tienen jardines con flores bonitas.
3. Los Morales tienen un condominio.

C Aumentando tu vocabulario Match each word with its definition.

1. un colegio
2. fabuloso
3. andino
4. un suburbio
5. un pico
6. una casa privada
7. un balcón
8. los Andes

a. una casa de una sola familia
b. un tipo de terraza
c. un tipo de escuela
d. una zona residencial
e. muy bueno, extraordinario
f. montañas de Sudamérica
g. de los Andes
h. parte superior de una montaña

CULTURA

Un edificio de departamentos en el centro de Quito, Ecuador

D Describiendo Give as much information as you can about the following.

los miembros de la familia Morales	la casa de los Morales	la ciudad de Quito

Andrew Payti

▶ **Antes de leer**

Think about the pets that people have. Are some rather exotic? Do you think people in different parts of the world may have different pets?

Cultura

Aquí tenemos un sato adorable. El sato es un perro especial de Puerto Rico. Los satos son muy cariñosos. No son todos del mismo color. Y no son todos del mismo tamaño. Unos son pequeños y otros son medianos. Pero no son grandes. Un sato puertorriqueño es un amigo sincero.

Mascotas 🎧 ↺

¿Tienes una mascota? Aquí en Estados Unidos, muchas familias tienen mascota, ¿no? En España y en Latinoamérica muchas tienen su mascota también. Como aquí, la mascota favorita es un perro o un gato. Los perros y los gatos son unos amigos buenos y sinceros.

En España y en Latinoamérica hay una cosa interesante. Hay unas excepciones pero en general las mascotas son populares en las ciudades y en los suburbios pero no en las zonas rurales. En las zonas rurales o en el campo, la gente no tiene un animal como un perro o un gato en casa.

Mascotas exóticas Hay también mascotas exóticas. Jorge es de Pisac en los Andes de Perú. Él tiene como mascota una llama. En Perú, Ecuador y Bolivia las llamas son domesticadas. Pero, ¡atención! Las llamas no tienen mucha paciencia y a veces son un poco desagradables, pero no peligrosas[1].

Andrea es de una zona tropical en Guatemala. Ella tiene un loro[2]. Su loro es bastante pequeño pero hay loros que son muy grandes. Los loros tienen muchos colores bonitos.

[1]peligrosas *dangerous*   [2]loro *parrot*

CULTURA
Los niños son de los Andes en Perú. Como Jorge en Pisac y Andrea en Guatemala ellos también tienen mascotas exóticas—un loro y una alpaca.

(l)Rebecca Smith, (r)Andrew Payti

¿Comprendes?

Escoge. Select the correct answer or completion.

1. Muchas familias tienen una mascota porque _____.
   a. son de Estados Unidos, España o Latinoamérica
   b. las mascotas son amigos buenos
   c. las mascotas son animales

2. En España y en Latinoamérica, las mascotas son populares _____.
   a. en general
   b. en las zonas rurales
   c. en las zonas urbanas

3. ¿Por qué son desagradables a veces las llamas?
   a. Son domesticadas.
   b. Son peligrosas.
   c. No tienen mucha paciencia.

4. Un loro es _____ que tiene muchos colores bonitos.
   a. un perro
   b. un gato
   c. un pájaro

Conexiones

Las ciencias

¿Tienes interés en los animales exóticos? ¿Sí? Pues, las islas Galápagos en el océano Pacífico al oeste de Ecuador son para ti. En las islas Galápagos hay todo tipo de animales marinos y reptiles raros. Y no hay depredadores.

Una tortuga de las islas Galápagos

Richard Brommer

LA FAMILIA Y LA CASA

Prepárate para el examen

↻ To review, see **Vocabulario 1.**

Vocabulario

1 **Completa.** Complete.

1. Mis padres tienen dos hijos. Yo soy Eduardo y mi _____ es Anita.

2–3. Yo soy el _____ de mis padres y Anita es su _____.

4. Mi padre tiene una hermana. Es mi _____ Isabel.

5. El _____ de Isabel es mi tío Enrique.

6. Tienen tres _____: Carlos, Susana y Teresa.

7. Sus hijos son mis _____.

8. Carlos tiene diez años y Susana y Teresa tienen quince. Las dos hermanas son _____.

9–10. Los padres de mis padres son mis _____ y yo soy su _____.

11. Mi hermana Anita es también su _____.

12. La esposa de mi abuelo es mi _____.

13. Nosotros somos todos _____ de la misma familia.

14–15. Mi primo tiene _____ castaño y _____ azules.

2 **Identifica.** Identify. Use **el** or **la.**

↻ To review, see **Vocabulario 2.**

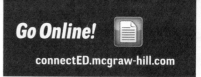
Gramática

3 **Contesta.** Answer.

23. ¿Cuántos años tienes?

24. ¿Cuántos hermanos tienes?

25. ¿Tienes una mascota?

To review, see **El verbo tener.**

4 **Crea una frase nueva.** Rewrite each sentence with the correct form of **tener** to agree with the new subject.

26. Elena tiene muchos primos.
    Sus amigos _____.

27. Ustedes tienen un jardín bonito.
    Nosotros _____.

28. Yo tengo un profesor muy bueno.
    Ella también _____.

29. Ellos tienen un perro.
    Ustedes _____.

30. Ella tiene dieciséis años.
    Tú _____.

31. Nosotros tenemos ojos verdes.
    Usted también _____.

5 **Completa.** Complete with the correct possessive adjective.

32. Nosotros tenemos un apartamento. _____ apartamento es bastante pequeño.

33. Yo tengo un hermano. _____ hermano tiene quince años.

34. Mi tío tiene hijos. _____ hijos son mis primos.

35. —Carlos y María, ¿tienen _____ padres un carro nuevo o viejo?

36. —José, ¿es de Puerto Rico _____ profesora de español?

37. Nosotros tenemos una casa en las afueras de la ciudad. Hay un muro alrededor de _____ casa.

To review, see **Los adjetivos posesivos.**

Cultura

6 **Identifica.** Identify.

38. la capital de Ecuador

39. montañas altas de Sudamérica

40. un volcán cerca de Quito

To review this cultural information, see the **Lectura cultural.**

Prepárate para el examen

1 Tu familia

Discuss families

Conduct an interview with a friend. One of you will ask questions to get the following information and the other will answer. Then reverse roles. Be sure to use the proper intonation when asking questions.

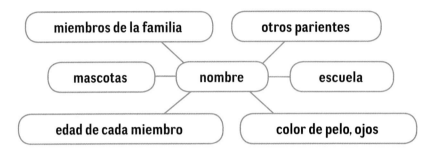

miembros de la familia · otros parientes · mascotas · nombre · escuela · edad de cada miembro · color de pelo, ojos

2 ¿Cuál prefieres?

Talk about housing

You are a realtor. You show your client (your partner) these two ads and describe the two properties. Your partner asks you questions about each of the dwellings.

ZONA RESIDENCIA
Piso 3 dormitorios, salón, cocina, baño nuevo.
Exterior. Reformado y amueblado.
99,165 €

ENTRADA CHICLANA
Chalet , 3 dorm, salón, cocina, baño.
87,000 €

3 Fotos de un álbum

Describe families

Bring in a photo of a family from a magazine. Give them a family name. Identify the various members of the family. Then describe them.

4 Tu casa o apartamento

Talk about your house or apartment

With a partner, describe your house or apartment. Ask each other questions. Compare and contrast the two homes.

Go Online! +

connectED.mcgraw-hill.com

Tarea

Write about your house or a house you dream of having someday—**la casa de mis sueños.**

Writing Strategy

Spatial ordering Always remember that when you write in the early stages of foreign language learning you have to "stick to" what you know how to say. Even though you may only be able to write a little, you have to give your writing some order.

One type of ordering is called "spatial ordering." This means that you will describe things as they actually appear from left to right, front to back, or top to bottom. You may wish to use spatial ordering for the topic you will now write about.

CULTURA

Una casa en el lago Cuicocha en el norte de Ecuador

❶ Prewrite

Here are some suggestions to help you organize your writing.

- Draw a sketch of your dream house. Include the outside and the rooms on the inside. You will refer to this as a visual aid to organize your writing. Ask yourself, **¿Cómo es?**

- Begin to think of adjectives to describe your house. Begin with the outside. You may want to use the expressions **delante de, detrás de,** and **al lado de** with **hay.**

- Then move into your house. Make a list of the rooms. Go from room to room in a logical order. Think of words to use to describe each room. Include the furniture in each room.

❷ Write

- Begin with a good introductory sentence, such as **La casa de mis sueños es...**

- Be sure your writing has a logical order. For example, do you describe the house in a logical fashion as you move through it?

- Give your composition a title.

- When you finish writing your description, proofread your work. Does it include the new vocabulary and the verbs **tener, ser, hay?** Did you use the right verb forms? Are the adjective endings correct? Did you check your spelling?

- You may wish to share your work with a classmate to have him or her edit your composition.

Evaluate

Don't forget that your teacher will evaluate you on your ability to organize your writing, to use correct grammar, and to present a vivid picture of your house that your readers will clearly understand.

Andrew Payti

Gramática

El verbo tener

Review the forms of the verb **tener.**

tener			
yo	tengo	nosotros(as)	tenemos
tú	tienes	*vosotros(as)*	*tenéis*
Ud., él, ella	tiene	Uds., ellos, ellas	tienen

Los adjetivos posesivos

Review the forms of the possessive adjectives.

mi abuelo	**mi abuela**	**mis abuelos**	**mis abuelas**
tu abuelo	**tu abuela**	**tus abuelos**	**tus abuelas**
su abuelo	**su abuela**	**sus abuelos**	**sus abuelas**
nuestro abuelo	**nuestra abuela**	**nuestros abuelos**	**nuestras abuelas**

Note that **nuestro** has four forms rather than two.

CULTURA

Las mascotas son populares en Madrid. ¿Son grandes o pequeños los perros que tienen las señoras?

Andrew Payti

Juego There are a number of cognates in this list. See how many you and a partner can find. Who can find the most? Compare your list with those of your classmates.

Vocabulario

Describing family members

la familia	el/la tío(a)	el/la gato(a), el/la gatito(a)
el miembro	el/la primo(a)	menor
los parientes	el/la abuelo(a)	mayor
el padre	el/la nieto(a)	cariñoso(a)
la madre	el/la hijo(a) (único[a])	el pelo castaño (rubio, negro)
los padres	el/la sobrino(a)	los ojos castaños (azules, verdes)
el/la esposo(a)	el/la gemelo(a)	tener
el marido	el nombre	tener...años
la mujer	la mascota	
el padrastro	el/la perro(a),	
la madrastra	el/la perrito(a)	
el/la hermano(a)		
el/la hermanastro(a)		

Discussing housing

la casa	la casa de apartamentos	privado(a)
los cuartos	el apartamento	viejo(a)
la sala	el piso	la ciudad
el comedor	los muebles	las afueras
la cocina	el sofá	los suburbios
el cuarto de dormir,	la silla	
la recámara	la mesa, la mesita	
el cuarto de baño	la lámpara	
el jardín	la cama	
la flor	el garaje	
el árbol	el carro	
el edificio		

Other useful words and expressions

la bicicleta	al lado de
hay	delante de
cada	detrás de
otro(a)	alrededor de

Repaso cumulativo

Repasa lo que ya has aprendido

These activities will help you review and remember what you have learned so far in Spanish.

1 **¿Sí o no?** Look at the photo below. Listen to each statement and indicate on a separate sheet of paper whether or not it describes the photo.

2 **Completa.** Complete with **ser** or **tener.**

1. ¡Hola! Yo _____ Emilia Castro. _____ quince años y _____ alumna en una escuela secundaria de Miami.

2. Mi hermano _____ alumno en la misma escuela que yo. Pero él _____ menor que yo. Él _____ trece años.

3. Mi hermano y yo _____ buenos amigos. _____ alumnos en la misma escuela. Nosotros _____ una mascota. ¿_____ ustedes una mascota también? ¿Qué _____?

4. Y tú, ¿quién _____? ¿De dónde _____? ¿_____ hermanos? ¿Cuántos _____? ¿_____ ustedes alumnos en la misma escuela?

3 **Escribe en el singular.** Write the sentences in the singular. Pay attention to the adjectives and the verb forms.

1. Los alumnos son inteligentes.

2. Las clases son pequeñas.

3. Los cursos son interesantes.

4. Pero los cursos son difíciles.

5. Las casas son bonitas.

6. Los edificios son altos.

Larry Hamill

4 **Parea la pregunta con la(s) persona(s).**
Match the question and person(s).

a.   b.   c.

1. ¿De dónde eres?

2. ¿De qué nacionalidad es usted?

3. ¿Tiene usted hijos?

4. ¿Cuántos hermanos tienes?

5. ¿Son ustedes amigas?

6. ¿De dónde son ustedes?

7. ¿Cuántos años tienes?

8. ¿Tienen ustedes un apartamento en la capital?

5 **Parea los contrarios.** Match the opposites.

rubio   serio   alto   difícil   cómico

delante   bueno   diferente   bajo

detrás   moreno   menor   feo

pequeño   mismo   GRANDE

fácil   malo   guapo   mayor

6 **Personaliza.** Answer and tell all about yourself.
Make a diagram like the one below to help organize
your thoughts.

En clase y después

Larry Hamill

Go Online!
connectED.mcgraw-hill.com

Audio	Video	Práctica	Repaso	Diversiones	eScape

ePals

Aquí y Allí

Vamos a comparar Think about your school day. What do you do during school and after school? As you study this chapter, you'll discover some things that you have in common with students in Spanish-speaking countries and some things that are different.

Objetivos

You will:

- talk about what you do in school
- identify some school clothes and school supplies
- talk about what you and your friends do after school
- compare school and after-school activities in Spanish-speaking countries and the United States

You will use:

- present tense of **-ar** verbs
- the verbs **ir, dar,** and **estar**
- the contractions **al** and **del**

◀ Los amigos son alumnos en la misma escuela en la República Dominicana.

En clase y después

Look at these photographs to acquaint yourself with the theme of this chapter—school life in Spain and Latin America. You will learn about what students do in school and after school. As you proceed through the chapter, think about the many things that you and the students of the Spanish-speaking world have in common.

España

El colegio San José es un colegio privado en Estepona, España, en la Costa del Sol. El colegio San José es un colegio mixto para muchachos y muchachas.

Argentina

Las muchachas van a la escuela a pie en Buenos Aires. Llevan uniforme a la escuela—una blusa y una falda.

México

Son alumnos de un colegio en Tepoztlán, México. Observa que los alumnos llevan sus materiales escolares en una mochila.

Ecuador

Los dos amigos son alumnos en la misma escuela en Manta, Ecuador. Como las muchachas en Argentina, ellos también llevan uniforme a la escuela—un pantalón, una camisa y un suéter.

Ecuador

Como en Estados Unidos, muchos alumnos toman un bus escolar a la escuela. Aquí tenemos un minibus escolar en El Bosque, una zona residencial de Quito, Ecuador.

ESCOLAR 8 DE OCTUBRE
5919
ESCOLAR
HIACE
5919
ECUADOR
PZK-460

(c)Larry Hamill, (others)Andrew Payti

90

Perú

Cuando los alumnos necesitan
un libro que no tienen, van a una biblioteca.
La biblioteca aquí está en Barranco, una
zona o barrio interesante de Lima, Perú.

Chile

Muchos alumnos pasan tiempo después de
las clases en esta librería en Punta Arenas.

Colombia

Los alumnos están en el pasillo de su escuela
en Barranquilla, Colombia. En su escuela no
tienen que llevar uniforme.

Guatemala

Los muchachos conversan un poco en
un parque antes de regresar a casa.
Como muchos alumnos en los países
hispanos, llevan una mochila.

Nicaragua

Es un colegio moderno
en Masaya, Nicaragua.

En la sala de clase 🎧

Los alumnos están en la sala de clase.
La profesora enseña (el) español.
Los alumnos prestan atención cuando ella habla.

¡Así se dice!

- When you want to get a friend's attention to look at something, you can say **¡Mira!**
- **¿Qué pasa?** is a good expression you can use when you want to find out what's happening or what's going on.

Tomás saca una nota buena en inglés.
Saca una nota mala en matemáticas.

levantar la mano

Julia tiene una pregunta.
Levanta la mano.
El profesor contesta la pregunta.

La profesora da un examen
(una prueba).
Los alumnos toman el examen.

una camisa
una blusa
un pantalón
una falda

Los alumnos llevan uniforme a la escuela.
Los muchachos llevan un pantalón y una camisa.
Las muchachas llevan una falda y una blusa.

Carlos lleva una mochila. ¿Qué lleva en la mochila?

los materiales escolares

una hoja de papel
un libro
una calculadora
un bolígrafo
un lápiz
un cuaderno
la mochila

¡Ojo!

- Note that **la mano** ends in **o,** but it is feminine and takes the article **la.**
- The verb **llevar** can mean *to wear* or *to carry*.

En otras partes

The most common terms for *ballpoint pen* are **el bolígrafo** and **el lapicero.** In some countries you will hear **la pluma,** but **la pluma** is more frequently a *fountain pen*. Ask Spanish speakers in your class what word they use for *pen*.

ESCUCHAR

1 **Escucha y escoge.** Match each statement you hear with the photo it describes.

a.

b.

c.

d.

e.

LEER • HABLAR

2 **Parea.** Match the items below to describe José's busy day.

1. José estudia   **a.** en un laboratorio
2. José estudia biología **b.** una nota mala
3. José contesta   **c.** español
4. José saca   **d.** la mano
5. José lleva   **e.** un pantalón y una camisa
6. José levanta   **f.** la pregunta

HABLAR • ESCRIBIR

3 **Mira y contesta.** Look at the photo and, based on what you see, answer **sí** or **no.**

1. ¿Está en clase la profesora?
2. ¿Miran los alumnos a la profesora?
3. ¿Prestan atención los alumnos?
4. ¿Da la profesora un examen?
5. ¿Levanta una muchacha la mano?
6. ¿Llevan los alumnos uniforme a la escuela?

EXPANSIÓN

Now, without looking at the questions, tell all you remember about the classroom. Your partner will add anything you forgot.

CULTURA

Son alumnos en una escuela en Guadalajara, México. Prestan mucha atención, ¿no?

ESCUCHAR • LEER

4 Escoge. Choose the correct completion.

1. Los alumnos que estudian mucho sacan (notas buenas, notas malas).
2. Los alumnos llevan (sus uniformes, sus materiales escolares) en una mochila.
3. Los alumnos (hablan, prestan atención) cuando la profesora habla.
4. (El pupitre, La silla) es un tipo de mesa.
5. Cuando un alumno tiene una pregunta, el profesor (levanta, contesta) la pregunta.

HABLAR • ESCRIBIR

5 Contesta. Make up answers about this •·············· classroom in the Dominican Republic.

1. ¿Quiénes están en la sala de clase?
2. ¿Quién enseña?
3. ¿Enseña geografía o matemáticas?
4. ¿Cuándo levanta la mano un alumno?
5. ¿Qué llevan los muchachos a la escuela?
6. ¿Qué llevan los alumnos en su mochila?

CULTURA
La profesora está delante de su clase en Santo Domingo en la República Dominicana.

Comunicación

6 Ask if your partner has a certain item in his or her backpack. Your partner will answer and show you the item if it's there. Take turns.

7 Say something about one of your friends or several friends using the following words.

estudiar **sacar** **llevar** **tomar** **hablar**

Comparaciones

An important difference between English and Spanish is that in English we say *after school.* In Spanish we say **después de las clases** or **después de los cursos.**

HABLAR

8 Juego Put school supplies in your backpack. With eyes closed, your partner takes out one item at a time and guesses what it is. Take turns.

Larry Hamill

Después de las clases 🎧

Los alumnos regresan a casa.
Van en el bus escolar.
Van en bus porque su casa está
   lejos de la escuela.

En la tienda

¿Cuánto cuesta la carpeta?

Noventa pesos.

la empleada

el dinero

la carpeta

José y María están en la tienda.
Compran una carpeta.
Dan el dinero a la empleada.
Pagan en la caja.
La empleada trabaja en la tienda.

Los alumnos van a casa a pie porque
   su casa está cerca de la escuela.
Primero, van a una tienda.
Necesitan materiales escolares.

Para conversar

¿Adónde van José y María?

Van a una tienda. Y luego van a casa.

¿Por qué van a la tienda?

Porque necesitan materiales escolares.

En casa

mirar un DVD

escuchar música

hablar en su móvil

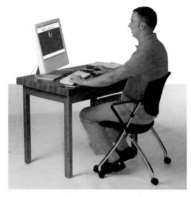

usar la computadora

navegar la red (el Internet)

enviar correos electrónicos

Andrés está en su cuarto.
Navega la red.
Busca información en el Internet.

En otras partes

La computadora is used throughout Latin America to express *computer*. **El ordenador** is used in Spain.

McGraw-Hill Education

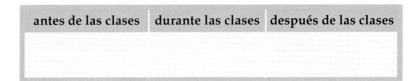

1 **Determina cuándo.** You will hear a series of statements. On a sheet of paper make a chart like the one below. As you listen, determine when the activities take place.

antes de las clases	durante las clases	después de las clases

Conexiones

La tecnología

Cuando navegas el Internet tienes acceso al mundo entero. Es posible buscar información sobre la historia, el arte, la música—todo. Es posible enviar correos electrónicos y conversar con amigos en todas partes del mundo.

Con tu móvil además de hablar con amigos es posible sacar fotografías y bajar *(download)* música. Las posibilidades son infinitas.

HABLAR

2 **Contesta.** Answer using a word from the **banco de palabras.**

| un DVD | un correo electrónico | su móvil |
| información | música | el dinero |

1. ¿Qué busca José cuando navega la red?
2. ¿Qué compra Elena en la tienda de videos?
3. ¿Qué da a la empleada?
4. ¿Qué escucha Teresa?
5. ¿Qué envía Carlos a un amigo?
6. ¿Qué usa Mari cuando habla con sus amigos?

LEER

3 **Escoge.** Choose the correct word to complete each sentence.

1. Jorge _____ música en su MP3.
   a. escucha b. envía c. mira d. navega

2. Mi hermana _____ la red.
   a. estudia b. levanta c. navega d. habla

3. Elena _____ en su móvil.
   a. trabaja b. mira c. busca d. habla

4. Mis amigos _____ correos electrónicos.
   a. envían b. escuchan c. compran d. regresan

5. Ellos _____ información en el Internet.
   a. hablan b. buscan c. van d. están

6. El empleado _____ en la tienda.
   a. paga b. compra c. trabaja d. regresa

LEER • HABLAR • ESCRIBIR

4 **Pregunta.** Make up questions using the question words from the **banco de palabras.** The words in italics will help you figure out which question word to use.

¿Qué?	¿Cuándo?	¿Cómo?	¿Por qué?
¿Quiénes?	¿Quién?	¿Dónde?	¿Adónde?
¿Cuánto?			

1. Los alumnos van *a casa.*
2. Los amigos están *en la sala.*
3. *José* necesita una camisa nueva.
4. *Los amigos* van a una tienda.
5. Van a una tienda *después de las clases.*
6. Luis habla *muy bien* el español.
7. Luis compra *una carpeta.*
8. La carpeta cuesta *ocho pesos.*
9. Los alumnos regresan a casa a pie *porque su casa está cerca de la escuela.*

5 **Comunicación**

Get together with a classmate. He or she will take the role of a newly arrived exchange student from Nicaragua. Tell him or her what your friends typically do after school.

Después de las clases mis amigos...

CULTURA

Las muchachas regresan a casa después de sus clases en Managua, Nicaragua.

ESCUCHAR • LEER • HABLAR

6 **Parea.** Match the first part of each sentence with the best completion. Use **porque.**

1. Rafael va a la tienda
2. Teresa saca notas buenas
3. Enrique va a la caja
4. Él presta atención
5. Carlota levanta la mano
6. Sarita toma el bus escolar a casa

a. estudia mucho
b. el profesor habla
c. tiene una pregunta
d. necesita materiales escolares
e. tiene que pagar
f. su casa está lejos

Presente de los verbos en -ar

1. Action words are verbs. Most verbs in Spanish belong to a family or conjugation. Verbs that have an infinitive (*to speak, to study*) that ends in **-ar** (**hablar, estudiar**) are called **-ar** verbs or first conjugation verbs. In this chapter you have learned the following **-ar** verbs:

   estudiar, enseñar, levantar, contestar, hablar, tomar, mirar, escuchar, sacar, llevar, regresar, necesitar, navegar, buscar, enviar, comprar, pagar, trabajar

2. All Spanish verbs change their endings according to the subject. Study the following forms of the verbs **hablar** and **mirar.**

infinitive	hablar		
stem	habl-		
yo	hablo	nosotros(as)	hablamos
tú	hablas	*vosotros(as)*	*habláis*
Ud., él, ella	habla	Uds., ellos, ellas	hablan

infinitive	mirar		
stem	mir-		
yo	miro	nosotros(as)	miramos
tú	miras	*vosotros(as)*	*miráis*
Ud., él, ella	mira	Uds., ellos, ellas	miran

3. Study the following.

Hablo español.

When you talk about yourself, you use the ending -**o.**

José, hablas muy bien.

When you speak to a friend, you use the ending -**as.**

Habla español.

When you talk about someone, you use the ending -**a.**

McGraw-Hill Education

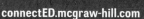

Hablamos español.

Hablan español.

Hablan español.

When you speak about yourself and someone else, you use the ending -**amos**.

When you talk about two or more people, you use the ending -**an**.

When you speak to two or more people, you also use the ending -**an**.

Práctica

LEER • HABLAR • ESCRIBIR

1 Forma frases. Make up complete sentences by putting the words in order.

1. español / Juan / estudia
2. el mismo curso / los amigos / toman
3. en la clase de español / habla / el profesor / español
4. Anita / la red / navega / en casa
5. su música favorita / en su MP3 / escucha / Enrique
6. los amigos / miran / navegan / la red / un DVD / después de las clases / y
7. busca / Manuel / escolares / en la tienda / materiales
8. en / pagan / la caja

ESCUCHAR • HABLAR • ESCRIBIR

2 Personaliza. Answer about yourself.

1. ¿Estudias español?
2. ¿Hablas español en clase?
3. ¿Hablas bien?
4. ¿Usas la computadora?
5. ¿Navegas la red?
6. ¿Tomas cuatro o cinco cursos?
7. ¿Sacas notas buenas o malas?
8. ¿Llevas uniforme a la escuela?

ESCUCHAR • HABLAR

3 Conversa. You didn't hear what your friend said. As in the model, ask your friend to repeat the information.

MODELO —Necesito un lápiz.
—Perdón, ¿qué necesitas?
—Un lápiz.

1. Busco mi cuaderno.
2. Necesito mi libro de español.
3. Escucho mi música favorita.
4. Necesito un bolígrafo.
5. Miro un DVD.
6. Compro una carpeta.

ESCRIBIR

4 Juego Compete with a partner. Copy this chart and see who can finish first with no mistakes. Correct each other's chart.

yo	tú	usted	él	nosotros	ellas
miro					
				estudiamos	
		paga			
	buscas				
					escuchan
			levanta		

ESCUCHAR • HABLAR • ESCRIBIR

5 Contesta. Answer about yourself and a friend. Remember to use the **nosotros** form of the verb.

1. ¿Estudian ustedes geografía?
2. ¿Toman ustedes cuatro o cinco cursos?
3. ¿Navegan ustedes la red?
4. ¿Buscan ustedes información en la red?
5. ¿Toman ustedes muchos exámenes?
6. ¿Sacan ustedes notas buenas?

EXPANSIÓN

Now ask a classmate these same questions. Remember to use **tú.**

Conexiones

La geografía
La geografía es el estudio de la Tierra y sus características—los océanos, las montañas, los desiertos, las junglas, etcétera. Cuando necesitas información sobre un punto geográfico, ¿navegas el Internet?

CULTURA
Amigos del mismo colegio en Oaxaca, México

ESCUCHAR • HABLAR

6 **Conversa.** Speak with some friends as in the model.

MODELO —Ustedes necesitan estudiar.
—Oye. ¿Hablas en serio? La verdad
es que estudiamos.

1. Ustedes necesitan estudiar mucho.
2. Ustedes necesitan escuchar.
3. Ustedes necesitan sacar notas buenas.
4. Ustedes necesitan prestar atención.

LEER

7 **Parea.** Read each sentence and determine to whom it refers.

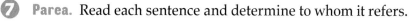

1. Hablo en mi móvil.
2. Ellos llevan muchos libros.
3. Estudias mucho.
4. Navegamos la red.
5. Ustedes escuchan
   música clásica.
6. Siempre presta atención.
7. Usted habla muy bien.

a. *myself*
b. *you (a friend)*
c. *you (an adult)*
d. *other people*
e. *you (several people)*
f. *myself and others*
g. *another person*

Andrew Payti

8 Completa. Complete the following story about a student in Barcelona. You will now use all forms of the **-ar** verbs. **¡Cuidado!** Pay careful attention to the endings.

CULTURA

Barcelona, la ciudad de Emilio, es una ciudad grande en Cataluña en el nordeste de España. En Barcelona, Emilio habla español y catalán. En las escuelas los profesores enseñan en catalán.

    Emilio __1__ (ser) un muchacho español. Él __2__ (estudiar) en un colegio en Barcelona. Los amigos de Emilio __3__ (llevar) uniforme a la escuela. Uno de sus amigos __4__ (hablar):
    —Sí, todos nosotros __5__ (llevar) uniforme a la escuela. ¿__6__ (Llevar) ustedes uniforme a la escuela en Estados Unidos?
    Los amigos de Emilio __7__ (tomar) muchos cursos. Y Emilio también __8__ (tomar) muchos cursos. Unos cursos __9__ (ser) fáciles y otros __10__ (ser) difíciles.
Los amigos de Emilio __11__ (hablar):
    —Nosotros __12__ (tomar) nueve cursos. En algunos cursos nosotros __13__ (sacar) notas muy buenas y en otros __14__ (sacar) notas bajas.
    Un amigo __15__ (preguntar):
    —¡Oye, Emilio! ¿En qué cursos __16__ (sacar) tú notas buenas y en qué cursos __17__ (sacar) tú notas malas?
    Emilio __18__ (contestar):
    —Cuando yo __19__ (estudiar) yo __20__ (sacar) notas buenas en todos mis cursos.

9 Escribe. You will be leaving soon for a one-month immersion program in Puerto Rico. Write a brief letter to your Puerto Rican coordinator to ask what classes you are taking and what kind of school supplies you need.

Andrew Payti

Los verbos ir, dar, estar

1. The verbs **ir, dar,** and **estar** are irregular, because they have a different form with **yo.** All the other forms are the same as those of a regular **-ar** verb.

	ir	dar	estar
yo	voy	doy	estoy
tú	vas	das	estás
Ud., él, ella	va	da	está
nosotros(as)	vamos	damos	estamos
vosotros(as)	vais	dais	estáis
Uds., ellos, ellas	van	dan	están

2. You use **estar** to tell how you feel.

　—¿Cómo estás?
　—Estoy bien, gracias.

You also use **estar** to tell where you are.

　—¿Dónde estás?
　—Estoy en la escuela.

CULTURA

Los alumnos dan un paseo con su profesor durante una excursión escolar en la Ciudad de Panamá. Están en el casco viejo (histórico) de la capital.

Práctica

10 Personaliza. Answer about yourself.

1. ¿Cómo estás hoy?
2. ¿Estás en la escuela ahora o estás en casa?
3. ¿En qué clase estás?
4. ¿Vas a casa después de las clases?
5. ¿Vas a casa a pie o en el bus escolar?

ESCUCHAR • HABLAR

11 Conversa. You didn't hear what your friend said. Have him or her repeat as in the models.

MODELOS —Voy a la escuela.
—¿Adónde vas?

—Vamos a la escuela.
—¿Adónde van ustedes?

1. Voy a la clase de español.
2. Voy al laboratorio de biología.
3. Voy a la cocina.
4. Voy al café.
5. Voy al gimnasio.
6. Voy a la tienda.

HABLAR • ESCRIBIR

12 Forma frases. Make up sentences using the following cues. You will use all forms of the verbs.

1. nosotros / ir / a la cocina
2. mis padres / estar / en la sala
3. yo / ir / a mi cuarto
4. mi computadora / estar / en mi cuarto
5. yo / navegar / la red / y / dar la información a mi hermanito
6. el profesor / dar / un examen
7. usted / ir / a la tienda
8. tú / estar / lejos de tu casa

CULTURA

Diego es un alumno en una escuela en Venezuela. Va a la escuela a pie. Lleva sus libros en la mochila.

InfoGap For more practice using -ar verbs and ir, dar, and estar, do Activity 3 in the Student Resource section at the end of this book.

Kelli Drummer-Avendaño

Las contracciones al y del

1. The preposition **a** means *to* or *at*. **A** contracts with **el** to form one word—**al. A** does not contract with **la, las,** or **los.**

Él va al cuarto.	**Voy a la tienda.**
Vamos al gimnasio.	**Ellos van a la sala.**

2. The preposition **a** has another important use. Whenever the direct object of a verb is a person, you must put **a** before it. This **a** is not translated. It is called the **a personal.** Observe the following sentences.

Miro la televisión.	**Miro al amigo de Teresa.**
Escucho la música.	**Escucho a la profesora.**
Busco un bolígrafo.	**Busco a mis amigas.**

3. The preposition **de** means *of* or *from*. **De** contracts with **el** to form **del.** It does not contract with **la, las,** or **los.**

Es el libro del profesor.
Es la escuela de la amiga de Pablo.

4. De also forms a part of many other prepositions.

delante del jardín	**antes de los exámenes**
cerca del carro	**detrás de la casa**
después de las clases	**lejos de la tienda**

CULTURA

Los alumnos guatemaltecos regresan a casa después de las clases. Son amigos muy buenos.

Lori Ernfridsson

Práctica

¡Ojo!

The expression **ir a casa** means *to go home*. Note that you do not use the article **la** with this expression.

Voy a casa.

HABLAR

13 Conversa. With a partner, prepare a conversation based on the model.

MODELO   el laboratorio →
—¡Oye! ¿Adónde vas?
—¿Quién? ¿Yo?
—Sí, tú.
—Pues, voy al laboratorio.

1. el gimnasio
2. la cafetería
3. el auditorio
4. la tienda

HABLAR • ESCRIBIR

14 Completa. Complete each sentence with the correct form of the preposition **de.**

1. Ellos hablan ＿＿ familia de José.
2. El profesor está delante ＿＿ clase.
3. Cerca ＿＿ casa hay un patio.
4. Detrás ＿＿ patio hay un garaje.
5. ¿Qué opinión tienes ＿＿ profesor?
6. Después ＿＿ clases vamos a casa.

ESCUCHAR • HABLAR • ESCRIBIR

15 Contesta. Answer.

1. ¿Miras la televisión?
2. ¿Miras a la profesora también?
3. ¿Escuchas un CD?
4. ¿Escuchas al profesor cuando él habla?
5. ¿Contestas la pregunta?
6. ¿Contestas a tu amigo?

HABLAR • ESCRIBIR

16 Forma frases. Make up two sentences using each verb. Be sure to use the **a personal** when it is necessary.

yo	mirar	el profesor
tú	escuchar	los alumnos
él	enseñar	la lección
usted	buscar	un pantalón
nosotros		mi amigo
ellas		la música
		un DVD
		mi hermana
		el muchacho
		la profesora

POCKET BOOK See the Foldables section of the Student Handbook at the beginning of this book for help with making this foldable. Organize your new vocabulary. Label the pockets with topics such as school activities, after-school activities, and school supplies. Then with a partner make index cards with the words and phrases you have learned. Add to these pockets as you learn new words.

ESCRIBIR

17 **¡Te toca a ti!** E-mail your key pal in Mexico. Tell about what you do in school and after school.

HABLAR • ESCRIBIR

18 **Juego** Have a contest and see who can make up the most sentences in three minutes using the following verbs.

tomar   escuchar
hablar   ir   mirar

PRONUNCIACIÓN

La consonante t

You pronounce the **t** in Spanish with the tip of the tongue pressed against your upper teeth. No puff of air follows the **t** sound. It is very clear. Repeat the following.

ta	te	ti	to	tu
nota	Teresa	tío	toma	tú
está	interesante	tiene	levanto	estudia
carpeta	siete	tipo	momento	

 **Dictado**

Pronounce the following sentences carefully. Then write them to prepare for a dictation.

> Tito presta atención.
> Tu tío Tito es simpático.
> Tus tíos tienen tres tacos.
> Tu gato Tigre está detrás de la terraza.

Refrán

Can you guess what the following proverb means?

**Libro cerrado,
no saca letrado.**

CULTURA

Es la casa de la familia Duarte en Cotacachi, en el norte de Ecuador. Delante de la casa hay un jardín con flores bonitas.

¡Bravo!

You have now learned all the new vocabulary and grammar in this chapter. Continue to use and practice all that you know while learning more cultural information. **¡Vamos!**

Dos amigos

Diego	Linda, ¿a qué clase vas ahora?
Linda	Voy a la clase de español.
Diego	¿Qué tal tu clase de español?
Linda	Es bastante interesante y no muy difícil.
Diego	¿Hablas en serio?
Linda	Sí, sí. Hablo en serio. La señora Gómez es muy simpática.
Diego	¡Ay, Linda!
Linda	¿Qué pasa?
Diego	¿Mi móvil? ¿Dónde está?
Linda	¿Por qué no buscas en tu mochila?
Diego	¡Un momento! Ah, sí. Aquí está.
Linda	El viernes, ¿vas a la fiesta de Sandra?
Diego	Sí, ¿y tú?
Linda	Sí, voy. ¡Cómo no!

¿Comprendes?

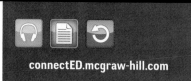
A ¿Quién es? Tell whether each statement is talking about Diego and/or Linda.

	Diego	Linda
1. Va a su clase de español.		
2. Probablemente no toma un curso de español. No estudia español.		
3. Busca su móvil.		
4. Su móvil está en su mochila.		
5. Va a la fiesta de Sandra.		

B Contesta. Answer based on the information in the conversation.

1. ¿A qué clase va Linda?
2. ¿Cómo es la clase de español?
3. ¿Cómo es la profesora?
4. ¿Quién es la profesora?
5. ¿Qué busca Diego?
6. ¿Dónde está?

C Llegando a conclusiones What does Linda say to Diego that surprises him? What tells you that he is surprised?

CULTURA
Una vista bonita de Miami, Florida

Andrew Payti

Lectura
CULTURAL

READING STRATEGY

Antes de leer

Think of some cognates that you have already learned.

✔ **READING CHECK**

¿Está Magalí ahora en Perú o en Estados Unidos?

✔ **READING CHECK**

¿Qué es una escuela mixta?

Durante la lectura

As you read, write down all the cognates you recognize.

✔ **READING CHECK**

¿Cuáles son otras palabras para «escuela secundaria»?

Después de leer

How many cognates did you find? Was it easy to guess their meaning?

RECOGNIZING COGNATES When you read in Spanish, it is possible that you will come across some new words. There are several strategies you can use to guess the meaning of these new words. One is to recognize cognates—words that look alike and mean the same thing in Spanish and English. In Spanish they are called **palabras afines.**

Escuelas aquí y en Latinoamérica

Magalí es una alumna de intercambio[1]. Ella es de Arequipa, Perú, pero pasa un año con una familia en Nueva York. Ella va a la escuela con sus nuevos «hermanos». Magalí observa que hay diferencias entre su escuela en Perú y su nueva escuela en Nueva York.

En Perú muchos alumnos van a una escuela privada. La mayoría[2] de las escuelas privadas no son mixtas. Los muchachos van a una escuela y las muchachas van a otra. Pero la mayoría de las escuelas públicas son mixtas. Los alumnos de las escuelas privadas y públicas llevan uniforme. No van a clase en un blue jean y T-shirt.

Las escuelas en Perú como en muchas partes de Latinoamérica tienen nombres diferentes que las escuelas en Estados Unidos. Por ejemplo, un colegio es una escuela secundaria. Una academia es una escuela primaria o secundaria. En la lengua de los alumnos o estudiantes, la escuela secundaria o *high school* es la prepa—una forma corta o abreviada de «la preparatoria».

[1]de intercambio *exchange*   [2]mayoría *majority*

CULTURA

Plaza de Armas en Arequipa, Perú

Andrew Payti

¿Comprendes?

A **Buscando información** Indicate which place(s) each statement refers to.

	Latinoamérica	Estados Unidos	los dos
1. La mayoría de los alumnos llevan uniforme a la escuela.			
2. Hay escuelas públicas y privadas.			
3. Un gran número de alumnos van a escuelas privadas.			
4. Son los profesores que enseñan.			
5. Un colegio es una escuela secundaria.			

B **Aumentando tu vocabulario** Complete each statement.

1. Otras palabras que significan «escuela» son _____, _____ y _____.
2. Otra palabra que significa «alumno(a)» es _____.
3. Otra expresión que significa «la mayoría» es _____.
4. Otra palabra que significa «elemental» es _____.

C **Contrastando** ¿Cuáles son unas diferencias entre las escuelas en Perú y en Estados Unidos?

Cultura

En muchas escuelas de Latinoamérica y también en España los alumnos no van de una sala a otra para cada clase. Son los profesores que van de una sala a otra.

Antes de leer

You are going to read about the jobs or work of young people in the Spanish-speaking world. Before reading this selection, consider the answers to the following personal questions:
¿Trabajas después de las clases?
¿Qué tipo de trabajo tienes?
¿Cuántas horas trabajas? Y tus amigos, ¿trabajan muchos de ellos después de las clases o no?

¿Quiénes trabajan?

En Estados Unidos En Estados Unidos muchos alumnos trabajan después de las clases. Trabajan, por ejemplo, en un café, en un restaurante o en una tienda. No trabajan a tiempo completo, solo a tiempo parcial.

En los países hispanos Hay jóvenes que trabajan en los países hispanos también. Son los jóvenes que terminan su educación después de la primaria o escuela elemental. Por lo general, los alumnos que van a la secundaria o prepa no trabajan. En unos colegios las clases no terminan hasta bastante tarde[1]. Y los alumnos de las escuelas secundarias toman muchos cursos en un semestre. Ellos trabajan mucho—pero no en un restaurante o una tienda. Trabajan en la escuela. Y de noche[2] cuando regresan a casa preparan sus tareas.

A veces unos alumnos trabajan durante el *weekend* o el fin de semana o durante sus vacaciones.

[1]bastante tarde *rather late*　　　　　[2]de noche *at night*

Do you know what this is? Can you understand what it says?

Andrew Payti

¿Comprendes?

Escoge. Choose the correct answer or completion.

1. ¿Quiénes trabajan en Latinoamérica?
   a. los alumnos secundarios
   b. los alumnos que no van a la secundaria
   c. los jóvenes en la escuela primaria
   d. por lo general, todos los jóvenes latinoamericanos

2. ¿Por qué no trabajan los alumnos que van a la secundaria en Latinoamérica?
   a. No trabajan.
   b. Sus clases terminan bastante tarde.
   c. Terminan con su educación.
   d. Solo trabajan a tiempo parcial.

3. ¿Qué es la prepa?
   a. una escuela elemental o primaria
   b. una escuela privada
   c. una escuela secundaria
   d. un trabajo a tiempo parcial

4. De noche los alumnos hispanos _____.
   a. llevan uniforme
   b. van a clase
   c. trabajan a tiempo completo
   d. estudian y preparan sus tareas

CULTURA

Unos alumnos secundarios en un pasillo *(hallway)* de su escuela en León, en el norte de Nicaragua

Prepárate para el examen

🔄 To review, see **Vocabulario 1.**

Vocabulario

1 Identifica. Identify. Use **el** or **la.**

2 **Escoge.** Choose the correct word to complete each sentence.

va	toma	mira	compra
lleva	presta	escucha	da

9. José _____ un DVD en la tienda.

10. Él _____ el DVD en la sala.

11. Un alumno bueno _____ atención cuando el profesor habla.

12. Ella _____ uniforme a la escuela.

13. Elena _____ su música favorita.

14. El profesor _____ un examen hoy.

15. ¿Adónde _____ tu amigo?

🔄 To review, see **Vocabulario 1** and **Vocabulario 2.**

Gramática

3 Completa. Complete with the correct form of the indicated verb.

16. Yo _____ una nota buena en español. (sacar)

17. Nosotros _____ un examen. (tomar)

18. ¿En qué _____ (tú) tus materiales escolares? (llevar)

19. Todos ustedes _____ muchos materiales escolares en su mochila, ¿no? (llevar)

20. Ella _____ la computadora en clase. (usar)

21. Yo _____ la red. (navegar)

22. Ellos _____ información en el Internet. (buscar)

🔄 To review, see **Presente de los verbos en -ar.**

4 Contesta. **Answer.**
    23. ¿Vas a la escuela en el bus escolar?
    24. ¿Das tus tareas a la profesora?
    25. ¿Estás en casa o en la escuela?
    26. ¿Están ustedes en la escuela ahora?
    27. ¿Van ustedes a casa a pie o en el bus escolar?

↺ To review, see **Los verbos ir, dar,** and **estar.**

5 Escribe frases. **Write a sentence using the following words.**
    28. nosotros / ir / tienda / después de / clases
    29. alumnos / peruano / ir / colegio

↺ To review, see **Las contracciones al y del.**

6 Completa. **Complete with the correct form of a or de.**
    30–31. Es el libro _____ profesor, no _____ profesora.
    32. Ellos van _____ tienda, ¿no?
    33. ¿Vas _____ colegio Bolívar?
    34. Es la casa _____ familia Salas.

7 Completa. **Complete with the a personal when necessary.**
    35. Miro _____ la televisión.
    36. Escucho _____ profesor.

↺ To review this cultural information, see the **Lectura cultural.**

Cultura

8 ¿Sí o no? **Indicate whether the following statements are true or false.**
    37. En Perú la mayoría de las escuelas privadas son mixtas.
    38. Una prepa es una escuela primaria.
    39. En Latinoamérica los alumnos de muchas escuelas públicas llevan uniforme.
    40. Cuando los alumnos hablan, usan formas cortas de palabras como «la prepa» y «la tele».

CULTURA
Unos muchachos ecuatorianos

Andrew Payti

Repaso cumulativo

These activities will help you review and remember what you have learned so far in Spanish.

1 **Escucha y escoge.** Listen to each statement and identify the character it describes.

Felipe   Carlos   Ana   Mari   Diego   Sara

2 **Describe a tu profesor(a).** Describe your teacher. Answer the following questions.

1. ¿Quién es?
2. ¿De dónde es?
3. ¿Cómo es?
4. ¿Tiene una computadora en clase?

3 **Personaliza.** Answer about yourself.

1. ¿Quién eres?
2. ¿De qué nacionalidad eres?
3. ¿Cuántos años tienes?
4. ¿Tienes el pelo rubio, castaño o negro o eres pelirrojo(a)?
5. ¿Tienes ojos azules, castaños o verdes?
6. ¿Dónde eres alumno(a)?
7. ¿Cuántos cursos tienes?
8. ¿Eres hijo(a) único(a)?
9. ¿Tienes hermanos? ¿Cuántos?
10. ¿Quiénes son?
11. ¿Cómo son tus hermanos?
12. ¿Hay gemelos en tu familia?

CULTURA

El joven está en la plaza principal en Mérida en la península Yucatán en México. En el centro de la plaza está la bandera mexicana.

Andrew Payti

4 **Personaliza.** Describe your house or apartment.

5 **Da lo contrario.** Give the opposite.
1. serio
2. alto
3. bueno
4. rubio
5. ambicioso
6. antes de
7. delante de
8. grande

6 **Completa.** Complete with the verb **tener.**
1. Yo _____ mucho trabajo.
2. Mi hermano _____ cinco cursos.
3. Mi hermano y yo _____ una mascota.
4. Nuestra mascota _____ solo dos meses.
5. ¿_____ tú hermanos?
6. ¿_____ ustedes una mascota también?

CULTURA

Es una casa de estilo colonial en Antigua, Guatemala. Las casas coloniales son muy bonitas. Tienen solamente un piso.

7 **Crea preguntas.** Make up questions.
1. *Los alumnos* hablan mucho.
2. *La profesora* enseña.
3. Los alumnos van *a la cafetería.*
4. Son *de Nueva York.*
5. Son *inteligentes.*
6. Tienen *cuatro* libros.

8 **Rompecabezas**

Choose the word in each group that does not belong. Then think of another word that fits the category.

1. ¡Buenos días! | ¡Hasta luego! | ¡Buenas tardes! | ¡Hola!

2. alto | bajo | ambicioso | guapo

3. la historia | el francés | el inglés | el español

4. la profesora | el curso | la clase | el amigo

5. norteamericana | chilena | Venezuela | guatemalteco

Lori Ernfridsson

¿Qué comemos y dónde?

Daniel Salsgiver

Go Online!
connectED.mcgraw-hill.com

Audio Video Práctica Repaso Diversiones eScape

ePals

Aquí y Allí

Vamos a comparar ¿Tienes una idea de lo que come la gente en otros países? En este capítulo vas a aprender lo que comen unas familias hispanas y donde. Compara la comida que comen las familias latinas con la comida que tu familia come.

Objetivos

You will:

- identify foods and discuss meals
- talk about places where you eat
- order food or a beverage at a café
- compare eating habits in Spain, Latin America, and the United States

You will use:

- present tense of regular -**er** and -**ir** verbs
- expressions with the infinitive— **ir a, tener que, acabar de**

◀ Las tapas son raciones pequeñas de comida que pica la gente entre las comidas regulares. Acompañan las tapas casi siempre con una bebida. Aquí vemos una selección de tapas en un café de Barcelona.

¿Qué comemos y dónde?

Look at these photographs to acquaint yourself with the theme of this chapter—what we eat and where. You will notice here and throughout the chapter that in the Spanish-speaking world there is a great variety of interesting and delicious foods. What people eat in one area is different from what people eat in another area, just as in the United States. Do you recognize any of the foods you see here? Of all the foods, which would be your favorite?

Argentina

Son unas comidas típicas de Argentina. El delicioso bife argentino es famoso en el mundo entero. La Argentina produce mucho bife del ganado que pace en las pampas argentinas.

España

La paella es un plato delicioso que lleva arroz, carne, mariscos y otros ingredientes. Aquí los señores preparan una paella grande durante una fiesta en Tenerife en las islas Canarias.

España

Hay una gran variedad de tapas o pinchos como indica el menú en un restaurante de Barcelona.

TXIKITEO - PINCHOS DEL DÍA

tomate *clásico confitado de tomate con queso con jamón de cabra, ibérico *huevos *tortilla de patata con pimiento Revueltos *surimi de cangrejo con mayonesa, caramelizada *Morcilla con cebolla

Perú

La muchacha tiene un puesto en Huanchaco, Perú, donde prepara y vende raspadillas—un refresco de hielo granizado y el jugo de una fruta tropical.

Puerto Rico

Una deliciosa sopa de cangrejos va acompañada de una ración de tostones o plátanos duros.

Guatemala

Hay restaurantes humildes aún en los mercados como vemos aquí en el mercado de Chichicastenango. Los compradores comen en el mercado porque muchos viven bastante lejos.

Guatemala

Las señoras aquí venden muchos tipos de frijoles. Los frijoles son importantes en la preparación de muchas comidas guatemaltecas.

(l)Andrew Payti, (tr)Richard Brommer, (c b)Lori Ernfridsson

Las comidas

El desayuno

el panecillo
la mantequilla

las tostadas,
el pan tostado

el cereal

el tocino,
el bacón

los huevos

El almuerzo

una hamburguesa

un sándwich de
jamón y queso,
un bocadillo

una pizza

una ensalada de
lechuga y tomates

La cena

un helado

el pollo

el pescado

el postre

el flan

las legumbres, los
vegetales, las verduras

las papas,
las patatas fritas

la carne

arroz y frijoles

Las bebidas

una gaseosa,
una cola

un vaso
de leche

un vaso
de agua fría

una taza
de chocolate
caliente

una taza
de café

un vaso de
jugo de naranja

En otras partes

Las papas is used throughout Latin America and **las patatas** is used in Spain. *Dessert* is usually **el postre,** but **la sobremesa** is used as well. In addition to **los frijoles,** you will also hear **las habichuelas. La torta** usually means *cake,* but you also hear **el pastel, la tarta,** and **el bizcocho.** In Mexico, **una torta** is a sandwich.

McGraw-Hill Education

Para conversar

Tengo mucha sed.
Tengo que beber algo.

Tengo mucha hambre.
Voy a comer algo.

¿Dónde comemos?

Lidia toma el desayuno en casa.
¿Qué come para el desayuno?
Come cereal y bebe un vaso de
   jugo de naranja.

Los alumnos toman el almuerzo
   en la cafetería.
Comen un bocadillo o una pizza.

La familia Valdés es de Colombia.
Viven en Bogotá.
Esta noche cenan en casa.

Los Valdés reciben una sorpresa.
Abuelita llega con una torta grande.
¡Qué deliciosa!

¿QUÉ COMEMOS Y DÓNDE?

FOLDABLES
Study Organizer

TAB BOOK See the Foldables section of the Student Handbook at the beginning of this book for help with making this foldable. Use this study organizer to tell what you do or do not eat and drink. Share your results with a partner. Find out if you have similar tastes.

Como
No como
Bebo
No bebo

ESCUCHAR

1 **Escucha y escoge.** Match each statement you hear with the photo it describes.

 a.
 b.
 c.
 d.

HABLAR

2 **Completa.** Tell at what meal José eats the following.

MODELO   José come un sándwich de queso. →
José come un sándwich de queso para el almuerzo.

1. José come cereales.
2. José come carne, un bistec.
3. José come un bocadillo de jamón.
4. José come pan tostado.

HABLAR • ESCRIBIR

3 **Contesta.** Look at the picture of Anita. Make up answers about her.

1. Cuando Anita tiene hambre, ¿come algo o bebe algo?
2. Cuando Anita tiene sed, ¿come algo o bebe algo?
3. Anita es vegetariana. ¿Come ella carne? ¿Come arroz y frijoles?
4. ¿Qué come Anita cuando tiene hambre?
5. ¿Qué bebe Anita cuando tiene sed?
6. ¿Qué come Anita ahora?
7. ¿Dónde viven Anita y su amiga?

CULTURA

Anita come un helado con una amiga. Anita y su amiga son de México. Viven en Guadalajara.

4 **¿Sí o no?** Carmen doesn't know if she has put the following items in the correct categories. Create a chart similar to the one below on a piece of paper to record your answers. Put a check under **sí** if she is correct and **no** if she is wrong. Then help her out by indicating the correct categories for your **no** responses.

	sí	no	la categoría correcta
1. La naranja es una fruta.	✓		
2. El café es una bebida.			
3. La leche es una comida.			
4. El bistec es una carne.			
5. La lechuga es una fruta.			
6. El tocino es una carne.			
7. El helado es un pescado.			
8. La torta es un postre.			

HABLAR • ESCRIBIR

5 **Personaliza.** Tell what your favorite foods are for the following meals.

1. tu desayuno favorito
2. tu almuerzo favorito
3. tu cena favorita en casa
4. tu cena favorita en un restaurante
5. tu bebida favorita

ESCRIBIR

6 **Rompecabezas**

Join two pieces to form a word. When you have finished, you should have nine words. Do not use any piece more than once.

Go Online!

connectED.mcgraw-hill.com

Conexiones

La salud
Es muy importante comer comidas que contienen vitaminas. Mira la tabla. Luego analiza tu dieta. ¿Contiene tu dieta vitaminas suficientes? ¿Qué comes para tener las vitaminas necesarias?

Vitamina

A	vegetales, leche, algunas frutas
B	carne, huevos, leche, cereales, vegetales verdes
C	frutas cítricas, tomates, lechuga
D	leche, huevos, pescado
E	vegetales, huevos, cereales

En otras partes

Jugo de naranja means *orange juice* and is universally understood in the Spanish-speaking world. **Zumo de naranja** is used exclusively in Spain. You will hear **jugo de china** in Puerto Rico. Ask Spanish speakers in your class if they use any other words to express *orange juice*.

En el café

Los refrescos

unos batidos de jugos tropicales

el agua mineral con gas

Las meriendas

Tapas, Antojitos

los camarones

las albóndigas

las aceitunas

las empanadas

los tostones

los pinchitos

el mesero

una mesa ocupada

una mesa libre

Los amigos van al café.
Marisol ve una mesa libre.

el menú

José Luis abre el menú.
Marisol lee el menú.

Antes de comer

Para conversar

Los amigos hablan con el mesero.
El mesero escribe la orden.

En otras partes

Small snacks are called **tapas** or **pinchos** in Spain and in other countries. They are called **botanas** in Mexico and **antojitos** or **bocaditos** as well in parts of Latin America. **Tostones** in the Caribbean are called **patacones** in many areas of Latin America. **El mesero** is used throughout Latin America and **el camarero** is used in Spain.

Después de comer

Para conversar

LEER

1 **Escoge.** Draw a chart similar to the one below. Indicate whether each item of food is a beverage, snack, or meal.

	refresco	merienda	comida
1. una limonada			
2. antojitos			
3. una empanada			
4. carne y legumbres			
5. un batido			
6. huevos y jamón			

InfoGap For more practice using your new vocabulary, do Activity 4 in the Student Resource section at the end of this book.

ESCUCHAR • HABLAR • ESCRIBIR

2 **Corrige.** Work with a partner. Read each sentence aloud and have your partner correct the wrong information. Take turns.
1. Los amigos buscan una mesa ocupada.
2. Anita escribe el menú en el café.
3. Jorge desea unos pinchitos porque tiene sed.
4. Los clientes escriben la orden.
5. Una empanada es una bebida con una fruta tropical.
6. Sarita lee el menú y luego abre el menú.

Pinchitos con papas fritas

LEER • HABLAR

3 **Rompecabezas**

Choose the word in each group that does not belong. Then think of another word that fits the category.

1. el batido • la cola • el pan • el agua mineral

2. el menú • la cuenta • la sorpresa • el mesero

3. las aceitunas • el pinchito • el tostón • el pollo

4. el helado • el flan • el refresco • la torta

Richard Brommer

HABLAR • ESCRIBIR

4 **Contesta.** Answer the questions to tell a story about some friends in a café in Uruguay.

1. ¿Van los amigos al café antes de las clases o después de las clases? ¿Viven ellos en Uruguay?
2. Antes de comer, ¿qué tienen todos en la mano? ¿El menú o la cuenta?
3. ¿Leen el menú?
4. Carlos no tiene hambre. ¿Desea una merienda o solo un refresco?
5. Teresa tiene hambre. ¿Va a comer algo? ¿Qué va a comer?
6. ¿Habla el mesero con los amigos?
7. ¿Escribe él su orden?

EXPANSIÓN

Now, without looking at the questions, tell all you remember about the friends from Uruguay.

HABLAR • ESCRIBIR

5 **Pregunta.** Make up questions using words from the **banco de palabras.** Be sure to pay attention to the italicized words so you choose the correct question word.

CULTURA

Hay muchos cafés en España y Latinoamérica. Aquí vemos un café típico en una calle de Colonia, Uruguay.

¿Qué?	¿Quién?	¿Quiénes?	¿Cómo?
¿Cuándo?	¿Dónde?	¿Adónde?	

1. *Los amigos* van al café.
2. Ellos van *al café.*
3. Van al café *después de las clases.*
4. Ven una mesa libre *en el café.*
5. Toman *una merienda.*
6. *Felipe* no come.
7. El mesero es *muy simpático* y *da un servicio bueno.*
8. *El servicio* está incluido en la cuenta.

6 **Comunicación**

Get together in small groups as if you were at a café in a Spanish-speaking country. Talk all about your school activities, but don't forget to look at the menu and tell the server what you want.

When you want to find out a friend's opinion about something, you can ask:

¿Qué crees?

You respond with:

Creo que sí. or

Creo que no.

When you think someone should do something, you can say:

Debes estudiar.

Debes aprender el español.

Presente de los verbos en -er, -ir

1. You have already learned the present tense of regular **-ar** verbs. There are two other families or conjugations of regular verbs. Verbs whose infinitives end in **-er** are second conjugation verbs. Verbs whose infinitives end in **-ir** are third conjugation verbs. Some verbs of the second and third conjugations that you will use frequently are **comer, beber, leer, ver, comprender** (*to understand*), **aprender** (*to learn*), **abrir, recibir, escribir,** and **vivir.**

2. Study the following forms of **-er** and **-ir** verbs.

infinitive	comer		
stem	com-		
yo	como	nosotros(as)	comemos
tú	comes	vosotros(as)	*coméis*
Ud., él, ella	come	Uds., ellos, ellas	comen

infinitive	vivir		
stem	viv-		
yo	vivo	nosotros(as)	vivimos
tú	vives	vosotros(as)	*vivís*
Ud., él, ella	vive	Uds., ellos, ellas	viven

Note that all forms of **-er** and **-ir** verbs are the same except **nosotros(as)** and **vosotros(as).**

3. Note also the forms of the verb **ver.**

ver	
veo	vemos
ves	*veis*
ve	ven

La familia Gómez vive en Ecuador. Esta noche la familia come en un café popular en Pujilí.

Andrew Payti

Práctica

ESCUCHAR

1 Escucha y escoge. Listen to the sentences. Determine whether each one refers to one person or more than one person. Make a chart like the one below to indicate your answers.

one person	more than one person

ESCUCHAR • HABLAR • ESCRIBIR

2 Cambia según el modelo. Redo each sentence using the new subject. Pay particular attention to the verb ending.

MODELO Juan come en la cafetería. (Juan y Ana) →
Juan y Ana comen en la cafetería.

1. María vive en California. (ellas)
2. Ella asiste a una escuela pública. (su hermano y ella)
3. Ella aprende español en la escuela. (ellas)
4. Ella lee y escribe mucho. (sus amigas)
5. A veces ella ve la televisión. (ellas)

HABLAR • ESCRIBIR

3 Personaliza. Answer about yourself.

1. ¿Qué comes para el desayuno?
2. ¿Qué bebes para el desayuno?
3. Cuando tienes sed, ¿bebes agua caliente o agua fría?
4. ¿Lees mucho?
5. ¿Recibes muchos correos electrónicos?
6. ¿A qué escuela asistes?
7. ¿Qué aprendes en la escuela?

HABLAR • ESCRIBIR

4 Escribe tu nombre y dirección. Write the information about yourself on a card like the one below. Trade cards with classmates. Present the information on your card to the class.

> **Nombre**
> _____
> **Calle/Avenida**
> _____
> **Pueblo/Ciudad**
> _____
> **Estado**
> _____
> **Zona postal**
> _____
> **País**
> _____

¡Ojo!

The verb **asistir** is a false cognate. It means *to attend*, not *to assist*.

Cultura

El ceviche
Comen ceviche en muchos países latinoamericanos cerca de la costa. El ceviche es pescado crudo marinado en limón y otras hierbas y especias. ¡Qué rico! Donde tú vives, ¿es popular el ceviche?

Un restaurante mexicano

Aquí vemos un restaurante mexicano en Miami. Como en Estados Unidos, los restaurantes mexicanos son populares en España y Latinoamérica también. ¿Hay un restaurante mexicano donde vives? ¿Vas al restaurante? ¿Qué comes?

HABLAR

5 **Conversa según el modelo.** Work with a partner and make up a conversation according to the model.

MODELO

—Oye, ¿qué ves?
—Veo la televisión.

1.

2.

3.

4.

HABLAR

6 **Conversa.** Work with a group of friends and find out who eats what as in the model.

MODELO

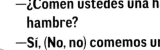

—¿Comen ustedes una hamburguesa cuando tienen hambre?
—Sí, (**No, no**) comemos una hamburguesa cuando tenemos hambre.

1.

2.

3.

4.

HABLAR

7 **Personaliza.** Work with a partner and talk about yourself and some friends. Remember to use **nosotros.**

1. ¿Dónde viven ustedes?
2. ¿A qué escuela asisten ustedes?
3. ¿Reciben notas buenas o malas?
4. ¿Qué aprenden ustedes en la escuela?
5. ¿Leen ustedes muchos libros?
6. ¿Escriben muchos correos electrónicos?

LEER • ESCRIBIR

8 **Completa.** Complete with the correct form of the indicated verb. You will now use all forms of the verb.

Yo __1__ (vivir) en Colorado y mi amigo Alonso __2__ (vivir) en Colorado también. Nosotros __3__ (asistir) a la misma escuela. Nosotros __4__ (aprender) mucho.

Nosotros __5__ (comer) el almuerzo en la cafetería. Alonso __6__ (comer) ensaladas y yo __7__ (comer) bocadillos. Después de las clases vamos a un café. Yo __8__ (ver) al mesero en el café. Yo __9__ (leer) el menú y doy la orden al mesero. El mesero __10__ (escribir) la orden.

Cuando mis amigos regresan a casa ellos __11__ (leer) los correos electrónicos que __12__ (recibir). __13__ (Ver) la televisión también. Y tú, ¿__14__ (recibir) muchos correos electrónicos? Y, ¿__15__ (ver) la televisión?

9 **Comunicación**

You received an e-mail from a key pal in Spain in which he describes an afternoon with friends. Respond and let him know what you do after school. Do you go to a café or a fast-food restaurant **(restaurante de comida rápida)**? Tell him what you and your friends talk about.

CULTURA

Las hermanas compran un refresco antes de regresar a casa después de las clases en Ecuador.

¿Te acuerdas?

Remember that you have already learned the verbs **tener** and **ir.**

No tengo hambre porque acabo de comer.

Expresiones con el infinitivo

1. You have already learned that the infinitive of a verb in Spanish ends in **-ar, -er,** or **-ir.** The infinitive often follows another verb or expression. You have already seen the infinitive used in the following sentences.

> **¿Qué desean ustedes tomar?**
> **Debes estudiar y aprender más.**

2. Here are some other useful expressions that are followed by the infinitive.

> **tener que** *to have to*
> **ir a** *to be going to*
> **acabar de** *to have just (done something)*

> —**Tengo que comer algo. Voy a ir a la cafetería.**
> —**Yo no. Acabo de comer y no tengo hambre.**

CULTURA

Las alumnas de un colegio de León en Nicaragua toman una merienda en un puesto de comida cerca de su escuela.

Andrew Payti

Práctica

HABLAR • ESCRIBIR

10 **Personaliza.** Answer the questions to tell what you are going or not going to do after school.

1. Después de las clases, ¿vas a ir a un café con tus amigos?
2. ¿Vas a regresar a casa?
3. ¿Vas a comer un bocadillo?
4. ¿Vas a tomar un refresco?
5. ¿Vas a enviar o recibir correos electrónicos?
6. ¿Vas a hablar en tu móvil?

ESCUCHAR • HABLAR

11 **Entrevista a un(a) amigo(a).** Work with a classmate. Interview each other. Ask the following questions.

1. ¿Tienes que estudiar?
2. ¿Tienes que prestar atención cuando la profesora habla?
3. ¿Tienes que leer y escribir mucho en clase?
4. ¿Tienes que llevar uniforme a la escuela?
5. ¿Tienes que recibir notas buenas?

HABLAR • ESCRIBIR

12 **Sigue el modelo.** Make up a sentence as in the model.

MODELO   ver la televisión / trabajar →
No vamos a ver la televisión porque tenemos que trabajar.

1. escuchar un CD / estudiar
2. hablar por teléfono / ver un programa importante
3. tomar seis cursos / sacar notas buenas
4. hablar / escuchar
5. ir a la fiesta / estudiar para un examen

13 **Comunicación**

Tell a partner some things you're not going to do tomorrow because you have to do something else. Tell what you have to do. Your classmate will let you know if he or she is in the same situation.

Comparaciones

Inca Kola

Inca Kola es la bebida nacional de Perú. ¿Qué crees? ¿Cuál es la bebida nacional de Estados Unidos?

Andrew Payti

CULTURA

Los alumnos no estudian más hoy porque acaban de tomar un examen y ahora conversan en una calle de Quito, Ecuador.

HABLAR • ESCRIBIR

14 Contesta. Answer telling what you or your friends have or have not just done.

1. ¿Acaban de comer ustedes?
2. ¿Acabas de hablar con tus abuelos?
3. ¿Acaban ustedes de tomar un examen?
4. ¿Acabas de ver un programa de televisión?
5. ¿Acaban tus amigos de navegar el Internet?

Comunicación

15 Tell your friends some things you're not going to do because you just did them. Take turns.

16 You and a friend decide to go to your favorite café. Look at the menu and tell each other what you are going to eat.

17 You have missed a few days of school because you have the flu. Write an e-mail to your Spanish teacher to ask what you should study.

El Paseo

—Ensaladas—

Ensalada de Lechuga y Tomate 1.25
Ensalada Mixta (por persona) 2.95

—Huevos—

Tortilla de Queso 2.95
Tortilla de Chorizo 3.95
Tortilla de Papas 2.95
Tortilla de Jamón 3.25
Tortilla Combinación (2) 3.50
Dos Huevos Fritos ó Revueltos con Papas 1.75
Dos Huevos con Tostadas 1.75

—Postres—

ESPECIALIDADES DE LA CASA
Flan 1.25
Pastel de Manzana 1.25
Helados 1.25
Fresa, Vainilla, Chocolate

CULTURA

En muchos países hispanos hay cafés como el café que vemos aquí en Puebla, México. La gente va al café a tomar una merienda, un refresco o una comida completa.

Andrew Payti

PRONUNCIACIÓN

La consonante d

The pronunciation of **d** in Spanish varies according to its position in the word. When a word begins with **d** (initial position) or follows the consonants **l, n,** or **r,** the tongue gently strikes the back of the upper front teeth. Repeat the following.

da	de	di	do	du
da	debo	día	domingo	duda
falda	desayuno	diciembre	cuando	durante
merienda	depende	difícil	comprendo	verduras

When **d** appears within the word between two vowels (medial position), **d** is extremely soft. Your tongue should strike the lower part of your upper teeth, almost between the upper and lower teeth. Repeat the following.

da	de	di	do	du
tostada	modelo	estudio	helado	educado
ensalada	idea	adiós	sábado	educación
enchilada	decide	bocadillo	pescado	

Dictado

Pronounce the following sentences carefully. Then write them to prepare for a dictation.

> Diego da el helado a Donato.
> David Dávila debe dar el dinero a Diana.
> Debes comer una ensalada de verduras.
> Es un domingo de diciembre.

Refrán

Can you guess what the following proverb means?

Cuatro ojos ven más que dos.

¡Bravo!

You have now learned all the new vocabulary and grammar in this chapter. Continue to use and practice all that you know while learning more cultural information. **¡Vamos!**

Cultura

El mate

El mate es una bebida muy popular en Argentina, Uruguay y Paraguay. Es un té herbal. La gente bebe o toma el mate de una bombilla. ¿Beben tus padres de una bombilla? Para ver más fotos y aprender el origen de la tradición de beber el mate, debes buscar en el Internet.

Karolina Maliszewska/Alamy

Al teléfono

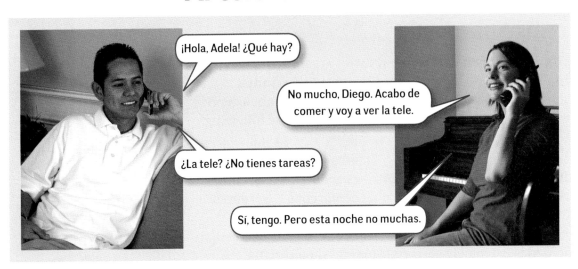

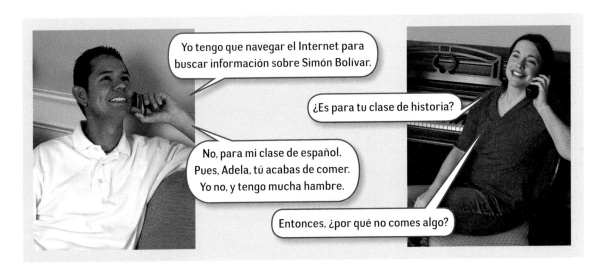

¿Comprendes?

A **Contesta.** Answer based on the information in the conversation between Diego and Adela.

1. ¿Hablan por teléfono Diego y Adela?
2. ¿Quién acaba de comer?
3. ¿Qué va a ver?
4. ¿Tiene ella tareas?
5. ¿Por qué tiene que navegar el Internet Diego?
6. ¿Para qué clase es?
7. ¿Quién tiene hambre?
8. ¿Por qué no tiene hambre Adela?

B **Escoge.** Choose the correct answer.

1. ¿Dónde está Adela?
   a. en la escuela
   b. en casa

2. ¿Quién es Diego?
   a. el amigo de Adela
   b. el hermano de Adela

3. ¿Por qué usa la computadora Diego?
   a. porque tiene que buscar información sobre un héroe latinoamericano
   b. porque tiene que escribir una composición para su clase de historia

4. ¿Qué va a comer Diego?
   a. una comida completa
   b. una merienda

C **Comparando** Make a diagram similar to the one below. Fill in the diagram with statements that apply to Diego, Adela, and both.

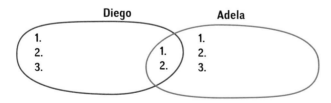

D **Resumiendo** Work with a partner. Summarize what you learned about Adela and Diego.

Conexiones

La historia
Diego indica en la conversación que tiene que buscar información sobre Simón Bolívar—el héroe latinoamericano que lucha contra España por la independencia de los países de la América del Sur. Simón Bolívar es el gran libertador de los países del norte del continente. ¿Quién es un héroe en la historia de Estados Unidos?

Kelli Drummer-Avendaño

Lectura
CULTURAL

READING STRATEGY

> **Antes de leer**

Look at the photographs that go with this story. What do you think the story might be about?

✔ **READING CHECK**

¿Dónde viven las dos familias?

> **Durante la lectura**

Look at the photograph that goes with the section you are reading. How does it help you understand what you are reading?

> **Después de leer**

Were you correct in your predictions about the story based on what you saw in the photos?

✔ **READING CHECK**

¿Cenan todos a la misma hora en las diferentes partes del mundo hispano?

USING VISUALS Before you start to read, be sure to look at any illustrations, photographs, or graphic images that accompany the selection. Visuals provide clues to help you understand content. So remember, make it easy on yourself: look before you read.

La comida en otras partes

La familia de José Luis Aparicio vive en Madrid, la capital de España. La familia de Catalina Ayerbe vive en Granada, Nicaragua.

El desayuno Por la mañana, cada familia toma el desayuno. Los Aparicio en España comen pan con mantequilla o mermelada. A veces comen churros. Los padres toman café con leche y José Luis y sus hermanos toman chocolate caliente.

Los Ayerbe en Nicaragua también comen pan con mantequilla o mermelada. Y un plato muy popular es el gallopinto—una combinación de arroz con frijoles. Mucha gente come gallopinto con huevos para el desayuno. Y beben un jugo de una deliciosa fruta tropical.

El almuerzo Los Aparicio y los Ayerbe no regresan a casa a tomar el almuerzo. Los jóvenes comen en la cafetería de la escuela o en un café o cafetería cerca de la escuela o en un puesto o tenderete[1] de comida. Para el almuerzo comen simplemente una pizza o un bocadillo. En España comen a veces una tortilla a la española. No es como una tortilla mexicana. Es un tipo de *omelet* de patatas, cebolla[2] y huevos. A veces Catalina y sus amigos comen carne asada[3] con arroz y frijoles o unas bocas (tapas) como tostones con queso.

La cena Por lo general los Aparicio y los Ayerbe cenan en casa. Pero, ¿a qué hora? Pues, en España no cenan hasta las diez o diez y media. En Nicaragua como en otros países latinoamericanos cenan a eso de[4] las ocho.

[1]puesto, tenderete   *stand*
[2]cebolla   *onion*
[3]asada   *roasted*
[4]a eso de   *at about*

(l)Daniel Salsgiver, (r)McGraw-Hill Education

¿Comprendes?

A Recordando hechos Answer based on the information in the reading.

1. ¿Dónde vive la familia de José Luis Aparicio?
2. ¿Dónde viven los Ayerbe?
3. ¿Dónde toman los jóvenes el desayuno?
4. ¿Dónde toman el almuerzo?

B Describiendo Tell what you learned about the following.

1. el desayuno típico de una familia en España
2. el desayuno típico de una familia en Nicaragua
3. una tortilla a la española
4. un almuerzo típico de Catalina en Nicaragua

CULTURA

Aquí vemos unos edificios bonitos en Granada, Nicaragua. La familia de Catalina vive en Granada, una ciudad colonial.

C Comparando Create a chart like the one below and then discuss your answers with your classmates. You may check more than one column for each sentence.

	en España	en Nicaragua	donde vivo yo
1. Tomamos el desayuno por la mañana.			
2. Comemos churros.			
3. El gallopinto es un plato típico.			
4. Comemos tortillas de huevos, patatas y cebolla.			
5. Cenamos a las diez de la noche.			
6. Cenamos a eso de las ocho.			
7. A veces tomamos el almuerzo en un puesto de comida.			

D Comparando y contrastando Cuando comparas algo, citas cosas que son similares. Cuando contrastas algo, das diferencias. En la lectura, ¿cuáles son unas actividades de las familias de José Luis y de Catalina que son similares? Y, ¿cuáles son diferentes? ¿Cuáles de las actividades de las dos familias son similares o diferentes de las actividades de tu familia?

Andrew Payti

Lectura

Antes de leer

Vas a aprender adonde van los jóvenes en España y Latinoamérica a tomar algo. Cuando tienes sed o hambre y deseas tomar algo, ¿adónde vas?

Una merienda ¿Dónde?

En un café Después de las clases en España y Latinoamérica muchos alumnos van a un café o una cafetería. Muchos cafés tienen una terraza al aire libre[1]. Cuando hace buen tiempo buscan una mesa libre en la terraza.

En el café toman un refresco si solo tienen sed o toman una merienda si tienen hambre. En el café ven a sus amigos y conversan con ellos. Hablan de muchas cosas.

En un mesón Los universitarios van a un mesón. Los mesones son muy populares en España pero hay mesones en Latinoamérica también. En el mesón los estudiantes hablan con sus amigos y comen tapas en España o antojitos en Latinoamérica. No tienen que leer un menú porque ven los antojitos o tapas en platos en una barra[2] y seleccionan los antojitos que desean comer.

Los tunos A veces entra en el mesón un grupo de tunos. Los tunos son músicos que tocan[3] la guitarra y cantan[4]. Los estudiantes cantan con ellos. Los tunos son populares sobre todo en España y en Guanajuato, México.

[1]al aire libre   *outdoors*
[2]barra   *counter*
[3]tocan   *play*
[4]cantan   *sing*

CULTURA

Los tunos tocan la guitarra y cantan.
Son populares en España y México.

¿Comprendes?

Escoge. Select the correct answer or completion based on the information in the reading.

1. ¿Adónde van muchos alumnos después de las clases?
   a. al café
   b. a casa
   c. a la escuela

2. La terraza del café está _____.
   a. en el interior del café
   b. delante del café
   c. en la cocina del café

3. ¿Quiénes toman una merienda?
   a. los alumnos que tienen un menú
   b. los alumnos que tienen hambre
   c. los universitarios

4. «Conversar» significa _____.
   a. leer
   b. tomar
   c. hablar

5. ¿Dónde comen tapas los universitarios?
   a. en el café
   b. en un mesón
   c. con los tunos

6. ¿Por qué no tienen que leer los universitarios un menú en el mesón?
   a. No comprenden el menú.
   b. No necesitan comida en el mesón.
   c. Ven los platos de tapas en la barra.

7. ¿Qué son los tunos?
   a. meseros
   b. mesones
   c. músicos

CULTURA

La gente toma una merienda y un refresco en un café en la Plaza Mayor en Madrid.

Andrew Payti

Prepárate para el examen

↻ To review, see **Vocabulario 1**.

Vocabulario

1 **Completa.** Complete.

1. Yo tengo _____. Voy a tomar una gaseosa.
2. Elena tiene _____. Va a comer algo.
3. Paco es vegetariano. No come _____.
4. Normalmente los alumnos toman el desayuno en casa, pero toman _____ en la escuela.
5. Viven cerca de la costa. Así comen mucho _____.

2 **Contesta.** Answer.

6. ¿Cuáles son tres cosas que comemos para el desayuno?
7. ¿Cuáles son tres cosas que comemos para el almuerzo?
8. ¿Cuáles son tres cosas que comemos para la cena?

3 **Parea.** Match each statement with the illustration it describes. Then fill in the missing words.

↻ To review, see **Vocabulario 2**.

 a.    b.    c.

 d.    e.

9. Los amigos van _____.
10. Teresa ve _____ libre.
11. Tomás lee _____.
12. Tomás tiene sed. Toma _____.
13. El mesero escribe _____.

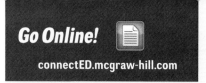

Go Online!

connectED.mcgraw-hill.com

Gramática

4 **Completa.** Complete with the correct form of the verb.

14. Ellos _____ muchas legumbres. (comer)

15. Nosotros _____ en Estados Unidos. (vivir)

16. Nosotros _____ el español en la escuela. (aprender)

17–18. Yo _____ y _____ mucho. (leer, escribir)

19. ¿Qué _____ tú en la televisión? (ver)

20. ¿Qué _____ ustedes? (beber)

21. ¿_____ (tú) una sorpresa a veces? (recibir)

22. Los amigos _____ el menú. (leer)

23. José tiene que estudiar. Él _____ su libro. (abrir)

24. Todos los parientes _____ a la fiesta. (asistir)

25. El mesero _____ la orden. (escribir)

To review, see **Presente de los verbos en -er, -ir.**

5 **Completa.** Complete with the correct form of **ir a, tener que,** or **acabar de.**

26. Yo no tengo hambre porque _____ comer.

27. Es necesario. Yo _____ estudiar porque mañana tengo un examen importante.

28. Voy al café donde _____ tomar un refresco.

To review, see **Expresiones con el infinitivo.**

6 **Escribe con nosotros.** Write with **nosotros.**

29–33. Después de las clases tengo que ir a casa. Voy a usar la computadora porque recibo muchos correos electrónicos. Leo los correos. Luego escribo muchos correos electrónicos.

To review, see **Presente de los verbos en -er, -ir** and **Expresiones con el infinitivo.**

Cultura

7 **Contesta.** Answer.

34. ¿Cuál es un desayuno típico en España?

35. ¿Cuál es un desayuno típico en Nicaragua?

36. ¿Dónde toman los alumnos el almuerzo en España y Nicaragua?

37. ¿En qué país cenan muy tarde?

To review, see the **Lectura cultural.**

8 **Corrige.** Correct the following false statements.

38. La tortilla mexicana lleva huevos, patatas y cebolla.

39. El gallopinto es una mezcla de papas y frijoles.

40. Los jóvenes toman el desayuno en la cafetería o en un café.

Prepárate para el examen

1 **¿Qué comes?**

Talk about eating habits

Work in groups of three or four. Find out what each of you eats for different meals.

2 En un café

Tell about your friends and school

Get together with several friends and pretend you are chatting in a café. Have a lively conversation talking about typical topics such as your friends, your teachers, your school activities, your after-school activities, etc. Then make plans for where you are going to meet tomorrow and what you are going to do.

CULTURA

Los alumnos y los profesores toman el almuerzo en la cafetería de una escuela en Barranquilla, Colombia.

3 En otras partes

Compare eating habits in Spanish-speaking countries with your own

Get together with several friends. Discuss what you learned about some of the eating habits in Spain and Nicaragua. Are they similar to yours or different?

4 Debo, pero no voy a...

Tell what you should do and what you have to do

Tell some things you should do but aren't going to do because you have to do something else.

5 Ahora no, porque...

Tell what you have just done and what you are going to do

Tell some things you don't have to do now because you just did them. Continue by telling some things you are going to do.

Kelli Drummer-Avendaño

Go Online! +

connectED.mcgraw-hill.com

Tarea

Write an essay in Spanish comparing and contrasting some foods and eating habits of Hispanic families you have learned about. Then think about your family's eating customs and discuss ways your family's habits are similar to or different from those of the families in Spain and Nicaragua.

Writing Strategy

Organizing To present ideas you must give some organization to what you write. Here are two possible choices as to how to organize your writing.

- Write all the information you know about a particular person or group before moving on to the next one.
- Write about one topic and compare the people or groups before going on to the next topic.

CULTURA

¿Qué es esta comida deliciosa? Es un producto muy importante de España. Hay grandes olivares por muchas partes del sur de España.

❶ Prewrite

Remember to write using only Spanish you have learned. Stick to what you know. Here are some ideas to help you.You may wish to use charts similar to the ones below to help you organize.

- List the Spanish verbs that you will want to use.
- List the meals and foods you plan to discuss.
- List the habits or customs you plan to discuss.

❷ Write

- Create sentences using words in your lists.
- Organize your sentences following one of the suggestions given in the Writing Strategy.
- Prepare a draft. Read it and correct any errors.
- Give your composition an attention-grabbing title.

Evaluate

Don't forget that your teacher will evaluate you on organization, use of vocabulary, correctness of grammar, and completeness of information.

Daniel Salsgiver

Repaso del Capítulo 4

Gramática

Presente de los verbos en -er, -ir

Verbs of the second and third conjugations have the same endings in all forms except **nosotros(as)** and **vosotros(as).**

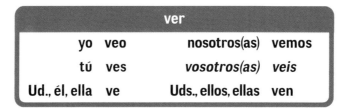

comer			
yo	como	nosotros(as)	comemos
tú	comes	*vosotros(as)*	*coméis*
Ud., él, ella	come	Uds., ellos, ellas	comen

escribir			
yo	escribo	nosotros(as)	escribimos
tú	escribes	*vosotros(as)*	*escribís*
Ud., él, ella	escribe	Uds., ellos, ellas	escriben

Note the forms of the verb **ver.**

ver			
yo	veo	nosotros(as)	vemos
tú	ves	*vosotros(as)*	*veis*
Ud., él, ella	ve	Uds., ellos, ellas	ven

Expresiones con el infinitivo

Ir a *(to be going to)*, **tener que** *(to have to)*, and **acabar de** *(to have just)* are frequently used expressions in Spanish that are followed by the infinitive— the form of the verb that ends in **-ar, -er,** or **-ir.**

> **Acabo de llegar a Masaya. Yo voy a ir al café.**
> **Tengo que comer algo.**

CULTURA

Aquí vemos un café interesante en Masaya, Nicaragua. El café ofrece deliciosos batidos de muchas frutas tropicales. Si tienes hambre, ofrece meriendas también.

Andrew Payti

Juego There are a number of cognates in this list. See how many you and a partner can find. Who can find the most? Compare your list with those of your classmates.

Vocabulario

Talking about meals

la comida	vegetariano(a)	comer
el desayuno	tener hambre	beber
el almuerzo	tener sed	cenar
la cena	tomar	

Identifying some foods

las tostadas, el pan tostado	el jamón	los frijoles	el postre
el panecillo	el queso	las legumbres, los vegetales, las verduras	el helado
la mantequilla	una ensalada		el flan
el cereal	una pizza	la lechuga	la torta
el huevo	una hamburguesa	el tomate	
el tocino, el bacón	la carne	las papas, las patatas fritas	
un sándwich, un bocadillo	el pollo		
	el pescado		
	el arroz		

Identifying some drinks

el refresco	la gaseosa	el chocolate	el vaso
la bebida	el agua (mineral) (con gas)	el café	la taza
un jugo de naranja		el batido	caliente
la leche		la cola	frío(a)

Talking about a café

la merienda	los camarones	el/la cliente(a)	abrir
las tapas, los antojitos	las aceitunas	el menú	recibir
la empanada	las albóndigas	la orden	escribir
los tostones	una mesa ocupada	la cuenta	¿Qué desean tomar?
los pinchitos	una mesa libre	ver	¿Está incluido el servicio?
	el/la mesero(a)	leer	

Other useful words and expressions

una sorpresa	tener que	aprender	deber
enseguida	ir a	comprender	vivir
llegar	acabar de	creer que sí (que no)	

Repaso cumulativo

These activities will help you review and remember what you have learned so far in Spanish.

CULTURA

Aquí vemos a una madre con su bebé durante una fiesta en Cotacachi, Ecuador.

1 **¿Sí o no?** Look at the family tree below of **la familia Hernández.** Listen to each statement and indicate on a separate sheet of paper whether each statement is true or false.

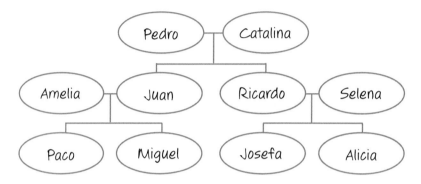

Pedro — Catalina

Amelia — Juan   Ricardo — Selena

Paco   Miguel   Josefa   Alicia

2 **Personaliza.** Answer the questions giving information about yourself.

1. ¿Cuántos años tienes?
2. ¿Cuántos hermanos tienes?
3. ¿Cuántos años tienen ellos?
4. ¿Tiene tu familia una casa privada o un apartamento?
5. ¿Cuántos cuartos tiene tu casa o apartamento?
6. ¿Tienen ustedes una mascota?
7. ¿Qué tienen? ¿Un perro o un gato?

CULTURA

Unas alumnas colombianas regresan a casa después de las clases.

3 **Escribe cada frase de nuevo.** Rewrite each sentence with the new subject. Pay particular attention to the verb ending.

1. Yo estudio español. (nosotros)
2. Ellos sacan notas buenas. (tú)
3. Los alumnos prestan atención. (el alumno)
4. Tú hablas mucho. (ustedes)
5. Nosotros miramos un DVD. (yo)
6. Carlos escucha un CD. (ellos)

Andrew Payti

4 **Lee y escribe.** Read the story and then redo it changing Carlos to your own name. Tell all about yourself.

> Yo soy Carlos. Soy de Caracas, Venezuela. Tengo diecisiete años. Ahora estoy en clase. Después de las clases voy a un café con mis amigos.

5 **Escribe.** Rewrite Activity 4 changing **yo** to **él**.

6 **Personaliza.** Answer about yourself.

1. ¿Quién eres?
2. ¿De dónde eres?
3. ¿Cómo eres?
4. ¿Quién es tu amigo(a)?
5. ¿Cómo es él o ella?

7 **Inventa.** Look at the illustrations of a typical day in the life of Rafael and his younger brother, Jaime. Describe their day. Include as many details as possible.

Deportes

Corbis/age fotostock

Audio

Video

Práctica

Repaso

Diversiones

eScape

ePals

Aquí y Allí

Vamos a comparar Los deportes son populares en casi todas partes del mundo. Pero la popularidad o importancia de cierto deporte puede variar de un país a otro. En unas culturas son muy apreciados los deportes de equipo y en otras los deportes individuales. ¿Juegan un papel o rol importante los equipos deportivos en tu escuela? ¿Qué deporte es muy popular? Vas a aprender si los mismos deportes que nos interesan mucho a nosotros son populares también en España y en Latinoamérica.

Objetivos

You will:

- talk about sports
- describe a soccer uniform
- identify colors
- compare team sports in the U.S. and Spanish-speaking countries

You will use:

- present tense of stem-changing verbs
- verbs such as **interesar, aburrir,** and **gustar**

◀ Un grupo de aficionados al fútbol andan por una calle de Madrid para celebrar la victoria de su equipo. Como buenos aficionados llevan la bandera de su equipo.

Deportes

Look at these photographs to acquaint yourself with the theme of this chapter—sports. In this chapter you will learn to discuss sports that are played throughout Spain and Latin America. What do these photos tell you about sports in Spanish-speaking countries? Are the same sports popular in the United States? Can you think of a major sport in the United States that is not shown here?

Argentina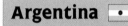

La cartelera informa de los muchos deportes que pueden practicar los turistas en esta región popular cerca de San Carlos de Bariloche.

Chile

Es una entrada a un juego de fútbol en que juega la Universidad de Chile.

Paraguay

La fuente de fútbol delante del edificio de la Confederación Sudamericana de Fútbol en Asunción, Paraguay

(t)Anderw Payti, (c)imagebroker/Alamy, (b)Courtney Brown

Guatemala 🇬🇹

Los jóvenes juegan fútbol en el patio de su escuela en Chichicastenango, Guatemala.

Nicaragua 🇳🇮

Un grupo de jugadores de béisbol en Granada, Nicaragua. El béisbol es un deporte muy popular en Nicaragua.

Chile 🇨🇱

Un grupo de jóvenes juegan un partido espontáneo de fútbol en Valparaíso.

España 🇪🇸

Uno puede participar en muchos deportes en el famoso destino turístico de San Sebastián de los Reyes, un suburbio de Madrid.

Edificio de piscinas
Recepción →

Frontones →

Pistas de tenis y padel →

Parque de escalada →

Pabellón tenis de mesa →

Acceso minusválidos y carritos bebés →

AYUNTAMIENTO DE
San Sebastián
de los Reyes

El fútbol

¿Te acuerdas?

In Chapter 3 you learned the expressions **ir a pie** and **levantar la mano.** Do you remember the meanings of **el pie** and **la mano?**

la portería

el equipo

el portero

lanzar el balón

Los jugadores juegan (al) fútbol.
El portero guarda la portería.
El jugador puede lanzar (tirar) el balón con el pie.
Pero no puede tocar el balón con la mano.

el campo de fútbol

TIGRES 40:00 TOROS
el tanto 0 2 0

Hay dos tiempos en el partido de fútbol.
Cuando empieza el segundo tiempo, los jugadores vuelven al campo.

meter un gol

los aficionados

El portero no puede bloquear el balón.
El balón entra en la portería.
El jugador marca un tanto.
Los aficionados aplauden.

(t)Daniel Salsgiver, (bl-br)Federico Gil

Cada equipo quiere ganar el partido.
Pero no puede ser.
Un equipo pierde.

TIGRES 00:00 TOROS
1 2 0

¡Así se dice!

- When you want to express disappointment over an event or situation, you can say: **¡Qué pena! Lo siento mucho.**
- When you want to find out what a friend thinks about something, you can ask: **¿Qué piensas?**
— **¿Qué piensas del equipo?**
— **Pienso que es fantástico. Siempre gana.**

la jugadora

la camiseta

el pantalón corto

los calcetines largos

las zapatillas

¿De qué color es?

de color marrón

azul   amarillo(a)

verde   gris   rosado(a)

blanco(a)

anaranjado(a)

negro(a)

rojo(a)

El uniforme de cada equipo tiene su propio color o colores.

Para conversar

A mí me gusta el fútbol. Y a ti, ¿te gusta también? ¿Te interesa o no?

No, no me interesa el fútbol, pero me gusta el tenis.

(t)Federico Gil, (r)©Corbis Super RF/Alamy, (b)Brand X Pictures/PunchStock

ESCUCHAR

1 Escucha y decide. Listen to each statement. Indicate whether each one is correct or not. Make a chart similar to the one below to indicate your answers.

correcto	incorrecto

HABLAR • ESCRIBIR

2 Identifica. Identify the clothing that the player is wearing and give the correct color.

ESCUCHAR • HABLAR • ESCRIBIR

3 Contesta. Answer the questions about a sporting event.

1. ¿Qué llevan los jugadores de fútbol?
2. En un partido de fútbol, ¿quiénes vuelven al campo cuando empieza el segundo tiempo?
3. ¿Cuándo mete un gol o marca un tanto un jugador?
4. En un juego de fútbol, ¿con qué pueden lanzar el balón los jugadores?
5. ¿Son futbolistas los jugadores?
6. ¿Quieren ganar los dos equipos?
7. ¿Pueden ganar los dos equipos?

EXPANSIÓN

Now, without looking at the questions, tell all you remember about the game. Your partner will add any information you forgot.

HABLAR

4 **Conversa.** Ask your partner these questions. Develop brief conversations by giving your own opinions as well. When you agree with your partner's opinion, you can add **Estoy de acuerdo.**

1. ¿Qué piensas del fútbol?
2. ¿Qué piensas del equipo de fútbol de tu escuela?
3. ¿Qué piensas de tu clase de español?
4. ¿Qué piensas de tus amigos?
5. ¿Qué piensas de tus profesores?

LEER • HABLAR

5 **Lee y completa.** Cuando los equipos juegan en la Copa Mundial, todos los jugadores del equipo son de la misma nacionalidad. Cada equipo tiene la bandera de su país. Da los colores de las banderas de los siguientes países.

México

Argentina

Chile

Perú

LEER • ESCRIBIR

6 **Lee y completa.** Eres un(a) estudiante de intercambio con una familia en Madrid. Tus «hermanos» piensan ir a un campamento de fútbol. Tú también quieres participar. Completa la solicitud *(application)* con toda la información necesaria.

CLUB Deportivo

Hoja de inscripción
PASO 1: Datos personales del participante

Primer apellido:
Segundo apellido:
Nombre:
Edad:
Sexo: Masculino / Femenino
Nacionalidad / País:
• Estatura (cm):   Peso (kg):
Teléfono móvil:
Correo electrónico:
¿Eres socio(a) (miembro) de un club deportivo? Sí / No   ¿Cuál?
¿Juegas con un equipo deportivo de tu escuela? Sí / No   ¿Cuál?

7 **Comparaciones**

Con un(a) amigo(a), compara y contrasta el fútbol americano y el fútbol que juegan en Europa y Latinoamérica.

fútbol americano

fútbol en Europa y Latinoamérica

El béisbol 🎧

la jardinera

lanzar

la pelota

la pícher, la lanzadora

el bate

la bateadora

batear

la cátcher, la receptora

el plato

La pícher lanza la pelota.

La bateadora batea.

el guante

atrapar

correr

el campo de béisbol

El jugador (beisbolista) corre de una base a otra.

El jugador atrapa la pelota.
Atrapa la pelota con el guante.

El básquetbol, El baloncesto

driblar con el balón

El jugador dribla con el balón.

el cesto, la canasta

la cancha

El jugador tira el balón.
Cuando mete el balón en el cesto, encesta.

El tenis

la pelota

por encima de

la raqueta

la red

una cancha de tenis

Las amigas juegan (al) tenis.
Una jugadora golpea la pelota.
Otra jugadora devuelve la pelota.
La pelota tiene que pasar por encima de la red.
Juegan individuales. No juegan dobles.

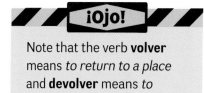

¡Ojo!

Note that the verb **volver** means *to return to a place* and **devolver** means *to return something*.

¡Así se dice!

When you think something is really great you can say **¡Bárbaro!**

(tl)Paul Simcock/Getty Images, (tr)Realistic Reflections, (r)Richard Hutchings

ESCUCHAR

1 **Escucha y escoge.** Match each statement you hear with the sport being played in the photo.

a.

b.

c.

LEER • ESCRIBIR

2 **Escoge y completa.** Choose the correct word from the **banco de palabras** to complete each sentence.

atrapa	devuelve	marca
corre	dribla	batea

1. La jugadora _____ un jonrón.
2. El beisbolista _____ la pelota con un guante.
3. El beisbolista _____ de una base a otra.
4. Cuando el jugador de básquetbol mete el balón en el cesto, _____ un tanto.
5. El jugador de básquetbol _____ con el balón.
6. En un juego de tenis un jugador _____ la pelota al otro.

ESCUCHAR • HABLAR • ESCRIBIR

3 **Contesta.** Answer the questions about a basketball game.

1. ¿Es el baloncesto un deporte de equipo o un deporte individual?
2. ¿Cuántos jugadores juegan en un equipo de básquetbol? ¿Cinco o nueve?
3. Durante un partido de baloncesto, ¿driblan los jugadores con el balón o lanzan el balón con el pie?
4. ¿El jugador de básquetbol tira el balón en el cesto o en la portería?
5. ¿Marca un tanto el jugador cuando encesta?
6. Cuando marca un tanto, ¿aplauden los aficionados?

Conexiones

La arqueología

La arqueología es el estudio de los artefactos de las civilizaciones antiguas. En Copán, Honduras y en Chichén Itzá, hay ruinas de una cancha de pelota de los mayas—los indígenas de gran parte de Centroamérica. La cancha data del año 755 después de Cristo. Para jugar la pelota los mayas usan una pelota muy grande y pesada *(heavy)* y no pueden tocar la pelota con las manos.

(tl b)Andrew Payti, (tc)©SW Productions/Brand X/Corbis, (tr)C. Lee/PhotoLink/Getty Images

LEER

④ Rompecabezas

Choose the word in each group that does not belong. Then switch the wrong words to make each group correct.

1. campo **guardar** raqueta portero
2. receptor plato **guante** portería
3. **pelota** canasta red golpear
4. bate cesto **balón** driblar

ESCUCHAR • HABLAR • ESCRIBIR

⑤ Confirma. Correct the false statements.

1. Los beisbolistas juegan con un balón.
2. Los beisbolistas juegan en una cancha.
3. Los futbolistas llevan un guante.
4. Juegan básquetbol con una pelota.
5. El jugador de básquetbol mete el balón en un guante para marcar un tanto.
6. En el tenis la pelota tiene que tocar (rebosar) la red.
7. Hay dos tenistas en un partido de dobles.

LEER • ESCRIBIR

⑥ Completa. Complete with the correct color.

1. Las zapatillas del jugador de béisbol son _____.
2. El guante de béisbol es de color _____.
3. La camiseta del jugador de básquetbol es _____.
4. El pantalón corto del jugador de básquetbol es _____.
5. Los calcetines del jugador de tenis son _____.
6. La camiseta del jugador de tenis es _____.

⑦ Comunicación

Work with a partner. Give some information about a sport. Your partner will tell what sport you're talking about. Take turns.

Cultura

El jai alai

El jai alai, o la pelota vasca, es un juego del País Vasco (Euskadi) en el norte de España. Los jugadores de jai alai, «los pelotaris», usan una cesta para lanzar y atrapar la pelota. Mira el uniforme que lleva un jugador de jai alai.

(l)Comstock/PictureQuest, (c)Gerald Wofford/McGraw-Hill Education, (r)Jill Braaten/McGraw-Hill Education

Los verbos de cambio radical e → ie

¡Ojo!

Remember that if you pronounce the verb form correctly, you will write it correctly. It is always important to pay attention to the pronunciation.

1. Some verbs in Spanish are called stem-changing verbs. The verbs **empezar, pensar, perder, querer,** and **preferir** are examples of stem-changing verbs. All forms, except the **nosotros** (and **vosotros**) forms, change the **e** of the infinitive to **ie.** The endings of these verbs are the same as those of a regular verb.

querer		
yo quiero	nosotros(as)	queremos
tú quieres	vosotros(as)	queréis
Ud., él, ella quiere	Uds., ellos, ellas	quieren

2. Read the following verbs across. Observe the stem change and note that the endings are the same as those of a regular verb.

	empezar	perder	preferir
yo	empiezo	pierdo	prefiero
tú	empiezas	pierdes	prefieres
Ud., él, ella	empieza	pierde	prefiere
nosotros(as)	empezamos	perdemos	preferimos
vosotros(as)	empezáis	perdéis	preferís
Uds., ellos, ellas	empiezan	pierden	prefieren

¿Te acuerdas?

Review the verb **tener,** which you learned in Chapter 2. It follows this same pattern except for the **yo** form **tengo.**

CULTURA

Los amigos compran un helado en Zafra, España. Pedro y Antonio quieren un helado de vainilla pero Francisco prefiere el chocolate.

Práctica

ESCUCHAR • HABLAR • ESCRIBIR

1 **Personaliza.** Answer about yourself and some friends.

1. ¿Quieren ustedes jugar fútbol?
2. ¿Empiezan ustedes a jugar a las tres y media?
3. ¿Quieren ustedes ganar?
4. ¿Pierden ustedes a veces?
5. ¿Dónde prefieren ustedes jugar?

LEER • HABLAR • ESCRIBIR

2 **Forma frases.** Form sentences.

1. los jugadores / empezar a jugar
2. los dos equipos / querer ganar
3. el equipo de Javier / querer ganar
4. Javier / querer meter un gol
5. el portero / querer bloquear el balón
6. el equipo de Javier / perder

> **¿Lo sabes?**
>
> **Empezar** and **comenzar** *(to begin)* require **a** before an infinitive.
>
> **Empiezan a jugar.**
> **Comienzan a jugar.**

3 **Comunicación**

You're at a school sporting event. A friend calls you on your cell phone and asks about how things are going for the team. Try to use the following verbs.

empezar pensar perder querer preferir

HABLAR • ESCRIBIR

4 **Personaliza.** Answer about yourself.

1. ¿Prefieres jugar béisbol o fútbol?
2. ¿Prefieres jugar con un grupo de amigos o con un equipo organizado?
3. ¿Prefieres jugar o ser espectador(a)?
4. ¿Siempre quieres ganar?
5. ¿Pierdes a veces?

LEER • ESCRIBIR

5 **Completa.** Complete with the correct form of the verb(s).

1. Tú no _____ perder y no _____. (querer, perder)
2. Ustedes _____ ganar y nosotros _____ ganar también. (preferir, preferir)
3. ¿Qué _____ usted? ¿_____ empezar ahora o no? (pensar, querer)

CULTURA

El padre y su hijo no quieren jugar en el parque. Prefieren jugar en una calle cerca de su casa en Cádiz, España.

Andrew Payti

Los verbos de cambio radical o → ue

1. The verbs **poder, volver, devolver,** and **dormir** (*to sleep*) are also stem-changing verbs. The **o** of the infinitive changes to **ue** in all forms except **nosotros** (and **vosotros**).

poder			
yo	puedo	nosotros(as)	podemos
tú	puedes	vosotros(as)	podéis
Ud., él, ella	puede	Uds., ellos, ellas	pueden

2. Read the following verbs across. Observe the stem change and note that the endings are the same as those of a regular verb of the same conjugation.

	volver	dormir
yo	vuelvo	duermo
tú	vuelves	duermes
Ud., él, ella	vuelve	duerme
nosotros(as)	volvemos	dormimos
vosotros(as)	volvéis	dormís
Uds., ellos, ellas	vuelven	duermen

3. The **u** in the verb **jugar** also changes to **ue** in all forms except **nosotros** (and **vosotros**).

jugar			
yo	juego	nosotros(as)	jugamos
tú	juegas	vosotros(as)	jugáis
Ud., él, ella	juega	Uds., ellos, ellas	juegan

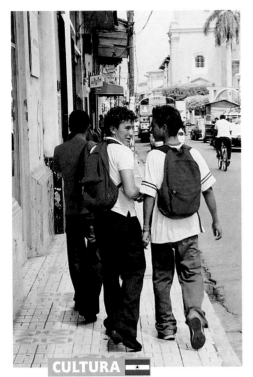

CULTURA

Los alumnos son de León, Nicaragua. Ellos vuelven a casa después de las clases.

¿Lo sabes?

Jugar is sometimes followed by **a** when a sport is mentioned. Both of the following are acceptable.

Juegan al fútbol.
Juegan fútbol.

Práctica

ESCUCHAR • HABLAR • ESCRIBIR

6 Personaliza. Answer about yourself and some friends.

1. ¿Juegan ustedes tenis?
2. ¿Pueden ustedes jugar tenis en la escuela?
3. Cuando juegan tenis, ¿prefieren ustedes jugar individuales o dobles?
4. ¿Duermen ustedes bien después de muchas actividades físicas?

LEER • ESCRIBIR

7 Personaliza. Answer about yourself.

1. ¿A qué hora empieza tu clase de español?
2. ¿Puedes hablar inglés en la clase de español?
3. A veces, ¿juegas bingo en la clase de español?
4. ¿Duermes en clase?
5. Cuando tomas un examen, ¿devuelve tu profesor(a) los exámenes pronto?
6. ¿A qué hora vuelves a casa después de las clases?

HABLAR • ESCRIBIR

8 Sigue el modelo. Make up sentences as in the model.

MODELO   ellas / jugar básquetbol →
          Ellas juegan básquetbol.

1. juego / empezar ahora
2. jugadoras / volver a la cancha
3. tú / tener que driblar
4. Catalina / querer encestar
5. su equipo / no poder perder
6. nosotros / tener que ganar

HABLAR

9 Dramatiza. Stand up and act out soccer, basketball, baseball, and tennis moves. Have someone tell you what you're doing.

CULTURA
Es una cancha de básquetbol detrás de un colegio privado en Estepona, España. Los amigos pueden jugar básquetbol aquí después de las clases.

Andrew Payti

DEPORTES

FORWARD-BACKWARD BOOK See the Foldables section of the Student Handbook at the beginning of this book for help with making this foldable. Use this study organizer to talk about sports. Work with a partner. You and a partner will each create a Forward-Backward Book with terminology and pictures for two sports. Then ask questions about the content of your partner's book.

front

El fútbol

LEER • ESCRIBIR

10 **Completa.** Complete with the correct form of the indicated verb. You will use all verb forms.

Yo ___1___ (jugar) mucho al fútbol y mi amiga Carla ___2___ (jugar) mucho también pero ahora no ___3___ (poder).

Vamos a hablar con Carla.

— Carla, ¿por qué no ___4___ (poder) jugar con nosotras?

— Yo ___5___ (querer) pero no ___6___ (poder). ___7___ (Querer) volver a casa.

— ¿Por qué ___8___ (querer) ir a casa?

— Porque ___9___ (tener) dos amigos que ___10___ (volver) hoy de España y ___11___ (querer) estar en casa.

EXPANSIÓN

Now, without looking at the conversation, tell all you remember about it. Your partner will add anything you forgot.

11 **Comunicación**

A classmate will ask you if you want to do something or go somewhere. Tell him or her that you want to but can't because you have to do something else. Take turns asking and answering the questions. Remember to use **querer, poder,** and **tener que.**

HABLAR

12 **Juego** Work with a partner. The people below all want to play a certain sport, but there is a problem. Tell why they cannot do what they want to do. Take turns.

Quiero jugar básquetbol.

Quiero jugar béisbol.

Quiero jugar fútbol.

Quiero jugar tenis.

Los verbos interesar, aburrir, gustar

1. The verbs **interesar** and **aburrir** function the same in English and in Spanish. Study the following examples.

¿Te aburre el béisbol?	*Does baseball bore you?*
No, el béisbol me interesa.	*No, baseball interests me.*
¿Te aburren los deportes?	*Do sports bore you?*
No, los deportes me interesan.	*No, sports interest me.*

2. The verb **gustar** in Spanish functions the same as **interesar** and **aburrir**. **Gustar** conveys the meaning *to like,* but its true meaning is *to please.* The Spanish way of saying *I like baseball* is *Baseball pleases me.*

¿Te aburre el béisbol? No. Me interesa.
¿Te gusta el béisbol? Sí, me gusta mucho el béisbol.
¿Te gustan los deportes en general? Sí, me gustan todos.

3. Gustar is often used with an infinitive to tell what you like to do.

¿Te gusta ganar? Sí. No me gusta perder.
¿Te gusta comer? Sí, me gusta comer.

¿Lo sabes?

Mí and **ti** are used after a preposition: **a mí** and **a ti.** You will frequently use **a mí** and **a ti** to add emphasis.
— **A mí me gusta. ¿A ti también?**
—**Sí, a mí también.**
— **A mí no me gusta. ¿Y a ti?**
— **(No.) Ni a mí tampoco.**

Kelli Drummer-Avendaño

CULTURA
Aquí vemos a unos miembros del equipo de básquetbol de una escuela secundaria en Mérida, Venezuela.

Práctica

Los alumnos tienen mucho interés en la biología. ¿A ti te interesa también?

HABLAR • ESCRIBIR

13 Personaliza. Answer about yourself.

1. ¿Te gusta el fútbol?
2. ¿Qué te gusta más? ¿El fútbol o el béisbol?
3. En general, ¿te gustan los deportes o no?
4. ¿Te gustan el tenis y el golf?
5. ¿Te gusta más practicar un deporte o ser espectador(a)?

ESCUCHAR • HABLAR • ESCRIBIR

14 Contesta según el modelo. Answer according to the model.

MODELO —¿Te gustan los tomates?
—Sí, a mí me gustan y como muchos. ¿Y a ti?

1. ¿Te gustan las hamburguesas?
2. ¿Te gusta la carne?
3. ¿Te gustan los cereales?
4. ¿Te gusta el helado?
5. ¿Te gustan las frutas?
6. ¿Te gusta el arroz?

ESCUCHAR • HABLAR • ESCRIBIR

15 Personaliza. Answer about yourself.

1. ¿Te interesa el curso de historia? ¿Te gusta la historia?
2. ¿Te interesa el curso de español? ¿Te gusta el español?
3. ¿Te interesa la biología? ¿Te gustan las ciencias?

16 *Comunicación*

Work with a partner. Tell which courses interest you and which courses bore you. Also, tell which ones you really like and the ones you don't like very much. Take turns.

InfoGap For more practice using **interesar, aburrir,** and **gustar,** do Activity 5 in the Student Resource section at the end of this book.

HABLAR • ESCRIBIR

17 ¡Te toca a ti! Tell your classmates all the things you like to do.

BananaStock/PictureQuest

HABLAR

18 ¡Manos a la obra! Make a collage of some things you like and don't like. Use your collage to explain your likes and dislikes to the class. You may want to include pictures of the following: **comidas, deportes, actividades**.

PRONUNCIACIÓN

Las consonantes s, c, z

The consonant **s** is pronounced the same as the *s* in *sing*. Repeat the following.

sa	se	si	so	su
sala	seis	sí	sobre	su
pasa	base	decisión	solo	Susana
mesa	serio	siete	ambicioso	suburbio
interesa	mesero	siento	curso	
rosado	camiseta	televisión		
piensa	segundo	física		

The consonant **c** in combination with **e** or **i** (**ce, ci**) is pronounced the same as an **s** in all areas of Latin America. In many areas of Spain, **ce** and **ci** are pronounced like the *th* in English. Likewise, the pronunciation of **z** in combination with **a, o, u** (**za, zo, zu**) is pronounced as an **s** throughout Latin America and as *th* in most areas of Spain. Repeat the following.

za	ce	ci	zo	zu
lanza	cesto	cinco	empiezo	Venezuela
empieza	cena	recibe	lanzo	azul
zapatillas	necesita	aficionado	perezoso	zumo
comienza	calcetines	encima	almuerzo	
		ciento	venezolano	

Dictado

Pronounce the following sentences carefully. Then write them to prepare for a dictation.

El señor González enseña en la sala de clase.
El aficionado lleva una camiseta, zapatillas y
    calcetines largos.
Toma el almuerzo a las doce y diez en la cocina.
Los venezolanos empiezan a volver al campo.
Sí, Susana recibe seis camisetas.

Refrán

Can you guess what the following proverb means?

RUFO

Perro que ladra no muerde.

¡Bravo!

You have now learned all the new vocabulary and grammar in this chapter. Continue to use and practice all that you know while learning more cultural information. **¡Vamos!**

¿Quiénes juegan?

Sara	Hola, Esperanza. ¿Qué hay?
Esperanza	¿Qué piensas? ¿Quieres jugar fútbol?
Sara	¡Bárbaro! Me gusta mucho el fútbol. ¿Cuándo jugamos? ¿Ahora?
Esperanza	Ahora, sí.
Sara	¡Oye, Esperanza! ¿Puede jugar mi amiga Teresa? Es muy buena jugadora.
Esperanza	Ay, ¡qué pena! Lo siento mucho pero ya tenemos las once jugadoras. Ella puede jugar mañana si quiere.
Sara	¡Cómo no! ¿A qué hora empiezan a jugar mañana?
Esperanza	A la misma hora.

Federico Gil

¿Comprendes?

A Contesta. Answer based on the conversation.

1. ¿Quiénes hablan?
2. ¿Quiere jugar Sara?
3. ¿Qué piensa? ¿Es una buena idea?
4. ¿Cuándo van a jugar?
5. ¿Quién más quiere jugar?
6. ¿Puede o no?
7. ¿Por qué no puede?
8. ¿Cuándo puede jugar?

B Resumiendo Retell the events in the conversation in your own words.

C Analizando Trabaja con un(a) compañero(a). En la conversación hay un problema. ¿Cuál es? ¿Cómo resuelven el problema las muchachas?

CULTURA

El fútbol es un deporte muy popular en Perú. Aquí vemos el Estadio Nacional en Lima, la capital.

Lectura
CULTURAL

READING STRATEGY

▶ **Antes de leer**

Think about sports teams and sporting events in your school. Does your school have organized teams? What sports are popular?

✅ **READING CHECK**

¿Dónde practican los deportes los jóvenes en Latinoamérica?

✅ **READING CHECK**

¿Qué deporte es muy popular en España y Latinoamérica?

▶ **Durante la lectura**

Think about the role of school sports in Hispanic countries compared with the role of sports in your school.

✅ **READING CHECK**

¿Dónde es popular el béisbol?

▶ **Después de leer**

Can you relate to the information in the reading? Do sports play a role in your life?

MAKING CONNECTIONS You will become more involved with what you read if you relate the information in the reading to your own life. Connecting is finding the links between what you read and your own experience.

Los deportes de equipo

Como en Estados Unidos, los deportes de equipo tienen muchos aficionados en España y Latinoamérica también.

El fútbol El deporte número uno en la mayoría de los países hispanos es el fútbol—el *soccer* en Estados Unidos. Cuando no hay clases, grupos de amigos organizan un partido espontáneo de fútbol en un parque, en la calle o en el patio de la escuela. Cada vez que un jugador mete un gol los otros miembros del equipo aplauden. Son ellos sus mismos porristas[1].

CULTURA

Un grupo de jóvenes juega un partido espontáneo de fútbol en la Ciudad de Guatemala.

El fútbol profesional El fútbol profesional es muy popular. Muchas ciudades tienen su propio equipo como el Real Madrid, por ejemplo. Y cada país tiene su equipo nacional. Cada equipo tiene sus colores. Cuando el equipo de un país juega contra el equipo de otro país, van miles de aficionados al estadio para ver el partido.

El béisbol El béisbol es muy popular en el Caribe—Puerto Rico, Cuba, la República Dominicana—y también en Venezuela, Panamá y Nicaragua. El pequeño pueblo de San Pedro de Macorís en la República Dominicana es el pueblo que produce más beisbolistas de las Grandes Ligas que cualquier[2] otro pueblo.

[1]mismos porristas *own cheerleaders*   [2]cualquier *any*

¿Comprendes?

A **Confirmando información** ¿Correcto o no?

1. En Latinoamérica el fútbol tiene muchos aficionados. Es muy popular.
2. Los jóvenes en los países hispanos solo juegan partidos organizados de fútbol en la escuela.
3. El fútbol que juegan en España y Latinoamérica es el mismo fútbol que jugamos en Estados Unidos.
4. No hay equipos de fútbol profesionales en Latinoamérica.
5. El béisbol es muy popular en varios países latinoamericanos.

B **Recordando hechos** Contesta.

1. ¿Dónde juegan fútbol los jóvenes?
2. ¿Dónde juegan los equipos profesionales?
3. ¿Cuál es el deporte número uno en muchas partes de Latinoamérica?
4. ¿En qué países es el béisbol el deporte número uno?

C **Analizando**

¿Por qué es el pequeño pueblo de San Pedro de Macorís un pueblo importante y famoso?

D **Infiriendo**

An inference is something that is not explicitly stated; it is a hidden message. Based on what you just read, how would you answer the following? **¿Dónde son más populares o importantes los deportes escolares organizados? ¿En Estados Unidos o en España y Latinoamérica? ¿Por qué contestas así?**

Lectura

Antes de leer

Vas a leer una biografía corta del famoso beisbolista puertorriqueño Roberto Clemente. Piensa en unos jugadores de béisbol famosos. Hay unos que son héroes. Vas a leer sobre las hazañas, o buenas acciones, de Roberto Clemente. Luego decide si él es héroe.

Roberto Clemente

Roberto Clemente es de Carolina, Puerto Rico. Cuando tiene solo diecisiete años ya es jugador profesional de béisbol. Clemente juega con los Piratas de Pittsburgh. Cuatro veces es campeón de los bateadores y diez veces recibe el premio[1] del Guante de Oro por ser el mejor jardinero derecho[2] de su liga.

Es diciembre en Puerto Rico. Hace calor en la isla tropical. Clemente va a Puerto Rico donde pasa unas vacaciones con su familia. Pero algo ocurre. En Managua, la capital de Nicaragua, hay un terremoto desastroso. Clemente recibe las noticias del desastre el día de Nochebuena[3]. Tiene que actuar. Organiza ayuda[4] para sus hermanos nicaragüenses. Los puertorriqueños contribuyen generosamente. Clemente busca un avión[5]. Solo puede encontrar un avión viejo. Llena el avión de medicinas, comida y otras provisiones para las víctimas del terremoto. Clemente está en la cabina de mando con el piloto. El avión despega[6]. Momentos después—otro desastre. El avión cae[7] en las aguas del Caribe. Clemente muere — pierde su vida.

Aquí tenemos el comentario de un famoso entrenador[8]: «Es imposible producir un filme sobre la vida de Roberto. No hay otro Roberto. No hay actor para tomar el papel (el rol) de Roberto Clemente».

Hoy hay un gran centro deportivo para los jóvenes de Puerto Rico que lleva el nombre de Roberto. La calle donde está la casa de Roberto lleva su nombre. Pero la señora de Clemente y sus hijos prefieren el nombre original. Cuando la calle lleva el nombre original, Clemente vive.

[1]premio   *prize*
[2]mejor jardinero derecho   *best right fielder*
[3]Nochebuena   *Christmas Eve*
[4]ayuda   *help*
[5]avión   *airplane*
[6]despega   *takes off*
[7]cae   *falls*
[8]entrenador   *manager*

¿Comprendes?

Escoge. Choose the correct completion or answer.

1. Roberto Clemente es de _____.
   a. Pittsburgh
   b. Puerto Rico
   c. Nicaragua
   d. Estados Unidos

2. ¿Qué son los Piratas?
   a. aficionados de Pittsburgh
   b. hombres malos
   c. un equipo profesional de béisbol
   d. un premio

3. Clemente juega la posición de _____.
   a. pícher
   b. jardinero
   c. cátcher
   d. bateador

4. Un terremoto es _____.
   a. una ocurrencia
   b. un desastre natural
   c. un accidente
   d. ¡Bárbaro!

5. ¿Por qué busca Clemente un avión?
   a. Busca ayuda.
   b. Quiere estar en la cabina de mando.
   c. Quiere enviar provisiones a Nicaragua.
   d. Quiere comprar un avión.

6. ¿Cuál es la idea principal de las palabras del famoso entrenador?
   a. Roberto Clemente es Roberto Clemente.
   b. Roberto Clemente es un actor muy bueno.
   c. No hay otro hombre como Roberto Clemente.
   d. No hay filme sobre su vida.

CULTURA

La catedral de Managua, Nicaragua, escena de mucha destrucción durante el terremoto en diciembre de 1972

Andrew Payti

Prepárate para el examen

↻ To review, see **Vocabulario 1** and **Vocabulario 2**.

Vocabulario

1 **Completa.** Complete.

1. Los beisbolistas atrapan la pelota en _____.
2. Los calcetines pueden ser _____ o cortos.
3. El béisbol y el básquetbol son dos _____.
4. _____ guarda la portería.
5. Un equipo _____ y otro equipo pierde.
6. El jugador _____ un gol y marca un tanto.
7–8. El _____ de básquetbol mete el balón en el _____.

2 **Identifica el deporte.** Identify the sport.

9. Corren de una base a otra.
10. Tienen que driblar con el balón.
11. La pelota tiene que pasar por encima de la red.
12. El balón tiene que entrar en la portería.

3 **Identifica.** Identify.

13.

14.

↻ To review, see **Vocabulario 2**.

15.

16.

Gramática

4 **Completa.** **Complete.**

17. Los jugadores _____ al campo. (volver)

18–19. Nosotros _____ jugar pero no _____. (querer, poder)

20. Nuestro equipo no _____. (perder)

21. ¿Cuándo _____ tú? (empezar)

22. Ustedes _____ bastante bien. (jugar)

23. Yo lo _____ mucho. (sentir)

24. ¿_____ usted jugar béisbol o fútbol con sus amigos? (preferir)

25. Después del partido, tú _____ bien. (dormir)

26. Nosotros _____ a formar un equipo de béisbol. (comenzar)

27. Yo _____ la pelota pero no pasa por encima de la red. (devolver)

To review, see **Los verbos de cambio radical e → ie** and **Los verbos de cambio radical o → ue.**

5 **Completa.** **Complete.**

28–29. ¿A ti _____ gust_ los deportes?
—Sí, a mí _____ gust_ mucho.

30–31. A ti _____ gust_ la ensalada y comes mucha. Pero a mí no _____ gust_.

32. Me gust_ comer frijoles.

33. El arte me interes_ mucho.

34. No me interes_ las matemáticas.

35–36. —¿A ti _____ aburr_ tus clases?
—No, a mí _____ interes_ todas.

To review, see **Los verbos interesar, aburrir, gustar.**

Cultura

6 **Corrige.** **Correct any wrong information.**

37. El deporte número uno en todas partes de España y Latinoamérica es el béisbol.

38. Los jóvenes latinoamericanos organizan partidos espontáneos de fútbol en el gimnasio de su escuela, no en un parque o en la calle.

39. El béisbol es muy popular en Puerto Rico, Cuba y Venezuela.

40. El Real Madrid es un equipo de béisbol.

To review this cultural information, see the **Lectura cultural.**

Daniel Salsgiver

Repaso cumulativo

Repasa lo que ya has aprendido

These activities will help you review and remember what you have learned so far in Spanish.

1 **Escucha.** Look at the illustrations. You will hear two statements about each one. On a separate sheet of paper, indicate whether the statement accurately describes the illustration.

a.

b.

c.

2 **Contesta.** Answer.

1. ¿Qué comes para el desayuno?
2. ¿Qué come tu familia para la cena?
3. ¿Qué comida toman tú y tus amigos en la cafetería?
4. ¿Qué aprendes en la escuela?
5. ¿Comprendes bien cuando tu profesor(a) habla en español?
6. ¿Reciben tú y tus amigos notas buenas?

3 **Completa con el adjetivo posesivo.** Complete with the possessive adjective.

1. Nosotros tenemos un buen equipo. El equipo de _____ escuela gana muchos partidos.
2. Me gusta mucho el básquetbol. Es _____ deporte favorito.
3. Oye, Enrique. ¿Cuál es _____ deporte favorito?
4. Aprendemos mucho en la clase de español. _____ profesor es muy bueno.
5. La familia de José tiene un carro nuevo. _____ carro está en el garaje.
6. Yo tengo muchos amigos. _____ amigos son muy simpáticos.
7. María, ¿tienes muchos primos? ¿Dónde viven _____ primos?

Los jóvenes comen y conversan (charlan) en la cafetería de su escuela en Barranquilla, Colombia. Una muchacha chequea (verifica) mensajes en su móvil.

Kelli Drummer-Avendaño

4 **Habla con la señora Vargas.** Change the questions to speak with Mrs. Vargas. Remember to use **usted.**

1. ¿Vas con Juan?
2. ¿Hablas español?
3. ¿Usas la computadora?
4. ¿Tienes un carro nuevo?
5. ¿Lees mucho?

6. ¿Ves la televisión?
7. ¿Dónde vives?
8. ¿Puedes ir?
9. ¿Quieres comer ahora?
10. ¿Qué piensas?

5 **Personaliza.** Get together with a classmate. Tell your partner all about yourself. Some information you may want to give is:

6 **Parea los contrarios.** Match the opposites.

1. bonito, guapo
2. gracioso
3. ambicioso
4. alto
5. grande
6. difícil
7. interesar
8. interesante

a. pequeño
b. aburrir
c. serio
d. aburrido
e. feo
f. bajo
g. perezoso
h. fácil

7 **Juego** Tell if each of the following takes place **en casa** or **en la escuela. ¡Cuidado!** Some might happen in more than one place.

escuchar la música   mirar un DVD   tomar un examen   hablar en el móvil

tomar el desayuno   escuchar a la profesora   prestar atención   preparar la comida

usar la computadora   enviar correos electrónicos   cenar con la familia   llevar uniforme

Audio   Video   Práctica   Repaso   Diversiones   eScape

Rubberball/age fotostock

Vamos a comparar Vas a aprender unas características de personalidad y unas emociones que tenemos de vez en cuando. En general no hay grandes diferencias en la personalidad y las emociones entre los seres humanos de las muchas partes del mundo. Las generalizaciones sobre tales aspectos de la naturaleza humana son casi siempre estereotípicas. Pero sabemos que las personas en todas partes del mundo quieren estar contentas y gozar de buena salud.

Objetivos

You will:

- describe people's personality, conditions, and emotions
- explain minor illnesses
- talk about a doctor's appointment
- learn about a literary genre—the picaresque novel

You will use:

- **ser** and **estar**
- indirect object pronouns

◀ El médico le da su diagnóstico a la paciente quien le presta mucha importancia. A ella le importan mucho su salud y bienestar.

El bienestar

Look at these photographs to acquaint yourself with the theme of this chapter—well-being. In this chapter you will talk about your and others' personality, emotions, and health. What emotions do you see on the girl's face at the left? Personality, emotions, and health are universal themes. It doesn't matter who we are or where we're from—we all have personalities, feel emotions, and strive for good health.

Venezuela

¿Cómo está la muchacha venezolana?
¿Qué expresiones tiene en la cara?

Estados Unidos

Todos los alumnos que vemos aquí están contentos, ¿no? ¿De dónde son? Pues son de muchos países pero ahora están en Estados Unidos. Cuatro de ellos son hispanos o latinos.

Perú

En los países latinoamericanos hay pequeñas clínicas como la que vemos aquí en Collazos, Perú. Estas clínicas proveen asistencia médica a los habitantes de zonas rurales.

España

Es una farmacia antigua en la Gran Canaria, una de las islas Canarias. Las Canarias son islas españolas en el Atlántico al oeste de África. En las farmacias tradicionales venden solo medicamentos. No venden productos cosméticos. Pero en las farmacias modernas venden productos de belleza también.

Ecuador

Esta farmacia moderna está en Quito, la capital de Ecuador. En Latinoamérica y en España hay farmacias o apotecarios tradicionales que despachan solamente medicinas. Pero hay también farmacias modernas como esta donde despachan medicinas y venden productos cosméticos como muchas farmacias en Estados Unidos.

Chile

Las médicas son muy ambiciosas, ¿no? Como todos los médicos ellas tienen muchas responsabilidades.

(b)Kelli Drummer Avendaño, (others)Andrew Payti

contento, alegre

triste, deprimida

José está muy contento. Acaba de recibir una A en español.
Elena está triste porque acaba de recibir una nota mala.

de mal humor

de buen humor

Susana está de buen humor.
Tiene una sonrisa en la cara.
Tiene también un buen sentido de humor.
Julia está de mal humor. Está enojada (enfadada).

¡Ojo!

Note that the adjectives **bueno** and **malo** are often shortened to **buen** and **mal** when placed before a masculine noun. **Buena** and **mala** are not shortened.

energética

cansado

Tomás está lleno de energía y tiene mucho entusiasmo.
Felipe está cansado.

David H. Brennan

obstinado, terco

flexible

Alejandro no es flexible. Es muy terco
y obstinado. Es un tipo muy difícil.

Lupe es ambiciosa. Siempre
quiere tener éxito—quiere
tener buenos resultados.

Maripaz es bien educada. Siempre tiene buena conducta.
Pero su hermano es mal educado. Tiene malos modales.

Para conversar

A Rubén le falta paciencia.
Es muy impaciente.
A veces su comportamiento me
molesta (enfada, enoja).

¿Lo sabes?

Muchas palabras relacionadas
con la personalidad y las
emociones son palabras afines.

calmo	**paciente**
tranquilo	**dinámico**
nervioso	**la energía**

(l)Andrew Payti, (t br)David H. Brennan

ESCUCHAR • HABLAR

1 Personaliza. Da respuestas personales.

1. ¿Eres flexible o terco(a)?
2. Por lo general, ¿estás de buen humor o estás de mal humor?
3. ¿Estás cansado(a) cuando no duermes bien?
4. ¿Estás lleno(a) de energía hoy?
5. ¿Siempre quieres tener éxito?

LEER • HABLAR • ESCRIBIR

2 Escoge la palabra correcta.

1. Una persona (paciente, impaciente) pierde control con frecuencia.
2. Una persona (de buen humor, de mal humor) está contenta.
3. Cuando una persona está enojada, (está de buen humor, está de mal humor).
4. Una persona está (contenta, triste) cuando recibe notas buenas.
5. Él duerme bien y está (cansado, lleno de energía).
6. Le gusta mucho el plan y está muy (deprimido, entusiasmado).
7. Él es un tipo (flexible, terco) y siempre toma en cuenta los deseos y opiniones de otros.
8. Él es muy (bien educado, mal educado). Tiene buena conducta.

CULTURA

Los amigos están en una plaza en la Ciudad de Guatemala. Uno de los amigos tiene una sonrisa en la cara, pero los otros tienen una expresión más seria.

LEER

3 Parea los contrarios.

1. contento
2. cansado
3. tranquilo
4. ambicioso
5. flexible
6. positivo

a. energético
b. perezoso
c. terco
d. triste
e. nervioso
f. negativo

4 Rompecabezas

Make as many words as possible from the letters below.

t	i	m	a	r	e	j
o	s	n	d	u	c	h

LEER

5 Parea los sinónimos.

1. calmo
2. enojado
3. contento
4. molestar
5. comportamiento
6. terco

a. alegre
b. conducta
c. enfadado
d. tranquilo
e. enojar
f. obstinado

ESCRIBIR

6 Categoriza. Haz una lista de características positivas y características negativas.

características	
positivas	negativas

CULTURA 🇺🇸

Marisa es bastante graciosa, ¿no? Tiene una sonrisa bonita en la cara. ¿De dónde es Marisa? Es de California y es de ascendencia mexicana.

ESCRIBIR

7 Personaliza. Prepara una autoevaluación. ¿Cuáles consideras unas características de tu personalidad?

HABLAR • ESCRIBIR

8 Da la característica de cada persona.

1. Él tiene buena conducta. Es _____.
2. Las opiniones de otros no le tienen mucha importancia. Es _____.
3. Ella siempre tiene una _____ agradable en la cara.
4. Siempre quiere ir en adelante y tener éxito. Es _____.
5. Él escucha a todos y luego toma una decisión. Es muy _____.
6. Ella es bastante cómica. Tiene un buen _____ de humor.

9 Trabajen en grupos. Hagan una encuesta. Hablen de las características que buscan o consideran importantes en un(a) amigo(a) bueno(a). Indiquen las respuestas en una tabla como la de al lado. Compartan los resultados con la clase. •········

buen sentido de humor

simpático(a)

paciente

flexible

10   **Comunicación** ✽

Work with a classmate. Tell some typical things people do. Each of you will determine whether you think it's **buen comportamiento** or **mal comportamiento.**

Creatas RF/Punchstock

En la consulta del médico

Está bien.

Está enferma.

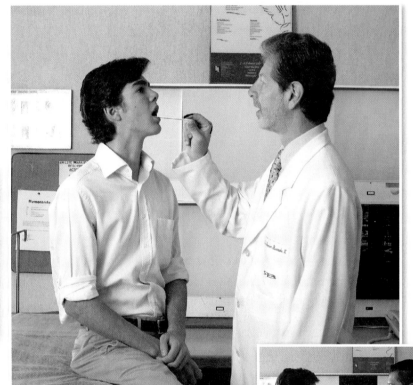

En otras partes

In addition to **la consulta** you will also hear **el consultorio**. **El paciente** is also referred to as **el enfermo**. Another word for **un catarro** is **un resfrío**.

Pablo está en la consulta del médico.
¿Está enfermo? No.
Necesita un examen físico.
El médico le da un examen.
Pablo abre la boca.
Todo está normal.

El enfermero le toma la
tensión arterial.
También toma el pulso.

Federico Gil

¿Estás bien o no?

Enrique tiene fiebre.
Tiene que guardar cama.

Inés tiene catarro.
Está resfriada.

Adolfo tiene mucho estrés.
Tiene dolor de cabeza.

Lupe tiene dolor de estómago.
Le duele el estómago.

Luis tiene tos.
Tose mucho.

Teresa tiene dolor de garganta.
Le duele la garganta.

La médica le da una receta.
Le receta una medicina para la tos.

Teresa y su madre van a la farmacia.
En la farmacia venden medicamentos (medicinas).

Federico Gil

201

ESCUCHAR

1 Escucha. Indica si la frase es correcta o no.

correcta	incorrecta

ESCUCHAR • HABLAR • ESCRIBIR

2 Contesta.

1. Sonia tiene la temperatura normal. ¿Tiene fiebre?
2. Sonia quiere jugar en el equipo de fútbol. ¿Por qué tiene que ir a la consulta del médico?
3. ¿Qué le da el médico?
4. ¿Quién le toma el pulso?
5. ¿Cuál es el diagnóstico del médico?

EXPANSIÓN

Ahora, sin mirar las preguntas, cuenta la información en tus propias palabras. Si no recuerdas algo, un(a) compañero(a) te puede ayudar.

LEER • HABLAR • ESCRIBIR

3 Completa.

1. El niño tiene que _____ porque tiene fiebre.
2. Tiene _____. Tose mucho.
3. Le duele la cabeza. Tiene _____ de cabeza.
4. El enfermero le toma la _____ arterial.
5. El médico examina a sus pacientes en _____.
6. El médico le da un examen completo. Le da un examen _____.
7. Tiene que ir a la farmacia porque el médico le da una _____.

HORARIO DE FARMACIA
DE LUNES A SABADO
DE: 9 A.M. A 9 P.M.
DOMINGOS
DE: 8 A.M. A 8 P.M.

CULTURA

Es una farmacia típica en Baños, Ecuador. En la farmacia venden muchos productos médicos. Si tienes una pregunta sobre tu salud, la farmacéutica te puede ayudar. En España y Latinoamérica los farmacéuticos les dan atención médica a sus clientes para condiciones no muy graves.

(t)Kerri Galloway, (b)Andrew Payti

HABLAR

4 **Dramatiza.** Dramatize some of the ailments and activities in the vocabulary. Call on a friend to tell what you are doing.

ESCRIBIR

5 Da una palabra o expresión relacionada.
1. duele
2. la medicina
3. toser
4. enfermo
5. consultar
6. resfriado

HABLAR • ESCRIBIR

6 **¡Manos a la obra!** Work in groups of three. Draw your own **Para conversar.** Include a doctor, a nurse, and a patient. Write at least one speech bubble for each. Then perform your dialogue for the class.

Para conversar

Conexiones

La salud mental
La salud física es muy importante y también es muy importante la salud mental. Todos tenemos emociones y a veces estamos tristes o enojados si nos ocurre algo desagradable. Es normal. Pero si un individuo está muy triste o deprimido con frecuencia, tiene que identificar el porqué. Es importante hablar de nuestros problemas emocionales y buscar ayuda. En el ambiente escolar podemos hablar con un(a) consejero(a). Nos puede ayudar.

ESCRIBIR

7 **Rompecabezas**

¡Qué pena! Letters have broken off these words. Can you put them back where they belong?

gar anta   far acia   d lor

fie re   cabe a   e trés   ca arro

m   o   s   t   g   z   b

Ser y estar
Características y condiciones

1. Spanish has two verbs that mean *to be.* They are **ser** and **estar.** These verbs have distinct uses. **Ser** expresses an inherent trait or characteristic that does not change.

> **El edificio es muy alto.**
> **Ella es sincera.**

2. **Estar** expresses a temporary state, emotion, or condition.

> **Juan no está bien hoy. Está enfermo.**
> **La joven está cansada.**
> **José, ¿por qué estás nervioso?**
> **El agua está fría.**

3. You can often use either **ser** or **estar** depending upon what you mean to say. Note the different messages in the following.

Él es agresivo.	*He is naturally an aggressive type.*
Él está muy agresivo.	*He's not normally that way but now he's acting in an aggressive way.*
Ella es muy obstinada.	*She's a very obstinate type.*
Ella está muy obstinada.	*She's being very obstinate now.*

Práctica

ESCUCHAR

1 Escucha las frases. Indica si es una característica o una condición.

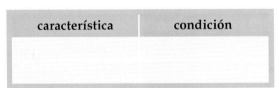

característica	condición

ESCUCHAR • HABLAR • ESCRIBIR

2 Personaliza. Da una respuesta personal.

1. ¿Es grande o pequeña tu casa?
2. ¿Es bonita?
3. ¿De qué color es tu casa?
4. ¿Es nuevo o viejo el carro de tu familia?
5. ¿Es bien educada o mal educada tu mascota?
6. ¿Cómo es tu hermano(a)?

CULTURA

La casa está en el Pueblito. El Pueblito es un museo al aire libre en la Ciudad de Panamá. La casa es de madera. En el Pueblito hay casas típicas de todas las regiones de Panamá.

Andrew Payti

ESCUCHAR • HABLAR • ESCRIBIR

③ Personaliza. Da una respuesta personal.

1. ¿Cómo estás hoy? ¿Estás bien o estás enfermo(a)?
2. ¿Estás contento(a)?
3. ¿Estás triste?
4. ¿Estás nervioso(a)?
5. ¿Estás de buen humor o de mal humor?

LEER • HABLAR • ESCRIBIR

④ Completa con la emoción o característica apropiada.

1. Ramón _____ porque acaba de marcar un tanto.
2. Luisa _____ porque acaba de dormir mucho.
3. Lucas _____ porque su abuelo está enfermo.
4. Su padre _____ porque tiene mucho estrés.
5. Maricarmen _____ y siempre quiere trabajar
   y tener éxito.

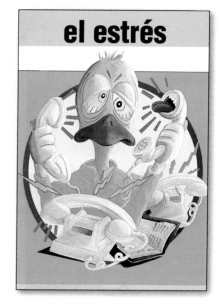

el estrés

⑤ **Comunicación**

Create a chart like the one below on a separate sheet of paper. List some emotions similar to the ones below. Give an instance of when you feel a certain way. Present your results to the class.

Estoy enojado(a) cuando…

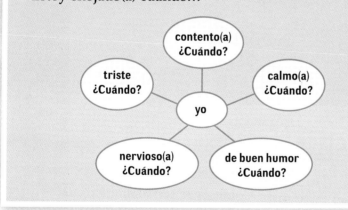

HABLAR • ESCRIBIR

⑥ **Juego** Compete with a partner. In one minute, list as many adjectives as you can that use **ser.** Then do the same for **estar.** Check each other's lists. The one with the most correct words wins. Then compare your adjectives and how many you found with those of the others in the class.

10 ¿De dónde es y dónde está ahora? Contesta. Presta atención a la diferencia entre el uso de **ser** y **estar.**

1. Bernardo es de Argentina pero ahora está en España.
   ¿De dónde es Bernardo?
   ¿Dónde está ahora?
   ¿De dónde es y dónde está?
2. Linda es de Estados Unidos pero ahora está en Colombia.
   ¿De dónde es Linda?
   ¿Dónde está ahora?
   ¿De dónde es y dónde está?
3. La señora Martín es de Cuba pero ahora está en Puerto Rico.
   ¿De dónde es la señora Martín?
   ¿Dónde está ahora?
   ¿De dónde es y dónde está?

CULTURA

Los jóvenes están en una placita en La Palma, una de las islas Canarias. Las islas Canarias están en el océano Atlántico al oeste de África.

ESCUCHAR • HABLAR • ESCRIBIR

11 Personaliza. Da una respuesta personal.

1. ¿Dónde está tu escuela?
2. ¿Está tu escuela cerca o lejos de tu casa?
3. ¿Estás en la escuela a las diez de la mañana?
4. ¿En qué clase estás después del almuerzo?
5. ¿De dónde es tu profesor(a) de español?
6. ¿Y de dónde eres tú?
7. ¿Cómo estás hoy?
8. Y el/la profesor(a), ¿cómo está?

LEER • HABLAR

12 Parea el verbo con la expresión.

ser estar	enfermo en casa inteligente cerca de sincero enojado en México de Madrid alto

FOLDABLES
Study Organizer

PAPER FILE FOLDER See the Foldables section of the Student Handbook at the beginning of this book for help with making this foldable. Make two folders, one with **ser** on the tab and **estar** on the other. Write sentences using each verb. On the back, explain your reason for your verb choice. Place the sentences in the correct folders. Trade folders with a friend and check each other's work.

Los pronombres **me, te, nos**

1. In Chapter 5 you learned the pronouns **me** and **te** with the expressions **me gusta, te interesa, te aburre.** Note that **nos** is the object pronoun that corresponds to **nosotros.**

> **No nos aburre el curso. Nos gusta.**
> **Nos interesa bastante.**

2. Me, te, and **nos** are object pronouns. They can be used as either direct or indirect objects. Note that, unlike in English, you put the object pronoun right before the verb.

> **El médico me ve. Me examina.**
> **¿Te habla el médico?**
> **Sí, me habla.**
> **El médico nos examina y nos da una receta.**

Práctica

HABLAR • ESCRIBIR

13 Personaliza. Da una respuesta personal.

1. A veces, cuando estás enfermo(a), ¿tienes que ir al médico?
2. Cuando estás en su consultorio, ¿te habla la recepcionista?
3. ¿Te examina el médico?
4. ¿Te habla también?
5. ¿Qué te duele?
6. ¿Te da un diagnóstico el médico?
7. ¿Te da una receta?
8. ¿Te receta medicina?

ESCUCHAR • HABLAR • ESCRIBIR

14 Crea frases según el modelo.

MODELO ver →
        Cuando estamos enfermos, el médico nos ve.

1. examinar
2. mirar
3. hablar
4. dar una receta

HABLAR • ESCRIBIR

15 Trabaja con un(a) compañero(a) de clase. Forma frases con las siguientes expresiones.

 me molesta   me enoja    me enfada   me duele

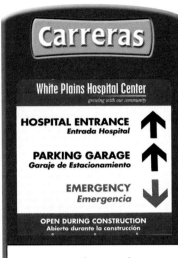

Carreras

White Plains Hospital Center
growing with our community

HOSPITAL ENTRANCE ⬆
Entrada Hospital

PARKING GARAGE ⬆
Garaje de Estacionamiento

EMERGENCY ⬇
Emergencia

OPEN DURING CONSTRUCTION
Abierto durante la construcción

Aquí vemos las señales para una sala de emergencia en un hospital en Nueva York. Los anuncios son en inglés y español. Si te interesa una carrera en la profesión médica hay muchas oportunidades para usar tu español.

Los pronombres le, les

1. **Le** and **les** are indirect object pronouns. That means they are the indirect receivers of the action of the verb. They answer the question *to whom* or *for whom.*

> **La médica le da una receta.**
> **La médica les habla.**

2. The indirect object pronouns **le** and **les** are both masculine and feminine. **Le** and **les** are often used with another phrase to clarify to whom they refer.

El profesor le habla ⎰ **al muchacho.**
⎱ **a la muchacha.**

El profesor les explica la lección ⎰ **a los alumnos.**
⎱ **a las alumnas.**

Le hablo ⎰ **a usted.** / **a él.** / **a ella.**

Les hablo ⎰ **a ustedes.** / **a ellos.** / **a ellas.**

Práctica

HABLAR • ESCRIBIR

16 Contesta las preguntas sobre el pobre Nando que está enfermo.

1. ¿Está Nando en el consultorio?
2. ¿Le habla el médico?
3. ¿Nando le explica sus síntomas?
4. ¿Le duele la garganta?
5. ¿El médico le examina la garganta?
6. ¿El médico le da una receta?
7. ¿Le receta unos medicamentos?

17 Prepara una conversación según el modelo.

MODELO —A mí me gusta mucho el arte.
—Y a tu amiga Rosa le gusta también, ¿verdad?

1. los deportes
2. la clase de español
3. el color verde
4. las legumbres
5. el helado
6. la comida mexicana

18 **Comunicación**

Make a list of things you like. Interview some friends and find out if they like them, too. Report the results to the class.

CULTURA
Una muchacha le habla a su amiga en Antigua, Guatemala. Parece ser una conversación seria.

HABLAR • ESCRIBIR

19 **Juego** ¿Es una frase? These words are all mixed up! Can you rearrange them to make logical sentences?

1. una receta médico da me el
2. les habla madre sus la a hijos
3. casa nos su gusta
4. profesor le a usted el lección la explica
5. ¿enfada te hermana tu?
6. dan perro un ellos ella a le

PRONUNCIACIÓN

Las consonantes c, g

The consonant **c** in combination with **a, o, u (ca, co, cu)** has a hard **k** sound. **C** changes to **qu** with **e** or **i (que, qui)** in order to maintain the hard **k** sound. Repeat the following.

ca	que	qui	co	cu
cama	que	aquí	como	cubano
casa	queso	equipo	cocina	cuando
cámara	parque	quiero	médico	Cuzco
cancha	raqueta	tranquilo	terco	
catarro	pequeño		físico	

 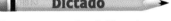 **Dictado**

Pronounce the following sentences carefully. Then write them to prepare for a dictation.

Yo practico el básquetbol en el parque pequeño.
El cubano come el queso aquí en el parque.
Él es muy terco y físico, no tranquilo.

The consonant **g** in combination with **a, o, u (ga, go, gu)** is pronounced somewhat like the **g** in **go.** To maintain this same sound **g** changes to **gu** before **e** or **i (gue, gui).** Repeat the following.

ga	gue	gui	go	gu
paga	guerra	amiguito	juego	guante
gana			golpea	seguro

 Dictado

Pronounce the following sentences carefully. Then write them to prepare for a dictation.

Góngora gana el Guante de oro.
El amiguito quiere jugar.
El médico examina la boca y la garganta.

Refrán

Can you guess what the following proverb means?

Entre salud y dinero, salud quiero.

¡Bravo!

You have now learned all the new vocabulary and grammar in this chapter. Continue to use and practice all that you know while learning more cultural information. **¡Vamos!**

¿Comprendes?

A Contesta según la información en la conversación.
1. ¿De dónde es Luis?
2. ¿En qué clase está con Elena?
3. ¿A qué clase tiene que ir ahora?
4. ¿Qué piensa Elena de Luis?
5. ¿Qué le gusta a Magalí?
6. ¿Qué te parece? ¿Les interesa Luis a las muchachas?

B Cuenta lo que pasa en la conversación en tus propias palabras.

C Da la siguiente información.

características positivas de Luis	la apariencia de Luis

D **Interpretando** ¿Qué piensas?

¿Tiene Magalí mucho interés en Luis? ¿Por qué?
¿Y Elena? ¿Tiene ella interés también? ¿Por qué?

Santa Marta es una ciudad colombiana muy popular con los turistas.
Está situada entre el mar Caribe y la Sierra Nevada de Santa Marta.

Lectura

Antes de leer

Skim the selection by looking for key words and reading the first and last sentence of each paragraph. Determine what you think this reading is about.

✓ READING CHECK

¿Qué es un pícaro?

Durante la lectura

Think about those characteristics of Periquillo that make him un antihéroe.

✓ READING CHECK

¿Dónde trabaja Periquillo?

Después de leer

Did skimming the reading give you a general sense of what the reading would be about?

SKIMMING Skimming is looking over an entire reading selection quickly to get a general idea of what it is about. Once you have a general idea of the reading, you can go back and read it again to find out more of the details.

El Periquillo Sarniento 🎧 ↺

La literatura picaresca La literatura tiene sus héroes y también sus antihéroes. En la literatura hispana hay un antihéroe especial—el pícaro. El pícaro es un muchacho humilde que no tiene dinero. Como es muy pobre su vida es una lucha[1] continua.

El Periquillo Sarniento El Periquillo Sarniento es del autor mexicano Fernández de Lizardi. Periquillo no es como los otros pícaros típicos. Él no es pobre y asiste a la universidad. Pero no le gusta trabajar. Le falta ambición. Es perezoso y pasa de una aventura a otra.

Trabaja como criado[2] en casa de un médico. Habla mucho con el médico y lee sus libros sobre la medicina. Decide que el médico no es bueno y que no les trata bien a sus pacientes. Periquillo le roba al médico. Toma sus libros, una cantidad de dinero y su mula. En la mula va a un pueblo pequeño donde no hay médico. Finge[3] ser médico y muy pronto tiene muchos pacientes. Creen que Periquillo es un médico auténtico.

Un día ve a un señor que está muy enfermo. Su familia está muy deprimida. Para aliviar el dolor de estómago que tiene el enfermo, Periquillo prepara una mezcla[4] de cosas horribles. El enfermo bebe. Y, ¿qué pasa? El señor abre los ojos, reconoce a su familia y les habla. La familia está muy alegre y todos le dan las gracias a su «médico».

Periquillo tiene otras aventuras pero poco a poco él cambia[5] su mala conducta y vive como una persona responsable.

[1]lucha *struggle*
[2]criado *housekeeper*
[3]Finge *He pretends*
[4]mezcla *mixture*
[5]cambia *changes*

214 *doscientos catorce*   **CAPÍTULO 6**

¿Comprendes?

A Confirmando información Corrige la información que no es correcta.

1. El pícaro es un héroe.
2. *El Periquillo Sarniento* es una novela romántica.
3. Como todos los pícaros, Periquillo es pobre.
4. No tiene educación.
5. Periquillo trabaja como médico en casa de un criado.

B Describiendo Describe los defectos que tiene Periquillo.

C Recordando hechos Contesta.

1. ¿Qué lee Periquillo en casa del médico?
2. ¿Qué piensa Periquillo del médico?
3. ¿Cuáles son tres cosas que Periquillo toma del médico?
4. ¿Adónde va Periquillo?

D Describiendo Describe.

1. a la familia del paciente
2. la condición del paciente
3. el tratamiento que le da Periquillo

E Analizando Contesta.

1. ¿Por qué cree Periquillo que el médico no es bueno?
2. Cuando Periquillo llega al pueblo, ¿por qué tiene muchos pacientes inmediatamente?
3. ¿Por qué creen que Periquillo es un buen médico?
4. ¿Debe Periquillo tratar de curar a los enfermos? Explica por qué contestas que sí o que no.

F Relatando ¿Cuál es la idea principal de la lectura?

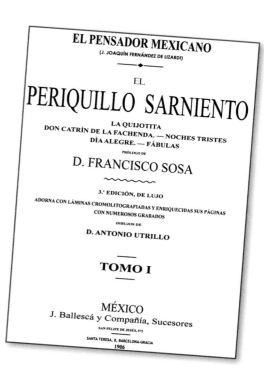

EL PENSADOR MEXICANO
(J. JOAQUÍN FERNÁNDEZ DE LIZARDI)

EL
PERIQUILLO SARNIENTO

LA QUIJOTITA
DON CATRÍN DE LA FACHENDA. — NOCHES TRISTES
DÍA ALEGRE. — FÁBULAS
PRÓLOGO DE
D. FRANCISCO SOSA

3.ª EDICIÓN, DE LUJO
ADORNA CON LÁMINAS CROMOLITOGRAFIADAS Y ENRIQUECIDAS SUS PÁGINAS
CON NUMEROSOS GRABADOS
DIBUJOS DE
D. ANTONIO UTRILLO

TOMO I

MÉXICO
J. Ballescá y Compañía, Sucesores
SAN FELIPE DE JESÚS, 572
SANTA TERESA, 8, BARCELONA-GRACIA
1906

Lectura

Antes de leer

Vas a leer un episodio en la vida de Lazarillo, un pícaro español. Como todos los pícaros, Lazarillo tiene que ser muy astuto. Es una característica importante para los pícaros. Vas a ver por qué.

Durante la lectura

Al leer la selección, identifica y describe a los personajes principales, el argumento o idea principal del relato y el escenario o ambiente en que tiene lugar.

CULTURA
Una vista de la Plaza Mayor en Salamanca, la ciudad natal de Lazarillo

Lazarillo de Tormes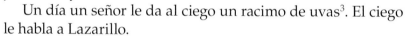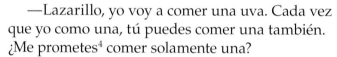

La primera novela picaresca es *Lazarillo de Tormes* de un autor anónimo español. Lazarillo es un niño pobre de Salamanca. No tiene dinero y siempre tiene que confrontar muchos obstáculos. Pero el joven no pierde su sentido de humor.

La madre de Lazarillo no tiene marido. Es viuda[1]. Ella gana muy poco dinero. Un día, llega al hotel donde trabaja un señor ciego[2]. La pobre madre está muy triste pero como ella no tiene dinero le da a su hijo al señor ciego.

Lazarillo es muy astuto y no tiene confianza en el ciego. Es un hombre cruel y trata muy mal a Lazarillo.

Un día un señor le da al ciego un racimo de uvas[3]. El ciego le habla a Lazarillo.

—Lazarillo, yo voy a comer una uva. Cada vez que yo como una, tú puedes comer una también. ¿Me prometes[4] comer solamente una?

—Sí, señor.

El ciego empieza a comer. Y, ¿cuántas uvas come? ¿Una? ¡No! Come dos.

Luego el ciego le da el racimo a Lazarillo y Lazarillo empieza a comer. ¿Cuántas uvas come? ¿Una? ¿Dos? ¡No! Lazarillo come tres.

—Lazarillo, tú no comes solamente una uva. Comes tres.

—No, señor.

—Lazarillo, tú ves que yo como dos uvas y no me dices nada[5]. Por eso, estoy seguro que tú comes tres y rompes[6] nuestra promesa.

—Sí, señor. Pero, ¿quién rompe nuestra promesa primero? ¡Yo, no! ¡Usted, sí!

[1]viuda   *widow*
[2]ciego   *blind*
[3]racimo de uvas   *bunch of grapes*

[4]prometes   *do you promise*
[5]dices nada   *you say nothing*
[6]rompes   *break*

¿Comprendes?

A Escoge.

1. Lazarillo tiene que confrontar muchos obstáculos en la vida porque es _____.
   a. ciego
   b. pobre
   c. perezoso

2. Lazarillo siempre está _____.
   a. de buen humor
   b. de mal humor
   c. triste

3. La pobre madre le da a su hijo al ciego porque _____.
   a. no le gusta
   b. no tiene dinero y está desesperada
   c. el ciego es un buen hombre

4. ¿Por qué come Lazarillo tres uvas a la vez?
   a. porque quiere romper la promesa que tiene con el ciego
   b. porque tiene mucha hambre
   c. porque el ciego rompe su promesa primero

5. ¿Por qué tienen que ser astutos los pícaros?
   a. Son bastante maliciosos.
   b. No son muy inteligentes.
   c. Son pobres y viven solos.

B Analizando Explica por qué el primero que rompe la promesa es el ciego y no Lazarillo.

CULTURA
Una vista de Salamanca

Emily Lowry

Prepárate para el examen

⟲ To review, see **Vocabulario 1** and **Vocabulario 2.**

La señora está siempre de muy buen humor porque le gusta su trabajo. Vende dulces en su bodega en Antigua, Guatemala.

Vocabulario

1 **Parea.**

a b c d e f

1. Le duele la cabeza.
2. Está cansada.
3. Está triste.
4. Tose.
5. Es dinámico y ambicioso.
6. Tiene catarro.

2 **Parea.**

7. Él no es flexible.
8. Es mal educado.
9. Es perezoso.
10. Siempre está enojado.
11. Le examina la garganta.
12. Tiene que guardar cama.
13. Le falta paciencia.

    a. No le gusta trabajar.
    b. Tiene que abrir la boca.
    c. Es terco.
    d. Está enfermo. Tiene fiebre.
    e. No me gusta su conducta.
    f. Todo le molesta.
    g. Es un tipo impaciente.

3 **Completa con una palabra apropiada.**

14. Ella siempre tiene una _____ en la cara. Siempre está de buen humor.
15. Tiene mucho estrés y tiene dolor de _____.
16. Tiene _____ y le duele la garganta.
17. El médico ve a sus pacientes en _____.
18. Siempre come cosas malas y después tiene dolor de _____.
19. _____ me toma el pulso y la tensión arterial.
20. En la farmacia _____ muchos medicamentos.

Lori Ernfridsson

Go Online!

connectED.mcgraw-hill.com

Gramática

4 Completa con ser o estar.

21. Lima _____ en Perú.

22. Nuestra escuela _____ grande.

23. Él no trabaja. _____ perezoso.

24. Ella _____ nerviosa porque tiene un examen.

25–26. Sus amigos _____ de México pero ahora _____ en la Florida.

27. José _____ enfermo.

28. Clara, ¿_____ cansada porque acabas de jugar tenis?

29. Yo tengo mucha energía hoy. _____ muy energético(a).

30. Yo _____ ambicioso(a) y quiero sacar buenas notas.

To review, see **Ser y estar.**

5 Completa con el pronombre apropiado.

31. —¿_____ va a hablar Juan?
—Sí, siempre me habla.

32–33. —¿_____ explica (a ustedes) la lección la profesora?
—Sí, ella _____ explica la lección.

34. El médico _____ da una receta a su paciente.

35–36. —¿A ustedes _____ enoja su conducta?
—Sí, _____ molesta.

To review, see **Los pronombres me, te, nos** and **Los pronombres le, les.**

Cultura

6 Describe.

37. Describe a Periquillo Sarniento.

7 ¿Sí o no?

38. *El Periquillo Sarniento* es de un autor español.

39. Periquillo tiene su doctorado en medicina y es un médico excelente.

40. Todos los pícaros cambian su mala conducta.

To review this cultural information, see the **Lectura cultural.**

Prepárate para el examen

1 ¿Quién es sincero(a)?

Talk about personality traits

Con un(a) compañero(a) de clase discute quien o quienes tienen las siguientes características. ¿Qué indica que tiene las siguientes características?

> **Es muy energético(a).**
> **Tiene mucha paciencia.**
> **Es bastante perezoso(a).**
> **Es bien educado(a).**
> **Es dinámico(a) y ambicioso(a).**

2 Mis emociones

Talk about your feelings

Indica cuando tienes las siguientes emociones o sentimientos. Puedes incluir otras.

> **Estoy nervioso(a) cuando...**
> **Estoy contento(a) cuando...**
> **Me enoja cuando...**

El joven está contento y siempre está de buen humor. Tiene una personalidad agradable. A todos les gusta su sonrisa.

3 ¡A tu éxito!

Tell how you are going to be successful

Habla de como vas a tener éxito.

> **Como quiero tener éxito, voy a...**

4 ¿Qué tienes?

Role-play a visit to a doctor's office

Estás en la consulta del médico. Habla con el/la médico(a) (tu compañero[a]) de tus enfermedades. Luego cambien de rol.

Tarea

Write a complete description of yourself. If you prefer, however, you can write about a fictitious character—someone you read about or made up.

Writing Strategy

Writing a personal essay One of the best ways to start to write something personal is to sit down and begin to jot down random ideas. Write down what comes to your mind about yourself or your fictitious person. Be sure that you use only words and grammar you have learned in Spanish.

❶ Prewrite

Fill in a chart similar to the one below. Give as much information about yourself or your fictitious person as you can under each category. Feel free to create additional categories. Use as much of this chapter's vocabulary as possible. Include details to make your description interesting and lively and maybe even funny.

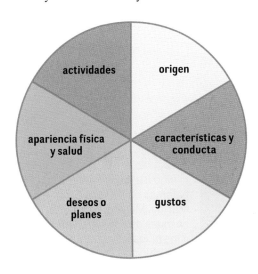

actividades
origen
características y conducta
gustos
deseos o planes
apariencia física y salud

❷ Write

- Begin with an introduction that explains whom you are describing.
- Decide the order you wish to give to the categories suggested in the chart. Use a separate paragraph for each category.
- Give your composition a title that will grab the readers' attention.
- Edit your work. Check spelling, grammar, punctuation, and sentence structure.

Evaluate

Don't forget that your teacher will evaluate you on your organization, correct use of vocabulary and grammar, understandability, ability to hold the interest of the reader, and completeness of your message.

Repaso del Capítulo

Ser y estar

The verbs **ser** and **estar** have distinct uses.

Característica	Él es muy ambicioso.
Origen	Ella es de la República Dominicana.
Condición	Ella está muy cansada hoy.
Colocación	Él está en San Juan esta semana.
	San Juan está en Puerto Rico.

Los pronombres me, te, nos

The object pronouns **me, te,** and **nos** can be either a direct object or an indirect object.

direct object	*indirect object*
El médico **me** ve.	El médico **me** habla.
El médico **te** examina.	El médico **te** da una receta.

Los pronombres le, les

Review the indirect object pronouns **le** and **les**.

Le hablo ⎰ a usted. a él. a ella.

Les escribo ⎰ a ustedes. a ellos. a ellas.

Comparaciones

Object pronouns
In English, does the object pronoun precede or follow the verb? And in Spanish?

Ser How many verbs for *to be* does English have? Remember, Spanish has two and they are not interchangeable.

CULTURA

El niño les da de comer a las palomas en la Plaza Grande de Mérida, México. En muchas plazas y parques de España y Latinoamérica, a los niños les encanta dar de comer a las palomas.

Andrew Payti

Juego There are a number of cognates in this list. See how many you and a partner can find. Who can find the most? Compare your list with those of your classmates.

Go Online!

connectED.mcgraw-hill.com

Vocabulario

Describing emotions and feelings

alegre	deprimido(a)	energético(a)	cansado(a)
contento(a)	enojado(a)	calmo(a), tranquilo(a)	de mal (buen) humor
triste	enfadado(a)	nervioso(a)	

Discussing personality and behavior

la personalidad	el entusiasmo	paciente	agradable
el comportamiento	la paciencia	impaciente	bien (mal) educado(a)
la conducta	dinámico(a)	flexible	
los modales	ambicioso(a)	terco(a), obstinado(a)	
la energía	perezoso(a)		

Describing some minor health problems

la salud	el examen físico	la farmacia	examinar
un catarro	la tensión arterial	el/la farmacéutico(a)	abrir
una fiebre	el pulso	la receta	toser
una tos	la consulta	el medicamento, la	doler
el estrés	el/la médico(a)	medicina	recetar
el dolor	el/la enfermero(a)	enfermo(a)	vender
de garganta	el/la paciente	resfriado(a)	
de estómago			
de cabeza			

Other useful words and expressions

la sonrisa	lleno(a) de	guardar cama
la cara	me falta	tener éxito
la boca	me enfada	ser
el/la niño(a)	me enoja	estar
el tipo	me molesta	

LA PRACTICE Refer to the Language Arts Practice section and use your Spanish to practice Language Arts skills.

📖 Literary Reader

You may wish to read the Mexican legend *Iztaccíhuatl y Popocatépetl* found in the Literary Reader at the end of this book.

Repaso cumulativo

Repasa lo que ya has aprendido

These activities will help you review and remember what you have learned so far in Spanish.

1 Escucha las frases. Indica en una tabla como la de abajo si las frases son correctas o no.

sí	no

2 Completa con el verbo ser.

1. Yo _____ alumno(a) en la clase de la señora Lugones.
2. La clase _____ bastante grande.
3. Los alumnos de la señora Lugones _____ bastante buenos.
4. Nosotros _____ alumnos serios.
5. ¿Tú _____ un(a) alumno(a) serio(a) también?
6. ¿En qué escuela _____ ustedes alumnos?

3 Escribe frases. Presta atención a las terminaciones *(endings)* de los adjetivos.

1. muchacha / rubio
2. clase / pequeño
3. lecturas / fácil
4. edificio / alto
5. departamentos / grande
6. carro / viejo
7. jardín / bonito
8. flores / bonito

4 Personaliza. Da respuestas personales.

1. ¿Cuántos años tienes?
2. ¿Cuántos años tienen tus hermanos si no eres hijo(a) único(a)?
3. ¿Tienen ustedes una mascota? ¿Qué tienen?
4. ¿Cuántos cuartos tiene su casa o apartamento?
5. ¿Tienes muchos primos?
6. ¿Tienen ustedes una familia grande o pequeña?

CULTURA

Muchas personas tienen como mascota un loro como el loro aquí de Antigua, Guatemala.

Lori Ernfridsson

5 **Completa personalmente.**

1. Soy de _____.
2. Tengo el pelo _____.
3. Tengo ojos _____.
4. Soy _____.
5. Y estoy _____.

6 **Da el antónimo.**

1. alto
2. cansado
3. feo
4. ambicioso
5. malo
6. interesante
7. contento
8. pequeño
9. mucho
10. antes de
11. interesar
12. delante de

7 **Contesta según el dibujo.**

1. ¿Qué muebles hay en la sala?
2. ¿Qué muebles hay en el comedor?
3. ¿Qué muebles hay en los cuartos de dormir?

8 **Forma preguntas.**

1. *El joven* es ambicioso.
2. El joven es *ambicioso*.
3. Él es *médico*.
4. Vive *en Salamanca*.
5. Tiene *dos* hijos.
6. Él va *a su consultorio*.
7. Él va a su consultorio *de lunes a viernes*.

Literary Reader

Contenido

Literatura 1
El Cid............................... 398

Literatura 2
Iztaccíhuatl y Popocatépetl 402

The literary selections in the pages that follow will introduce you to Hispanic literature while helping you to develop reading skills and a better understanding of Hispanic culture. These selections have been carefully adapted to match your developing language skills. As you draw on your knowledge of Spanish grammar and vocabulary and apply the reading strategies you have learned, you will discover that you are able to comprehend and enjoy the selections. **¡A leer!**

Una vista exterior de El Escorial con sus jardines. El Escorial es un monasterio y palacio construido en el siglo XVI cerca de Madrid.

El Cid

CULTURA

El héroe el Cid es famoso en Estados Unidos también. Aquí el Cid está montado a su caballo, Babieca, en una estatua en San Diego, California.

Vocabulario

Estudia las siguientes palabras y sus definiciones.

el rey   monarca

el siglo   un período de cien años

feliz   contento(a), alegre

triste   contrario de «feliz»

un pueblo   una ciudad muy pequeña

enseguida   inmediatamente, ahora mismo

por fin   finalmente

luchar   tener batallas

Práctica

Completa.

1. No vamos en una hora. Vamos _____, ahora mismo.
2. Estamos en el _____ veintiuno.
3. Es una persona _____. Siempre está contenta.
4. No. Él no es una persona alegre. Es una persona _____.
5. Él no tiene muchos amigos porque _____ con sus amigos.
6. Los reyes católicos son Fernando e Isabel. Fernando es el _____. Isabel es la reina.

INTRODUCCIÓN

El poema de mío Cid es el título del famoso poema épico español. Es de un autor anónimo. El poema canta de las acciones o hazañas del gran héroe el Cid. Pero, ¿quién es el Cid?

El Cid
⟿ 1 ⟾

En el siglo XI nace el señor Rodrigo Díaz de Vivar en un pueblo pequeño cerca de Burgos en Castilla, España. Allí tiene una vida° feliz con su mujer, Jimena, y sus dos hijas.

Rodrigo Díaz de Vivar tiene el título de el Cid. El Cid es una palabra árabe. En aquel entonces° los árabes ocupan una gran parte de España.

Un día el Cid tiene un conflicto con el rey de Castilla, Alfonso. Por eso, tiene que abandonar la ciudad de Burgos. Está muy triste porque tiene que abandonar a su familia también. El Cid sale° de Burgos en su caballo, Babieca. Inmediatamente tiene que luchar contra los árabes. Lucha valientemente y mucha gente ayuda° al Cid en su lucha.

Después de mucho tiempo, llega° a Valencia. Es una ciudad que ocupan los árabes. El Cid tiene unas batallas horribles con los árabes y por fin el Cid y sus hombres conquistan la ciudad. Enseguida el Cid envía por su mujer (esposa) y sus dos hijas. El Cid reina en Valencia hasta su muerte° en mil noventa y nueve (1099).

Durante la lectura

As you read, identify who the main characters are and what they are like. Try to determine the setting of the story and define the plot as you consider what the characters are doing.

vida *life*

En aquel entonces *At that time*

sale *leaves*

ayuda *help*

llega *he arrives*

muerte *death*

CULTURA
Una vista de Burgos

CULTURA 🏛
Valencia, España

～ **2** ～

saben *learn*

ven *see*
tienen mucho miedo *they are scared*
entierra *she buries*

Cuando los árabes saben° de la muerte del Cid, regresan a Valencia y atacan la ciudad. La mujer del Cid es muy astuta y tiene un plan. Ella embalsama a su marido y coloca su cadáver en su caballo, Babieca. Cuando los árabes ven° al Cid en su caballo tienen mucho miedo° y escapan. Jimena toma la oportunidad de escapar también. Regresa a Burgos donde entierra° a su esposo en la famosa Catedral de Burgos. Hoy turistas de todas partes del mundo visitan las tumbas del Cid y de su valiente mujer, Jimena.

Andrew Payti

¿Comprendes?

A **Buscando información** Identifica.

1. el otro nombre del Cid
2. el nombre de la mujer del Cid
3. el número de hijas que tienen el Cid y su mujer
4. la ciudad de donde es el Cid
5. el nombre del caballo del Cid

B **Determinando** Escoge.

1. El Cid tiene que (abandonar, conquistar) la ciudad de Burgos.
2. El Cid está (feliz, triste) cuando tiene que abandonar a su familia.
3. Los (árabes, romanos) ocupan una gran parte de España durante la época del Cid.
4. El Cid sale de Burgos (a pie, en su caballo).
5. Durante su expedición de conquista el Cid llega a (Burgos, Valencia).

C **Confirmando información** ¿Sí o no?

1. Los árabes regresan a Valencia después de la muerte del Cid.
2. La mujer del Cid es una señora inteligente.
3. Los árabes toman la ciudad de Valencia cuando saben de la muerte del Cid.
4. La mujer del Cid regresa a Valencia donde entierra a su marido.

D **Describiendo** Describe.

Describe el plan que tiene la mujer del Cid para engañar (*fool, deceive*) a los árabes.

E **Analizando** Contesta.

¿Qué acciones del Cid indican que es una persona buena?

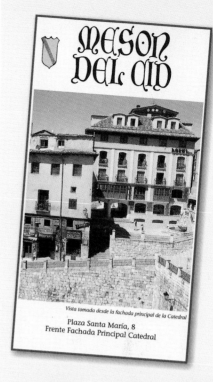

Vista tomada desde la fachada principal de la Catedral

Plaza Santa María, 8
Frente Fachada Principal Catedral

CULTURA

Patio de los Leones de La Alhambra, una maravilla arquitectónica de los moros en Granada

Una leyenda mexicana—Iztaccíhuatl y Popocatépetl

CULTURA

Una vista del volcán Iztaccíhuatl no muy lejos de la ciudad de Puebla en México

READING TIP

Remember that as you read you should look for cognates—words that look alike in both Spanish and English and have the same meaning. In this selection, you will come across the following cognates. Can you find others?

el volcán	el emperador
la torcha	el origen
la princesa	la montaña
la versión	la batalla
la erupción	el valle
suicidar	omnipotente
severo	posesiones
informar	horrible
flameante	victorioso

Vocabulario

Estudia las siguientes palabras y sus definiciones.

el cacique   el líder, el jefe

el guerrero   una persona que lucha en una batalla o guerra; un soldado

subir   ir hacia la parte superior

casarse   contraer matrimonio, tomar como esposo(a)

desconsolado(a)   muy triste

la leyenda   un cuento tradicional

Práctica

Expresa de otra manera.

1. ¿Es *el líder* de un grupo indígena?
2. Él está *triste* porque su madre está muy enferma.
3. Ellos tienen que *ir a la parte superior*.
4. Ellos van a *ser esposo y esposa*.
5. *Los soldados* luchan mucho. Toman parte en muchas batallas.

INTRODUCCIÓN

Cerca de la Ciudad de México hay dos volcanes gigantescos—el Iztaccíhuatl y el Popocatépetl. Hay una leyenda sobre el origen de los dos volcanes. Como muchas leyendas, la leyenda sobre Iztaccíhuatl y «Popo» tiene varias versiones. Aquí tenemos una versión popular.

¿Sabes lo que es este artefacto azteca?

Iztaccíhuatl y Popocatépetl
⤳ **1** ⤳

Antes de la llegada de Cristóbal Colón los aztecas viven en México. El emperador de los aztecas es un señor omnipotente y bastante severo. Hay otros grupos indígenas que viven en el valle de México que no están contentos con él. Están cansados de tener que dar sus posesiones y dinero a un emperador opresivo. Entre los grupos que no están contentos con él son los tlaxcaltecas.

El cacique de los tlaxcaltecas tiene una hija bonita, la princesa Iztaccíhuatl. La princesa está enamorada de° Popocatépetl, uno de los guerreros más valientes de su padre. Su padre envía a «Popo» a una batalla contra los aztecas. El padre promete° a Popocatépetl que puede tener la mano de su hija (tomar como esposa a su hija) si regresa victorioso. Popo está muy contento. Él va a ganar la batalla y la princesa va a ser su esposa.

enamorada de *in love with*

promete *promises*

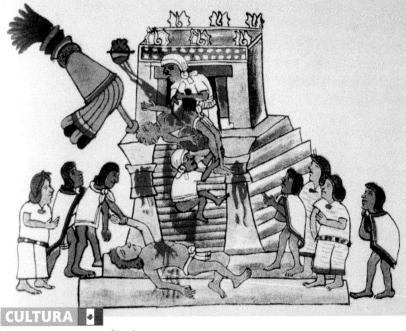

CULTURA 🏳

Una ceremonia sacrificial azteca con una ofrenda al dios de la guerra, Huitzilopochtli

Literatura 2

CULTURA 🇲🇽
Plaza de las Tres Culturas, Ciudad de México

∽ 2 ∾

pretendiente *suitor*
amado *loved one*
muerto *dead*

Mientras Popocatépetl está ausente otro joven pretendiente° informa a Iztaccíhuatl que su amado° está muerto°; que pierde la vida en una batalla horrible. Él convence a Iztaccíhuatl a casarse con él.

Después de poco Popocatépetl regresa victorioso de la batalla. Está muy feliz porque ahora piensa que va a casarse con Iztaccíhuatl. Cuando la princesa aprende del regreso de su amado está desconsolada. Ahora no puede casarse con él porque ya tiene esposo. No quiere vivir sin su «Popo». La desconsolada princesa se suicida.

∽ 3 ∾

brazos *arms*
hombros *shoulders*

enciende *lights*

sigue vigilando *keeps watch over*

El padre de la princesa, el cacique, informa al soldado de la muerte de su hija. Popo toma a Iztaccíhuatl en sus brazos°. Levanta a su amada y con su cuerpo cargado en sus hombros° sube varias montañas. Cuando llega cerca del cielo coloca el cuerpo de Iztaccíhuatl en el pico de una de las montañas y enciende° una torcha. Empieza a nevar y dentro de poco la nieve cubre los dos cuerpos y forma dos volcanes majestuosos—el Iztaccíhuatl y el Popocatépetl. Aún hoy «Popo» sigue vigilando° a su querida (amada) Iztaccíhuatl y a veces vemos su torcha flameante con «Popo» cuando entra en erupción.

©Mark Karrass/Corbis

¿Comprendes?

A Recordando hechos Contesta.

1. ¿Quiénes viven en México antes de la llegada de Cristóbal Colón?
2. ¿Hay otros grupos indígenas también?
3. ¿Todos están contentos con los aztecas?
4. ¿Hay batallas entre los diferentes grupos?

B Describiendo Describe.

1. Describe al emperador de los aztecas.
2. Describe a Iztaccíhuatl.
3. Describe a Popocatépetl.
4. Describe la relación entre Iztaccíhuatl y Popocatépetl.

C Identificando Contesta.

¿Cuáles son las acciones o hazañas profesionales y personales de Popocatépetl?

D Explicando Explica.

1. por qué no puede Iztaccíhuatl ser la esposa de Popocatépetl
2. el origen y formación de los dos volcanes

E Resumiendo Dibuja y escribe.

Prepara una serie de dibujos (*drawings*) que ilustran el contenido de la leyenda. Luego escribe una o dos frases para cada dibujo para identificar o describir el dibujo. Usa tus dibujos y frases para contar la leyenda en tus propias palabras.

Glow Images

 Language Arts Practice

Vista de la Catedral de Nuestra Señora de Guadalupe desde un balcón en Puerto Vallarta, México

Contents

Language Arts Practice 1

Simón Bolívar 408

Language Arts Practice 2

La familia 413

The pages that follow contain both informational and authentic selections designed to help you to develop your Language Arts skills while using your Spanish. As you draw on your knowledge of Spanish grammar and vocabulary and apply the reading and writing strategies you have learned, you will discover that you can indeed improve your Language Arts skills through your study of Spanish.

Simón Bolívar

En todo Latinoamérica Simón Bolívar es una persona famosa, muy célebre. Lleva el nombre o título de «El Libertador».

Simón Bolívar es de Venezuela. Nace en Venezuela en 1783. De niño reside o vive en el campo. El joven Simón está muy contento en el campo. Él es de una familia noble que tiene mucho dinero. Aunque es de una familia noble y rica, el joven Simón pasa mucho tiempo con la gente pobre[1]. Siempre ayuda a los criados[2] con sus tareas.

El padre de Simón muere[3] cuando Simón es muy joven y un tío lleva a su sobrino a la ciudad de Caracas. El tío confía la educación de Simón a los sacerdotes[4].

Su educación

Tampoco en Caracas está impresionado el joven Simón de su origen noble. Siempre escucha historias de la gente pobre y de los héroes de su país, Venezuela. Uno de sus profesores en Caracas es Simón Rodríguez. Es un señor que va a tener mucha influencia en la vida[5] de Bolívar. Rodríguez habla con Bolívar de las ideas liberales que son populares en Francia y en Estados Unidos en aquella época[6]. El profesor explica que el rey[7] de España tiene el poder absoluto y que no trata bien a sus súbditos[8]. Es bastante cruel con ellos. Su tío no está contento con el profesor. Es que no está de acuerdo[9] con sus ideas políticas. El tío da sus órdenes. Bolívar tiene que regresar a España donde reside en el palacio de unos de sus parientes ricos. Continúa con su educación en España pero no olvida[10] las ideas de libertad de su antiguo maestro en Venezuela, Simón Rodríguez.

Simón Bolívar regresa una vez más a Caracas donde se casa[11]. Pero nueve meses más tarde muere su esposa. Después de su muerte Bolívar va a París y luego viaja por Europa y Estados Unidos.

[1]pobre   *poor*

[2]criados   *service people*

[3]muere   *dies*

[4]sacerdotes   *priests*

[5]vida   *life*

[6]en aquella época   *at that time*

[7]rey   *king*

[8]súbditos   *subjects*

[9]no está de acuerdo   *he does not agree*

[10]no olvida   *he does not forget*

[11]se casa   *he gets married*

imagebroker/Alamy

La guerra de la Independencia

En 1810 Bolívar regresa a Venezuela. Toma parte en la rebelión contra los españoles. Se nombra a Bolívar general en 1812. En solo tres meses echa[12] a los españoles de Venezuela. En 1813 entra triunfante en Caracas y los venezolanos dan a Bolívar el título de «El Libertador».

Pero pronto llegan refuerzos[13] españoles y Bolívar tiene que tomar refugio en Santo Domingo. Organiza un nuevo ejército[14] y regresa una vez más a Venezuela donde es proclamado presidente de la República. La lucha o batalla por la independencia continúa. En 1819 con mucha dificultad Bolívar atraviesa los Andes. Derrota[15] a las fuerzas[16] españolas y funda la República de la Gran Colombia que hoy comprende Colombia, Venezuela y Ecuador. Acepta la presidencia de la nueva República. Luego pasa a Perú donde proclama la independencia sudamericana en las batallas de Junín y Ayacucho en 1824.

Después de la guerra

Después de su triunfo en Perú, el Libertador regresa a Colombia con su gran sueño[17] de ver unido todo el continente sudamericano en una sola confederación tan potente como Estados Unidos. Pero cuando llega a Colombia observa que hay mucha disensión política y la Gran Colombia empieza a desintegrarse en varias repúblicas. Bolívar muere en Santa Marta en la costa caribeña de Colombia. Muere de tuberculosis cuando tiene solo cuarenta y siete años. Bolívar, el gran Libertador, muere en la pobreza y completamente desilusionado por no realizar su ideal de convertir al continente sudamericano en una sola nación.

[12]echa   *he expels*
[13]refuerzos   *reinforcements*
[14]ejército   *army*
[15]Derrota   *He defeats*
[16]fuerzas   *forces*
[17]sueño   *dream*

CULTURA
Caracas, Venezuela

SIMÓN BOLÍVAR

Actividades

A Determina la idea o las ideas centrales de esta lectura. Luego compara tu conclusión con la de otros miembros de la clase. ¿Están ustedes de acuerdo?

B En (pequeños) grupos, tengan una discusión sobre la vida de Simón Bolívar y algunas de sus experiencias.

C Escribe una sinopsis de varias características de la personalidad de Simón Bolívar.

D Busca unos recursos secundarios e investiga las ideas de libertad que son imperantes (muy populares) en Francia y Estados Unidos durante la época. Discute las ideas con varios compañeros de clase. ¿Cómo son diferentes las ideas de esta época en España? Presenten un resumen (*summary*) de su discusión a la clase.

E En grupos de tres o cuatro discutan el gran sueño de Simón Bolívar. ¿Qué desea realizar? ¿Por qué muere desilusionado? ¿Qué causa la desilusión? ¿Están ustedes de acuerdo con el sueño de Bolívar o no?

F En la lectura hay varios asuntos importantes. Entablen (*Get involved*) en conversaciones que se dirigen a los asuntos más importantes de la selección.

G Busca el nombre completo actual de Venezuela. ¿Qué opinión tienes? Da tus opiniones. ¿Por qué tiene Venezuela tal nombre?

La Batalla de Ayacucho durante la Guerra de la Independencia

Bolívar
de Luis Lloréns Torres

INTRODUCCIÓN

Luis Lloréns Torres (1878–1944) es uno de los más famosos poetas de Puerto Rico. Además de otros asuntos dedica muchos de sus poemas a los héroes de la independencia latinoamericana. Su poema *Bolívar* es un magnífico ejemplo.

Bolívar

Político, militar, héroe, orador y poeta.
Y en todo, grande. Como las tierras[1] libertadas por él.
Por él, que no nació hijo de patria alguna[2],
sino que muchas patrias nacieron hijas dél.
5   Tenía la valentía del que lleva una espada[3].
Tenía la cortesía del que lleva una flor[4].
Y entrando en los salones, arrojaba[5] la espada.
Y entrando en los combates, arrojaba la flor.
Los picos del Ande no eran más, a sus ojos,
10   que signos admirativos de sus arrojos[6].
Fue un soldado poeta. Un poeta soldado.
Y cada pueblo libertado
era una hazaña[7] del poeta y era un poema del soldado
      Y fue crucificado…

[1]tierras *lands*
[2]patria alguna *any country*
[3]espada *sword*
[4]flor *flower*
[5]arrojaba *he threw away*
[6]arrojos *spoils*
[7]hazaña *deed*

CULTURA
Plaza Bolívar en Panamá

SIMÓN BOLÍVAR

Actividades

A En grupos pequeños van a iniciar y participar en una serie de discusiones con otros compañeros de clase. En las discusiones van a llegar a conclusiones colaborativas sobre los muchos aspectos de la personalidad de Simón Bolívar en este poema de Luis Lloréns Torres.

B Busca en el poema alusiones a Bolívar como un hombre elegante y galán y a Bolívar como un soldado y militar.

C **«Y fue crucificado»** En el poema el autor no indica cómo ni por qué fue *(was)* crucificado Bolívar. Pero usando la lectura *Simón Bolívar* como un recurso secundario explica en uno o dos párrafos *(paragraphs)* por qué Bolívar tiene la opinión que fue crucificado. Justifica tus opiniones. Luego presenta tus ideas a la clase.

CULTURA
Palacio Bolívar en Panamá

Andrew Payti

La familia

La familia es una de las instituciones básicas de la sociedad. En muchas sociedades, la anglosajona, por ejemplo, es la familia nuclear que tiene mucha importancia. La familia nuclear consta mayormente de abuelos, padres e hijos. En las culturas latinas la familia extendida es importantísima. Además de los abuelos, padres e hijos, la familia extendida incluye también a primos, tíos, yernos y nueras, cuñados, nietos y biznietos. A veces los primos se consideran como hermanos. Cuando hay una fiesta familiar acuden todos los parientes. Cuando un miembro de la familia se casa, la familia se hace más grande porque el matrimonio une o enlaza a dos familias.

CULTURA
Una niña con su abuelito

El compadrazgo

Entre muchas familias latinas, y las de otras etnias, hay una costumbre bastante antigua—el compadrazgo. Esta institución constituye una relación casi de parentesco entre el padrino[1], la madrina[2] y el ahijado o la ahijada. Comienza con la ceremonia del bautizo y perdura por toda la vida. El padrino y la madrina asumen la obligación de complementar a los padres naturales y sustituirlos en el caso de la muerte, por ejemplo. Los padres naturales, de los más humildes a los más ricos, tratan de seleccionar o escoger a padrinos y madrinas que pueden aceptar la responsabilidad de cuidar de[3] sus hijos si es necesario. A veces escogen a unos parientes y a veces escogen a unos amigos.

[1]padrino   *godfather*
[2]madrina   *godmother*
[3]cuidar de   *caring for*

CULTURA
Unos recién casados en México

Cambios sociales

Aunque[4] los lazos familiares continúan muy fuertes hay muchos cambios sociales actuales que tienen una influencia enorme en la estructura familiar en los países hispanos y en Estados Unidos.

La edad[5] legal para contraer matrimonio varía de un país o estado a otro. Actualmente los jóvenes no se casan tan jóvenes como antes. En algunos países el divorcio es ilegal pero en general el número de divorcios está en aumento. También está en aumento el número de familias que consta de solo la madre o el padre, en la mayoría de los casos la madre. La mayoría de los divorciados se casan de nuevo y establecen otra familia— llamada una familia recompuesta. La familia recompuesta es otra consecuencia del divorcio. Los niños de una familia recompuesta tienen que adaptarse a un padrastro o una madrastra, a unos hermanastros y en muchos casos a medios hermanos.

[4]Aunque   *Even though*   [5]edad   *age*

Actividades

A En términos claros explica la mayor diferencia entre la familia nuclear y la familia extendida según la lectura. Piensa en gente que conoces (*know*) que vive como una típica familia nuclear o una típica familia extendida. ¿Cuáles son algunas características diferentes de la manera de vivir entre estos dos tipos de familia? Haz unas investigaciones sobre temas como: con quiénes viven los mayores, cuándo dejan (*leave*) la casa de familia o el hogar familiar los jóvenes, cómo se celebran las fiestas importantes. Con lo que han aprendido (*have learned*) de sus investigaciones, tomen parte en una discusión. Cambien ideas e indiquen sus opiniones sobre las diferentes maneras de hacer la misma cosa. ¿Son las costumbres de tu familia más como las de una familia nuclear o extendida?

CULTURA
Un bautizo en Caracas, Venezuela

B Formen grupos y conversen sobre sus propias (*own*) costumbres. Establezcan quienes tienen una madrina o un padrino. ¿Cuáles son las religiones que practican el bautizo? ¿Hay estudiantes de otras religiones que tienen un rito similar al bautizo? Permítanles describirlo.

Kelli Drummer-Avendaño

C En grupos, reaccionen de una manera seria y den sus ideas pertinentes sobre el compadrazgo. Analícenlo desde diversas perspectivas. Justifiquen sus puntos de vista y defiéndanlos. Al final de la discusión preparen una sinopsis de las ideas—las ideas en pro y en contra.

D Históricamente en las comunidades indígenas de Latinoamérica no existe la institución del compadrazgo. En sus comunidades prevalece la endogamia. La endogamia es el matrimonio casi exclusivo entre los habitantes de la misma aldea (pueblo). Toda la comunidad es un tipo de familia grande y el espíritu comunal elimina la necesidad de tener un padre o una madre «adicional». Da una definición de «endogamia». Luego escribe un reportaje formal en el cual explicas la influencia y los resultados de la endogamia en la comunidad. Por fin, comenta sobre tu percepción de este fenómeno.

E ¿La endogamia puede o no puede existir en una sociedad superdesarrollada *(highly developed)*? En uno o dos párrafos, da tu opinión y defiende tu perspectiva de una manera objetiva.

F Introduce el tema «Cambios en la estructura familiar». Organiza el contenido y prepara titulares *(headlines)*, tablas y otros gráficos que ayudan a ilustrar tus puntos. Prepara una conclusión que confirma la información presentada en esta lectura. Luego presenta tu información a la clase.

G Como extensión del tema en esta lectura prepara una lista de otros cambios importantes en la estructura de la familia. Indica cuales consideras positivos y cuales consideras negativos. Cuando posible cita ejemplos que soportan tus opiniones o evaluaciones.

El Cid

INTRODUCCIÓN

No hay amor más perfecto que el amor que existe entre marido y mujer y padres e hijos. Es un amor de que se trata mucho en la literatura. Aquí tenemos un poema de un poeta anónimo del siglo XIII que canta las hazañas[1] del famoso héroe castellano Rodrigo Díaz de Vivar, El Cid. El poema revela que el Cid conoce y aprecia ese amor paternal. El rey destierra[2] al Cid. Camino del exilio pasa por donde están su mujer y sus hijos. El poeta describe la despedida[3].

[1]hazañas *deeds*   [3]despedida *farewell*
[2]destierra *exiles*

El Cid

El Cid a doña Jimena	la iba a abrazar[1]
doña Jimena al Cid	la mano va a besar[2]
llorando[3] con los ojos	que no sabe que hacer.
Y él a las niñas	las tomó a mirar
5 A Dios os encomiendo[4]	y al padre espiritual,
ahora nos partimos[5]	Dios sabe el ajuntar[6].
Llorando de los ojos	como no viste jamás
así parten unos de otros	como la uña[7] de la carne[8].

[1]abrazar *hug*   [5]nos partimos *we leave one another*
[2]besar *kiss*   [6]ajuntar *when we'll meet again*
[3]llorando *crying*   [7]uña *nail*
[4]os encomiendo *I give you* [8]carne *flesh*

Actividades

A Lee el poema más de una vez oral y silenciosamente. Cierra los ojos y forma un retrato mental. Luego escribe lo que ves. Enlaza *(Link)* los hechos y emociones importantes y expresa los sentimientos del poema en un tono apropiado.

B Este poema anónimo data del siglo XIII. Escríbelo de nuevo y cambia el escenario del siglo XIII a hoy.

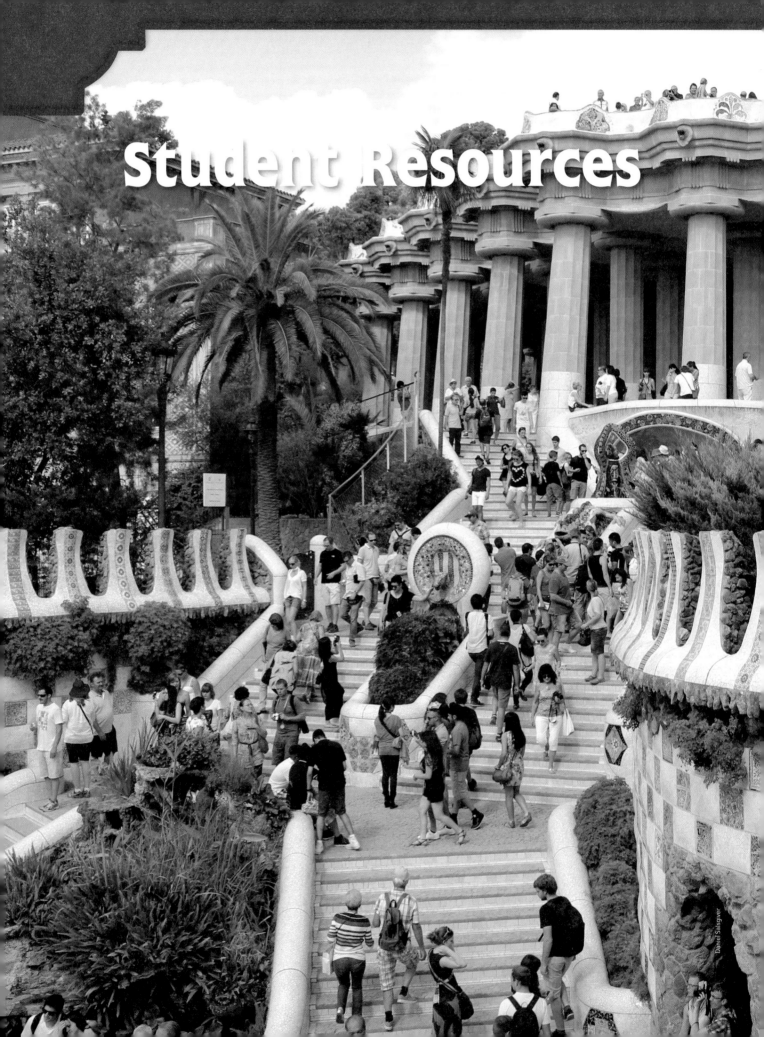

Student Resources

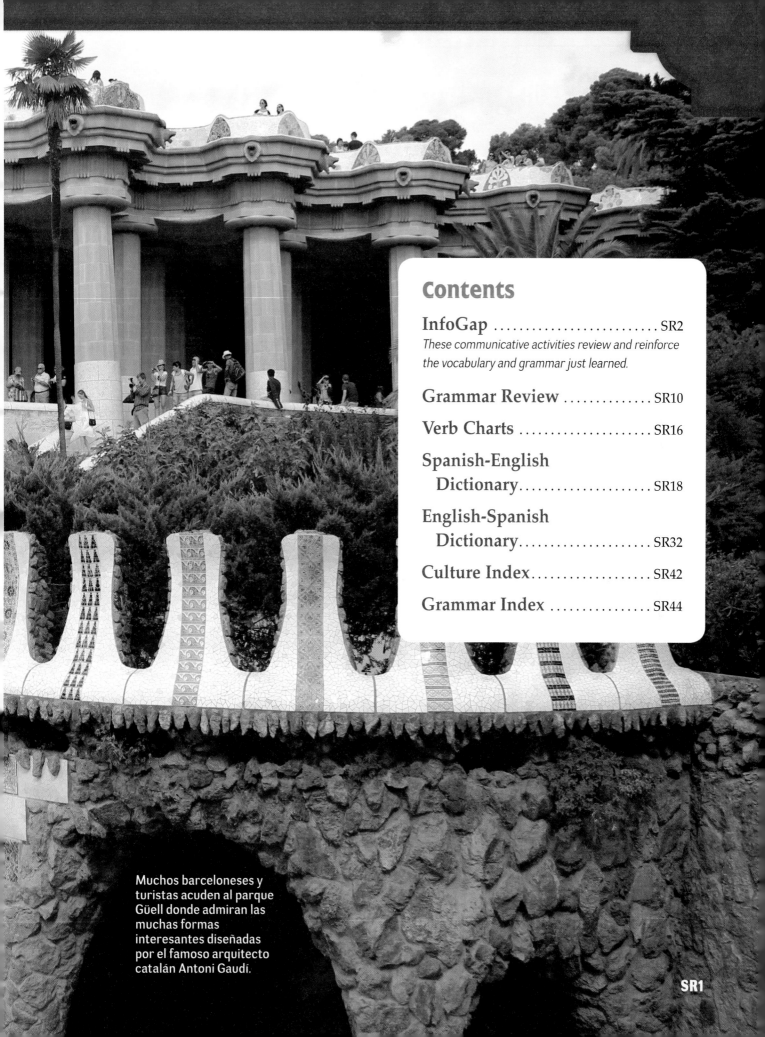

Contents

InfoGap SR2
These communicative activities review and reinforce the vocabulary and grammar just learned.

Grammar Review SR10

Verb Charts SR16

Spanish-English
Dictionary SR18

English-Spanish
Dictionary SR32

Culture Index SR42

Grammar Index SR44

Muchos barceloneses y turistas acuden al parque Güell donde admiran las muchas formas interesantes diseñadas por el famoso arquitecto catalán Antoni Gaudí.

InfoGap

Alumno A Ask your partner the following questions. Correct answers are in parentheses.

1. ¿Qué día es hoy? *(Hoy es lunes.)*

2. ¿Cuál es la fecha de hoy? *(Hoy es el seis de julio.)*

3. ¿Qué hora es? *(Son las nueve y cuarenta y cinco.)*

4. ¿Qué tiempo hace? *(Hace [mucho] calor.)* or *(Hace sol.)*

Alumno A Answer your partner's questions based on the pictures below.

1.

2.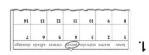

3.

4.

Alumno B Answer your partner's questions based on the pictures below.

1.

2.

3.

4.

Alumno B Ask your partner the following questions. Correct answers are in parentheses.

1. ¿Qué día es hoy? *(Hoy es jueves.)*

2. ¿Cuál es la fecha de hoy? *(Hoy es el diez de enero.)*

3. ¿A qué hora es la clase de español? *(La clase de español es a la una y cincuenta.)*

4. ¿Qué estación es? *(Es el otoño.)*

Activity 1

InfoGap

Cristina

Sara

Diana/Alejandro

Alberto

(Sí, Teresa es una amiga de Julio.)

5. ¿Es Teresa una amiga de Julio?

(Elena es seria.)

4. ¿Cómo es Elena, cómica o seria?

(Sí, Julio es un amigo de Teresa.)

3. ¿Es Julio un amigo de Teresa?

(Roberto es simpático.)

2. ¿Cómo es Roberto, simpático o antipático?

(Marta es morena.)

1. ¿Cómo es Marta, rubia o morena?

Alumno A Ask your partner the following questions. Correct answers are in parentheses.

Alumno A Answer your partner's questions based on the photos below.

Alumno B Answer your partner's questions based on the photos below.

Teresa/Julio

Elena

Roberto

Marta

Alumno B Ask your partner the following questions. Correct answers are in parentheses.

1. ¿Es Alejandro un amigo de Diana? *(Sí, Alejandro es un amigo de Diana.)*

2. ¿Cómo es Sara, graciosa o seria? *(Sara es graciosa.)*

3. ¿Cómo es Cristina, rubia o morena? *(Cristina es rubia.)*

4. ¿Cómo es Alberto, simpático o antipático? *(Alberto es simpático.)*

5. ¿Es Diana una amiga de Alejandro? *(Sí, Diana es una amiga de Alejandro.)*

InfoGap

InfoGap

Alumno A Ask your partner the following questions. Correct answers are in parentheses.

1. ¿Quién es la hermana de Juan?
   (Elisa es la hermana de Juan.)

2. ¿Quién es la madre de Carlos?
   (Ana es la madre de Carlos.)

3. ¿Cuántas mascotas tiene Elisa?
   (Elisa tiene dos mascotas.)

4. ¿Tiene nietos Antonio?
   (Sí, Antonio tiene nietos.)

Alumno A Answer your partner's questions based on the photo below.

(from left to right) Lucas Alba, Lila Alba, Marcos Alba, Jorge Alba, Víctor Alba, Duque

Alumno B Answer your partner's questions based on the picture below.

María · Carlos · Ana · Antonio · Juan · Elisa

Alumno B Ask your partner the following questions. Correct answers are in parentheses.

1. ¿Quién es el padre de Lucas?
   (Jorge es el padre de Lucas.)

2. ¿Tiene Víctor un perro?
   (Sí, Víctor tiene un perro.)

3. ¿Cuántos hijos tienen Lila y Jorge? *(Lila y Jorge tienen tres hijos.)*

4. ¿Quiénes son los hermanos de Marcos? *(Lucas y Víctor son los hermanos de Marcos.)*

Larry Hamill

Alumno A Ask your partner the following questions. Correct answers are in parentheses.

1. ¿Qué das al profesor? (*Doy un libro al profesor.*)

2. ¿Qué escuchas cuando estás en casa? (*Escucho la música cuando estoy en casa.*)

3. ¿Con quiénes hablan ustedes? (*Hablamos con nuestros amigos.*)

4. ¿Cuándo vas a la tienda? (*Voy a la tienda a las cuatro y veinte.*)

5. Profesores, ¿qué dan ustedes todos los viernes? (*Damos un examen todos los viernes.*) or (*Damos una prueba todos los viernes.*)

Alumno A Answer your partner's questions based on the photos below.

1.

2.

3.

4.

5.

Alumno B Answer your partner's questions based on the photos below.

1.

2.

3.

4.

5.

Alumno B Ask your partner the following questions. Correct answers are in parentheses.

1. ¿En qué clase estás a las diez? (*Estoy en la clase de ciencia a las diez.*)

2. ¿Con quiénes hablas cuando regresas a casa a pie? (*Hablo con mis amigas cuando regreso a casa a pie.*)

3. ¿A quién das el dinero? (*Doy el dinero a la empleada.*)

4. ¿Qué compras cuando vas a la tienda? (*Compro una carpeta cuando voy a la tienda.*)

5. ¿Dónde están ustedes y su gato? (*Estamos en la sala.*)

InfoGap

Activity 4

CAPÍTULO 4, Vocabulario 2

Alumno A Ask your partner the following questions. Correct answers are in parentheses.

1. ¿Qué toma Jaime? (*Jaime toma un batido de jugos tropicales.*)

2. ¿Qué lee Marisol? (*Marisol lee el menú.*)

3. ¿Qué va a comer Adriana? (*Adriana va a comer unos tostones.*)

4. ¿Quién habla con los amigos? (*El mesero habla con los amigos.*)

5. ¿Qué van a comer los amigos? (*Los amigos van a comer empanadas.*)

Alumno A Answer your partner's questions based on the photos below.

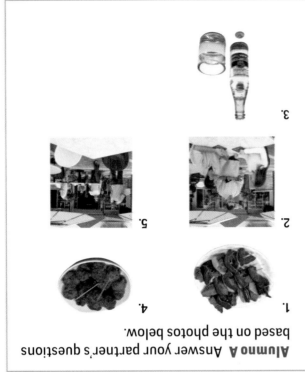

1.   2.   3.   4.   5.

Alumno B Answer your partner's questions based on the photos below.

1.

2.

3.

4.

5.

Alumno B Ask your partner the following questions. Correct answers are in parentheses.

1. ¿Qué va a comer José Luis?
   (*José Luis va a comer unos pinchitos.*)

2. ¿Qué escribe el mesero?
   (*El mesero escribe la orden.*)

3. ¿Qué toma Silvia? (*Silvia toma agua mineral con gas.*)

4. ¿Qué desean Ana y Pablo?
   (*Ana y Pablo desean unas albóndigas.*)

5. ¿Adónde van los amigos?
   (*Los amigos van al café.*)

InfoGap

Alumno A Ask your partner the following questions. Correct answers are in parentheses.

1. ¿Te interesa el béisbol?
(*No, no me interesa el béisbol. Me interesan el fútbol y el baloncesto.*)

2. ¿Te gustan los camarones?
(*No, no me gustan los camarones. Me gusta la carne.*)

3. ¿Te gusta la clase de arte?
(*No, no me gusta la clase de arte. Me gustan las ciencias.*)

4. ¿Te gusta comer pizza?
(*No, no me gusta comer pizza. Me gusta comer enchiladas.*)

Alumno A Answer **no** to your partner's questions and tell what you like or what interests you instead based on the cues below.

1. tu gato

2. los deportes de equipo

3. camarones

4. los estudios sociales

Alumno B Answer **no** to your partner's questions and tell what you like or what interests you instead based on the cues below.

1. el fútbol y el baloncesto

2. la carne

3. las ciencias

4. enchiladas

Alumno B Ask your partner the following questions. Correct answers are in parentheses.

1. ¿Te gustan mis perros? (*No, no me gustan tus perros. Me gusta tu gato.*)

2. ¿Te interesa el tenis?
(*No, no me interesa el tenis. Me interesan los deportes de equipo.*)

3. ¿Te gusta comer carne?
(*No, no me gusta comer carne. Me gusta comer camarones.*)

4. ¿Te interesa la clase de biología?
(*No, no me interesa la clase de biología. Me interesan los estudios sociales.*)

InfoGap

Activity 6

CAPÍTULO 6, Vocabulario 1, 2

Benito

el jugador

Jorge

Elena

Alumno A Answer your partner's questions based on the photos below.

Alumno A Ask your partner the following questions. Correct answers are in parentheses.

1. ¿Cómo es Armando, flexible o terco? *(Armando es terco.)*

2. ¿Cómo está Daniela, contenta o triste? *(Daniela está contenta.)*

3. ¿Está Natalia bien o enferma? *(Natalia está enferma.)*

4. ¿Cómo es Pepe, ambicioso o perezoso? *(Pepe es ambicioso.)*

Alumno B Answer your partner's questions based on the photos below.

Armando

Daniela

Natalia

Pepe

Alumno B Ask your partner the following questions. Correct answers are in parentheses.

1. ¿Cómo es Elena, bien educada o mal educada? *(Elena es bien educada.)*

2. ¿Cómo está Jorge, cansado o lleno de energía? *(Jorge está cansado.)*

3. ¿Está el jugador bien o enfermo? *(El jugador está bien.)*

4. ¿Está Benito de buen humor o de mal humor? *(Benito está de mal humor.)*

Grammar Review

Nouns and articles

Nouns and definite articles

A noun is the name of a person, place, or thing. Unlike English, all nouns in Spanish have a gender—either masculine or feminine. Almost all nouns that end in **-o** are masculine and almost all nouns that end in **-a** are feminine. Note that the definite article **el** is used with masculine nouns. The definite article **la** is used with feminine nouns.

MASCULINE	FEMININE
el muchacho	**la muchacha**
el libro	**la escuela**

Nouns that end in **-e** can be either masculine or feminine. It is necessary for you to learn the gender.

MASCULINE	FEMININE
el padre	**la madre**
el billete	**la carne**

Many nouns that end in **-e** and refer to a person can be either masculine or feminine.

el paciente   **la paciente**

It is also necessary to learn the gender of nouns that end in a consonant.

el comedor	**la flor**
el jamón	**la capital**

Note, however, that nouns that end in **-ción, -dad, -tad** are always feminine.

la habitación   **la universidad**   **la dificultad**

Irregular nouns

There are not many irregular nouns in Spanish. So far, you have learned **la mano, el problema,** and **la foto** (*from* **la fotografí**a).

Plural of nouns

To form the plural of nouns you add **-s** to nouns that end in a vowel. You add **-es** to nouns that end in a consonant. Note, too, that the definite articles **el** and **la** become **los** and **las** in the plural.

MASCULINE PLURAL	FEMININE PLURAL
los libros	**las novelas**
los coches	**las carnes**
los comedores	**las flores**

Nouns that end in **-ción** drop the accent in the plural.

la estación   **las estaciones**

Indefinite articles

The indefinite articles are *a, an,* and *some* in English. They are **un, una, unos, unas** in Spanish. Note that the indefinite article, like the definite article, must agree with the noun it modifies in both gender (masculine or feminine) and number (singular or plural).

SINGULAR		PLURAL	
un alumno	**una** alumna	**unos** alumnos	**unas** alumnas
un café	**una** clase	**unos** cafés	**unas** clases
un árbol	**una** flor	**unos** árboles	**unas** flores

Contractions

The prepositions **a** *(to, at)* and **de** *(of, from)* contract (combine) with the definite article **el** to form one word, **al** or **del.** There is no contraction with **la, los,** or **las.**

> **Voy al mercado; no vuelvo del mercado.**
> **Es el dinero del empleado, no del cliente.**

A personal

Remember that whenever a person is the direct object of the verb, it must be preceded by **a**. This **a personal** also contracts with **el**.

> **Conozco a Juan.**
> **Pero no conozco al hermano de Juan.**

Nouns and adjectives

Agreement of nouns and adjectives

An adjective is a word that describes a noun. An adjective must agree in gender (masculine or feminine) and number (singular or plural) with the noun it describes or modifies.

Adjectives that end in **-o** have four forms, the same as nouns that end in **-o.**

	SINGULAR	PLURAL
MASCULINE	**el muchacho simpático**	**los muchachos simpáticos**
FEMININE	**la muchacha simpática**	**las muchachas simpáticas**

Adjectives that end in **-e** have only two forms—singular and plural.

	SINGULAR	PLURAL
MASCULINE	**un alumno inteligente**	**los alumnos inteligentes**
FEMININE	**una alumna inteligente**	**las alumnas inteligentes**

Adjectives that end in a consonant have only two forms—singular and plural. Note that the plural ends in **-es.**

	SINGULAR	PLURAL
MASCULINE	**un curso fácil**	**dos cursos fáciles**
FEMININE	**una tarea fácil**	**dos tareas fáciles**

Possessive adjectives

A possessive adjective tells who owns or possesses something—*my* book and *your* pencil. Like other adjectives in Spanish, possessive adjectives agree with the noun they modify. Note that only **nuestro** and *vuestro* have four forms.

MASCULINE SINGULAR	FEMININE SINGULAR	MASCULINE PLURAL	FEMININE PLURAL
mi tío	**mi tía**	**mis tíos**	**mis tías**
tu tío	**tu tía**	**tus tíos**	**tus tías**
su tío	**su tía**	**sus tíos**	**sus tías**
nuestro tío	**nuestra tía**	**nuestros tíos**	**nuestras tías**
vuestro tío	*vuestra tía*	*vuestros tíos*	*vuestras tías*

Note that **su** can refer to many different people, as indicated below.

su familia

la familia de Juan	**la familia de él**
la familia de María	**la familia de ella**
la familia de Juan y María	**la familia de ellos**

la familia de usted

la familia de ustedes

Grammar Review

Pronouns

A pronoun is a word that replaces a noun. Review the forms of the pronouns that you have learned so far.

SUBJECT PRONOUNS	DIRECT OBJECT PRONOUNS	INDIRECT OBJECT PRONOUNS	REFLEXIVE PRONOUNS
yo	me	me	me
tú	te	te	te
Ud., él, ella	lo, la	le	se
nosotros(as)	nos	nos	nos
vosotros(as)	*os*	*os*	*os*
Uds., ellos, ellas	los, las	les	se

Remember that an object pronoun comes right before the verb.

Ella me ve.
Ella nos habla.

The direct object pronoun is the direct receiver of the action of the verb. The indirect object is the indirect receiver of the action of the verb.

The direct object pronouns **lo, la, los, las** can refer to a person or a thing.

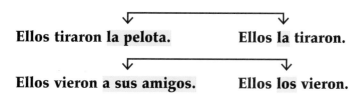

Ellos tiraron la pelota.   **Ellos la tiraron.**

Ellos vieron a sus amigos.   **Ellos los vieron.**

The indirect object pronouns **le, les** refer to people. They are often accompanied by a phrase for clarification.

Ella le habló }
a él.
a ella.
a usted.

Yo les hablé }
a ellos.
a ellas.
a ustedes.

Grammar Review

Verbs such as interesar, aburrir, gustar

In Spanish, the verbs **interesar** and **aburrir** take an indirect object.

La historia me interesa. ⎱
Me interesa la historia. ⎰   *History interests me.*

Los deportes no les aburren. ⎱
No les aburren los deportes. ⎰   *Sports don't bore them.*

Gustar functions the same as **interesar** and **aburrir.** It conveys the meaning *to like,* but it literally means *to please.*

Me			Me		
Te			Te		
Le	}	**gusta el helado.**	Le	}	**gustan los vegetales.**
Nos			Nos		
Les			Les		

Ice cream pleases
  me, you, him. . . .

Vegetables please
  me, you, him. . . .

Expressions with the infinitive

The infinitive is the form of the verb that ends in **-ar, -er,** or **-ir.** The infinitive often follows another verb.

Ellos quieren salir.
Yo debo estudiar más.
Me gusta leer.

Three very common expressions that are followed by the infinitive are:

Tener que *(to have to)*
  Tengo que trabajar y estudiar más.
Ir a *(to be going to)*
  Y voy a trabajar y estudiar más.
Acabar de *(to have just)*
  Acabo de recibir una nota mala.

You can use the expression **favor de** followed by an infinitive to ask someone in a polite way to do something.

Favor de escribir tu nombre.
Favor de ayudarme.

Note that the object pronoun is added to the end of the infinitive.

Grammar Review

Ser and estar

Spanish has two verbs that mean *to be.* They are **ser** and **estar** and each one has distinct uses.

Ser

You use **ser** to express a characteristic, where someone or something is from, or what something is made of.

Él es guapo. Es inteligente también.
Ellos son de Nuevo México.
Su casa es de adobe.

Estar

You use **estar** to express a condition or location.

Él está muy cansado y está triste también.
Madrid está en España.
Sus amigos están en Madrid.

Verbs

See the following charts for the verb forms you have learned.

Verb Charts

Regular verbs			
INFINITIVO	hablar *to speak*	comer *to eat*	vivir *to live*
PRESENTE	hablo hablas habla hablamos *habláis* hablan	como comes come comemos *coméis* comen	vivo vives vive vivimos *vivís* viven
PRETÉRITO	hablé hablaste habló hablamos *hablasteis* hablaron	comí comiste comió comimos *comisteis* comieron	viví viviste vivió vivimos *vivisteis* vivieron
PARTICIPIO PRESENTE	hablando	comiendo	viviendo

Stem-changing verbs (-ar and -er verbs)				
INFINITIVO	empezar (e→ie)[1] *to begin*	acostar(se) (o→ue) *to go to bed*	perder (e→ie)[2] *to lose*	volver (o→ue)[3] *to return*
PRESENTE	empiezo empiezas empieza empezamos *empezáis* empiezan	acuesto acuestas acuesta acostamos *acostáis* acuestan	pierdo pierdes pierde perdemos *perdéis* pierden	vuelvo vuelves vuelve volvemos *volvéis* vuelven

Stem-changing verbs (-ir verbs)		
INFINITIVO	preferir (e→ie) *to prefer*	dormir (o→ue)[4] *to sleep*
PRESENTE	prefiero prefieres prefiere preferimos *preferís* prefieren	duermo duermes duerme dormimos *dormís* duermen

[1]*Comenzar, sentar, pensar* are similar. [2]*Querer* and *entender* are similar. [3]*Poder* is similar.
[4]*Morir* is similar.

Irregular verbs

The following are the verbs you have already learned that are either irregular or have a spelling change.

	conocer *to know, to be familiar with*					
PRESENTE	conozco	conoces	conoce	conocemos	*conocéis*	conocen

	dar *to give*					
PRESENTE	doy	das	da	damos	*dais*	dan

	estar *to be*					
PRESENTE	estoy	estás	está	estamos	*estáis*	están

	ir *to go*					
PRESENTE	voy	vas	va	vamos	*vais*	van

	ser *to be*					
PRESENTE	soy	eres	es	somos	*sois*	son

	tener *to have*					
PRESENTE	tengo	tienes	tiene	tenemos	*tenéis*	tienen

	ver *to see*					
PRESENTE	veo	ves	ve	vemos	*veis*	ven

Spanish-English Dictionary

This Spanish-English Dictionary contains all productive and some receptive vocabulary from the text. The numbers following each productive entry indicate the chapter and vocabulary section in which the word is introduced. For example, 3.2 means that the word is taught in **Capítulo 3, Vocabulario 2.** *LP refers to the* **Lecciones preliminares.** *If there is no number following an entry, this means that the word or expression is there for receptive purposes only.*

A

a at
  a eso de las tres (cuatro, diez, etc.) at around three (four, ten, etc.) o'clock
  a la una (a las dos, a las tres) at one o'clock (two o'clock, three o'clock), **LP**
  ¿a qué hora? at what time?, **LP**
  a veces at times, sometimes, **6.1**
  abajo: (ir) para abajo (to go) down
  abreviado(a) abbreviated, shortened
el **abrigo** coat
abril April, **LP**
abrir to open, **4.2**
la **abuela** grandmother, **2.1**
el **abuelo** grandfather, **2.1**
los **abuelos** grandparents, **2.1**
abundoso(a) abundant
aburrido(a) boring, **1.2**
aburrir to bore
acabar de to have just (done something), **4.2**
la **academia** school
el **aceite** oil
la **aceituna** olive, **4.2**
el **acento** accent
acompañado(a) de accompanied by
acordarse (ue) to remember
  ¿Te acuerdas? Do you remember?
la **actividad** activity
actual present-day, current
actuar to act, to take action
acuerdo: estar de acuerdo con to agree with
adelante ahead
  ir hacia adelante to move forward, ahead
además furthermore, what's more; besides
  además de in addition to

¡Adiós! Good-bye!, **LP**
adivinar to guess
¿adónde? (to) where?, **3.2**
el/la **aficionado(a)** fan, **5.1**
afine: la palabra afine cognate
las **afueras** suburbs, **2.2**
agosto August, **LP**
agradable pleasant, friendly, agreeable, **6.1**
agresivo(a) aggressive
el **agua** (f.) water, **4.1**
  el agua mineral (con gas) (sparkling) mineral water, **4.2**
ahora now
el **aire** air
aislado(a) isolated
el **albergue juvenil** youth hostel
la **albóndiga** meatball, **4.2**
el **álbum** album
alcanzar to reach
la **alcoba** bedroom, **2.2**
la **aldea** small village
alegre happy, **6.1**
la **alegría** happiness, joy
alemán(ana) German
los **alemanes** Germans
algunos(as) some
allí there
el **alma** (f.) soul
el **almuerzo** lunch, **4.1**
  tomar el almuerzo to have lunch, **4.1**
alpino: el esquí alpino downhill skiing
alrededor de around, **2.2**
los **alrededores** surroundings
altivo(a) arrogant
alto(a) tall, **1.1**; high, **3.1**
la **altura** altitude
el/la **alumno(a)** student, **1.2**
amarillo(a) yellow, **5.1**
la **ambición** ambition
ambicioso(a) hard-working, **1.2**
el **ambiente** atmosphere, environment

la **América del Sur** South America
americano(a) American
el/la **amigo(a)** friend, **1.1**
  el amigo falso false cognate, **2.1**
el **amor** love
amurallado(a) walled
anaranjado(a) orange *(color)*, **5.1**
ancho(a) wide
andino(a) Andean, of the Andes
la **angustia** distress, anguish
animado(a) lively
el **animal** animal
anónimo(a) anonymous
antes de before, **3.2**
los **antibióticos** antibiotics
antiguo(a) ancient, old
antipático(a) unpleasant, not nice **1.1**
los **antojitos** snacks, nibbles, **4.2**
anunciar to announce
el **anuncio** announcement
el **año** year, **LP**
  ¿Cuántos años tiene? How old is he (she)?, **2.1**
  cumplir... años to be (turn) . . . years old
la **apariencia** appearance, looks
  ¿Qué apariencia tiene? What does he (she) look like?
el **apartamento** apartment, **2.2**
el **apartamiento** apartment, **2.2**
apetecer to feel like, to crave
aplaudir to applaud, to clap, **5.1**
el **aplauso** applause, **5.1**
  recibir aplausos to be applauded, **5.1**
apreciado(a) appreciated, liked
aprender to learn, **4.2**
aproximadamente approximately
aragonés(esa) from Aragon *(Spain)*

el **árbol** tree, **2.2**

argentino(a) Argentine

árido(a) dry, arid

la **aritmética** arithmetic

la **arqueología** archaeology

el **arroz** rice, **4.1**

el **arte** art, **1.2**

el/la **artista** artist

la **ascendencia** heritage, background

así thus, so

astuto(a) astute, smart

la **atención** attention

¡Atención! Careful!

prestar atención to pay attention, **3.1**

el/la **atleta** athlete

atrapar to catch, **5.2**

el **atributo** attribute, positive feature

aun even

aún still

ausente absent

auténtico(a) authentic, real

la **autopista** highway

el/la **autor(a)** author

la **avenida** avenue

la **aventura** adventure

la **avioneta** small airplane

la **ayuda** help, assistance

azul blue, **2.1**

el **azulejo** glazed tile, floor tile

el **bacón** bacon, **4.1**

el/la **bailador(a)** dancer

bailar to dance

bajo(a) short, **1.1**; low, **3.1**

el **balcón** balcony

el **balón** ball, **5.1**

el **baloncesto** basketball, **5.2**

la **bandera** flag

bañarse to take a bath, to bathe oneself

el **baño** bath

el **cuarto de baño** bathroom, **2.2**

la **barbacoa** barbecue

¡Bárbaro! Great!, Awesome!, **5.2**

el **barrio** neighborhood, area

la **base** base, **5.2**

el **básquetbol** basketball, **5.2**

la **cancha de básquetbol** basketball court, **5.2**

bastante rather, quite, **1.2**

la **batalla** battle

el **bate** bat, **5.2**

el/la **bateador(a)** batter, **5.2**

batear to hit, to bat, **5.2**

batear un jonrón to hit a home run

el **batido** shake, smoothie, **4.2**

beber to drink, **4.1**

la **bebida** beverage, drink, **4.1**

el **béisbol** baseball, **5.2**

el/la **beisbolista** baseball player, **5.2**

el **campo de béisbol** baseball field, **5.2**

la **belleza** beauty

bello(a) beautiful

la **bicicleta** bicycle, **2.2**

bien well, fine, **LP**

bien educado(a) polite, well-mannered, **6.1**

estar bien to be well, fine, **6.2**

Muy bien. Very well., **LP**

bienvenido(a) welcome

el **bife** beef

el **biftec** steak

la **biología** biology

el/la **biólogo(a)** biologist

el **bizcocho** cake

blanco(a) white, **5.1**

blando(a) soft

bloquear to block, **5.1**

la **blusa** blouse, **3.1**

la **boca** mouth, **6.2**

el **bocadillo** sandwich, **4.1**

los **bocaditos** snacks

la **bodega** grocery store

el **bolígrafo** pen, **3.1**

el **bolívar** bolivar (*currency of Venezuela*)

la **bombilla** (*drinking*) container

bonito(a) pretty, **1.1**

el **bosque** woods

bravo(a) rough, stormy

bueno(a) good, **1.1**

Buenas noches. Good evening., **LP**

Buenas tardes. Good afternoon., **LP**

Buenos días. Good morning., **LP**

Hace buen tiempo. The weather is nice., **LP**

sacar notas buenas to get good grades, **3.1**

el **burrito** burrito

el **bus** bus

el **bus escolar** school bus, **3.2**

tomar el bus to take the bus

buscar to look for, to seek, **3.2**

el **caballero** gentleman

el **caballero andante** knight errant

el **caballo** horse

la **cabeza** head, **6.2**

tener dolor de cabeza to have a headache, **6.2**

la **cabina de mando** cockpit (*airplane*)

el **cacahuete** peanut

el **cacique** leader, chief

cada each, every, **2.2**

caer to fall

el **café** café, **4.2**; coffee, **4.1**

la **cafetería** cafeteria, **4.1**

la **caída** drop

la **caja** cash register, **3.2**

los **calcetines** socks, **5.1**

la **calculadora** calculator, **3.1**

caliente hot, **4.1**

el **chocolate caliente** hot chocolate, **4.1**

la **calle** street

calmo(a) calm, **6.1**

el **calor** heat

Hace calor. It's hot., **LP**

la **cama** bed, **2.2**

guardar cama to stay in bed (*illness*), **6.2**

el/la **camarero(a)** waiter (waitress), server

los **camarones** shrimp, **4.2**

cambiar to change

el **camino** road

tomar el camino to set out for

la **camisa** shirt, **3.1**

la **camiseta** T-shirt, **5.1**

el/la **campeón(ona)** champion

el/la **campesino(a)** farmer, peasant

el **campo** field, **5.1**; country, countryside

el **campo de béisbol** baseball field, **5.2**

el **campo de fútbol** soccer field, **5.1**

la **canasta** basket, **5.2**

la **cancha** court, **5.2**

la **cancha de básquetbol (tenis)** basketball (tennis) court, **5.2**

la **canción** song

el **cangrejo de río** crayfish

cansado(a) tired, **6.1**

la **cantidad** quantity, amount

la **cantina** cafeteria

la **capital** capital

la **cara** face, **6.1**

Spanish-English Dictionary

la **característica** feature, trait

cargado(a) thrown (over one's shoulders)

caribe Caribbean

el mar Caribe Caribbean Sea

cariñoso(a) adorable, affectionate, **2.1**

la **carne** meat, **4.1**

la **carpeta** folder, **3.2**

la **carrera** career

el **carro** car, **2.2**

la **carta** letter

la **casa** house, **2.2**

en casa at home

regresar a casa to go home, **3.2**

la casa de apartamentos apartment building, **2.2**

casarse to get married

el **casco antiguo** old (part of) town

el **caso** case

castaño(a) brown, chestnut *(eyes, hair)*, **2.1**

catarro: tener catarro to have a cold, **6.2**

el/la **cátcher** catcher, **5.2**

catorce fourteen, **LP**

cautivar to captivate, to charm

el **CD** CD

celebrar to celebrate

el **celular** cell phone

la **cena** dinner, **4.1**

cenar to have dinner, **4.1**

el **cenote** natural water well

cerca (de) near, **3.2**

el **cereal** cereal, **4.1**

cero zero, **LP**

el **cesto** basket, **5.2**

¡Chao! Good-bye!, Bye!, **LP**

chileno(a) Chilean

el **chiringuito** refreshment stand

el **chisme** rumor, gossip

el **chocolate** chocolate, **4.1**

el chocolate caliente hot chocolate, **4.1**

el **churro** *(type of)* doughnut

ciego(a) blind

el/la **ciego(a)** blind man (woman)

el **cielo** sky

cien(to) one hundred, **LP**

la **ciencia** science, **1.2**

cierto(a) true, certain

cinco five, **LP**

cincuenta fifty, **LP**

la **ciudad** city, **2.2**

la **civilización** civilization

claro(a) clear

claro que of course

la **clase** class, **1.2**

el/la **cliente(a)** customer, **4.2**

el **clima** climate

el **coche** car

la **cocina** kitchen, **2.2**; cooking, cuisine

la **cola** cola (soda), **4.1**

el **colegio** secondary school

la **colocación** placement

colocar to place, to put

colombiano(a) Colombian, **1.2**

colonial colonial

el **color** color, **5.1**

de color marrón brown, **5.1**

el **comedor** dining room, **2.2**

comenzar (ie) to begin

comer to eat, **4.1**

dar de comer a to feed

cómico(a) funny, comical, **1.1**

la **comida** meal, **4.1**; food

como like, as

¿cómo? how?, **1.1**

¿Cómo es él? What's he like? What does he look like?, **1.1**

¡Cómo no! Sure! Of course!

el/la **compañero(a)** companion

comparar to compare

compartir to share

completar to complete, to fill in

el **comportamiento** behavior, conduct, **6.1**

la **composición** composition

el/la **comprador(a)** shopper, customer

comprar to buy, **3.2**

comprender to understand, **4.2**

la **computadora** computer, **3.2**

con with

con frecuencia often

el **condominio** condominium

la **conducta** conduct, behavior, **6.1**

tener buena conducta to be well-behaved, **6.1**

conectado(a) on-line, connected

la **conexión** connection

conforme: estar conforme to agree, to be in agreement

confortar to soothe

conocido(a) known

consecuencia: por consecuencia as a result, consequently

el/la **consejero(a)** counselor

considerar to consider

consiguiente: por consiguiente consequently

la **consonante** consonant

la **consulta** doctor's office, **6.2**

consultar to consult

el **consultorio** doctor's office, **6.2**

contagioso(a) contagious

contar (ue) to tell, to count

contemporáneo(a) contemporary

contento(a) happy, **6.1**

contestar to answer, **3.1**

el **continente** continent

contra against

contrario(a) opposite; opposing

al contrario on the contrary

contrastar to contrast

la **conversación** conversation

conversar to converse

copa: la Copa Mundial World Cup

el **corazón** heart

el **correo electrónico** e-mail, **3.2**

correr to run, **5.2**

la **cortesía** courtesy, **LP**

corto(a) short, **5.1**

el pantalón corto shorts, **5.1**

la **cosa** thing, **3.1**

la **costa** coast

¿Cuánto cuesta? How much does it cost?, **3.2**

costarricense Costa Rican

la **costumbre** custom

crear to create

creer to believe, to think

Creo que sí (que no). I (don't) think so.

el/la **criado(a)** housekeeper

criticar to criticize

el **cuaderno** notebook, **3.1**

¿cuál? which? what?

¿Cuál es la fecha de hoy? What is today's date?, **LP**

cualquier(a) any

cualquier otro(a) any other

SR20

STUDENT RESOURCES

cuando when, **3.1**

¿cuándo? when?, **3.2**

¿cuánto? how much?

¿Cuánto es? How much is it (does it cost)?, **LP**

¿cuántos(as)? how much? how many?, **2.1**

¿Cuántos años tiene? How old is he (she)?, **2.1**

cuarenta forty, **LP**

el cuarto room, **2.2**; quarter

el cuarto de baño bathroom, **2.2**

el cuarto de dormir bedroom, **2.2**

y cuarto a quarter past (the hour), **LP**

cuatro four, **LP**

cuatrocientos(as) four hundred

cubano(a) Cuban

cubanoamericano(a) Cuban American

cubierto(a) covered; indoor

la cuenca basin (*river*)

la cuenta check (*restaurant*), **4.2**; account

por su cuenta on its own

tomar en cuenta to take into account

el cuerdo string

la culpa blame, guilt

la cultura culture

cumplir... años to be (turn) ... years old

cumplir un sueño to fulfill a wish, to make a wish come true

el curso class, course, **1.2**

dar to give, **3.1**

dar de comer a to feed

dar un examen (una prueba) to give a test, **3.1**

los datos data, facts

de of, from

¿de dónde? from where?, **1.1**

De nada. You're welcome., **LP**

¿de qué nacionalidad? what nationality?, **1.1**

No hay de qué. You're welcome., **LP**

deber to have to, must, **4.2**

decidir to decide

la decisión decision

tomar una decisión to make a decision

dedicado(a) devoted

el defecto defect

definido(a) definite

dejar to leave (something)

delante de in front of, **2.2**

demás: lo(s) demás the rest

demasiado too (*adv.*), too much

dental: la crema dentífrica: la pasta dentífrica toothpaste

dentro de within

el departamento apartment, **2.2**

el departamento de orientación guidance office

el/la dependiente(a) salesperson, employee

el deporte sport, **5.1**

el deporte de equipo team sport

el deporte individual individual sport

deportivo(a) (*related to*) sports

deprimido(a) sad, depressed, **6.1**

desafortunadamente unfortunately

desagradable unpleasant, not nice

el desastre disaster

desastroso(a) disastrous, catastrophic

el desayuno breakfast, **4.1**

tomar el desayuno to have breakfast, **4.1**

desconsolado(a) very sad

describir to describe

la descripción description

desde since; from

desear to want, to wish, **4.2**

¿Qué desean tomar? What would you like (to eat)?, **4.2**

desembarcar to deplane, disembark

el deseo wish, desire

desesperado(a) desperate

el desfile parade

el desierto desert

después (de) after, **3.1**

detrás de in back of, behind, **2.2**

devolver (ue) to return (*something*), **5.2**

el día day

Buenos días. Good morning., **LP**

¿Qué día es hoy? What day is it today?, **LP**

el diablo devil

el diagnóstico diagnosis

el dibujo drawing, illustration

diciembre December, **LP**

el dictado dictation

diecinueve nineteen, **LP**

dieciocho eighteen, **LP**

dieciséis sixteen, **LP**

diecisiete seventeen, **LP**

diez ten, **LP**

de diez en diez by tens

la diferencia difference

difícil difficult, **1.2**

la dificultad difficulty

sin dificultad easily

dinámico(a) dynamic, **6.1**

el dinero money, **3.2**

la dirección address; direction

disfrutar (de) to enjoy

disponible available

el distrito district, area, section

divertido(a) fun, amusing

divino(a) divine, heavenly

dobles doubles (*tennis*), **5.2**

doce twelve, **LP**

el dólar dollar

doler (ue) to ache, hurt, **6.2**

Me duele(n)... My . . . ache(s)., **6.2**

el dolor pain, ache, **6.2**

tener dolor de cabeza to have a headache, **6.2**

tener dolor de estómago to have a stomachache, **6.2**

tener dolor de garganta to have a sore throat, **6.2**

domesticado(a) domesticated

el domingo Sunday, **LP**

dominicano(a) Dominican

la República Dominicana Dominican Republic

¿dónde? where?, **1.1**

¿de dónde? from where?, **1.1**

dormir (ue) to sleep

el cuarto de dormir bedroom, **2.2**

el dormitorio bedroom

dos two

doscientos(as) two hundred

driblar to dribble, **5.2**

la duda doubt

el dulce sweet

durante during, **3.2**

durar to last

duro(a) hard, difficult, **1.2**

el DVD DVD, **3.2**

Spanish-English Dictionary

E

económico(a) inexpensive
ecuatoriano(a) Ecuadoran, **1.1**
la edad age
el edificio building, **2.2**
la educación education
la educación física physical education, **1.2**
educado(a) mannered
estar bien (mal) educado(a) to be polite (rude), **6.1**
egoísta selfish, egotistical
el ejemplo example
por ejemplo for example
el the
él he
el correo electrónico e-mail, **3.2**
ella she
ellos(as) they
el e-mail e-mail
emocionante moving; exciting
la empanada meat pie, **4.2**
empezar (ie) to begin, **5.1**
el/la empleado(a) salesperson, employee, **3.2**
empujar to push
en in
en casa at home
enamorado(a) de in love with
encantar to love, to adore
encerrar (ie) to enclose
encestar to make a basket (basketball), **5.2**
encima: por encima de above, over, **5.2**
encontrar (ue) to find, encounter
encontrarse (ue) to be found
la encuesta survey
energético(a) energetic, **6.1**
la energía energy, **6.1**
enero January, **LP**
enfadado(a) angry, mad, **6.1**
enfadar to make angry, to annoy, **6.1**
la enfermedad illness
el/la enfermero(a) nurse, **6.2**
enfermo(a) ill, sick, **6.2**
el/la enfermo(a) sick person
enlazar to connect

enojado(a) angry, mad, annoyed, **6.1**
enojar to make angry, to annoy, **6.1**
enorme enormous
la ensalada salad, **4.1**
enseguida right away, **4.2**
enseñar to teach, **3.1**; to show
entero(a) entire, whole
enterrar (ie) to bury
entrar to enter, to go into, **5.1**
entre between, among
el/la entrenador(a) coach, manager
entusiasmado(a) enthusiastic
el entusiasmo enthusiasm, **6.1**
enviar to send, **3.2**
la época times, period
el equipo team, **5.1**; equipment
el deporte de equipo team sport
la escena scene
escoger to choose
escolar (related to) school
el bus escolar school bus, **3.2**
los materiales escolares school supplies, **3.1**
escribir to write, **4.2**
escrito(a) written
escuchar to listen (to), **3.2**
la escuela school, **1.2**
la escuela primaria elementary school
la escuela secundaria secondary school, high school, **1.2**
ese(a) that, that one
eso: a eso de at about (time)
por eso for this reason, that is why
España Spain
español(a) Spanish (adj.)
el/la español(a) Spaniard
el español Spanish (language), **1.2**
la especia spice
especialmente especially
el espectáculo show, spectacle
el/la espectador(a) spectator
la esplendidez splendor
espontáneo(a) spontaneous
la esposa wife, **2.1**
el esposo husband, **2.1**
establecer to establish
la estación season, **LP**

¿Qué estación es? What season is it?, **LP**
el estadio stadium
Estados Unidos United States
estar to be, **3.1**
el este east
estereofónico(a) stereo
el estómago stomach, **6.2**
el dolor de estómago stomachache, **6.2**
estrecho(a) narrow
el estrés stress, **6.2**
el/la estudiante student
estudiar to study, **3.1**
el estudio study
los estudios sociales social studies, **1.2**
estupendo(a) terrific, stupendous
la etnia ethnicity, ethnic group
el euro euro (currency of most of the countries of the European Union)
el evento event
el examen test, exam, **3.1**
el examen físico physical, **6.2**
examinar to examine, **6.2**
excelente excellent
la excepción exception
la excursión excursion, outing
el/la excursionista hiker
existir exist
el éxito success, **6.1**
tener éxito to succeed, to be successful, **6.1**
exótico(a) exotic
explicar to explain
el/la explorador(a) explorer
la expresión expression
extranjero(a) foreign
extraordinario(a) extraordinary

F

fabuloso(a) fabulous
fácil easy, **1.2**
la falda skirt, **3.1**
falso(a) false
faltar to be lacking, not to have, **6.1**
Le falta paciencia. He (She) has no patience., **6.1**
la familia family, **2.1**
familiar (related to the) family

Spanish-English Dictionary

los **familiares** family members
famoso(a) famous
la **fantasía** fantasy
fantástico(a) fantastic
el/la **farmacéutico(a)** pharmacist
la **farmacia** pharmacy,
drugstore, **6.2**
el **favor** favor
por favor please, **LP**
favorito(a) favorite
febrero February, **LP**
la **fecha** date, **LP**
¿Cuál es la fecha de hoy?
What is today's date?, **LP**
feliz happy
feo(a) unattractive, ugly, **1.1**
la **fiebre** fever, **6.2**
tener fiebre to have a fever,
6.2
la **fila** line (of people)
estar en fila to wait in line
el **film** film, movie
el **fin** end
por fin finally
final: al final de at the end of
fingir to pretend
físico(a) physical
la apariencia física physical
appearance, looks
la educación física physical
education, **1.2**
flaco(a) thin
el **flan** flan, custard, **4.1**
la **flauta** flute
la **flecha** arrow
flexible open-minded,
flexible, **6.1**
la **flor** flower, **2.2**
la **fogata** bonfire, campfire
formar to form, to put together
el **francés** French (language), **1.2**
el **franciscano** Franciscan
la **frase** sentence
frecuencia: con frecuencia
often, frequently
fresco(a) cool, **LP**; fresh
Hace fresco. It's cool
(weather)., **LP**
los **frijoles** beans, **4.1**
frío(a) cold, **4.2**
Hace frío. It's cold
(weather)., **LP**
el **frío** cold
frito(a) fried
las patatas (papas) fritas
french fries, **4.1**
la **frontera** border
la **fuente** fountain
fuera de outside
fuerte strong; substantial

el **fútbol** soccer, **5.1**
el campo de fútbol soccer
field, **5.1**
el fútbol americano football
el/la **futbolista** soccer (football)
player

el **galán** elegant man, heartthrob
gallardo(a) brave, dashing
la **gamba** shrimp, prawn
ganar to win, **5.1;** to earn
el **garaje** garage, **2.2**
la **garganta** throat, **6.2**
el dolor de garganta sore
throat, **6.2**
el **gas: el agua mineral con
gas** carbonated (sparkling)
mineral water, **4.1**
la **gaseosa** soda, carbonated
drink, **4.1**
gastar to spend, to waste
el/la **gato(a)** cat, **2.1**
el/la **gemelo(a)** twin, **2.1**
general general
en general in general
por lo general generally
speaking, as a rule
la **geografía** geography
el **gimnasio** gym(nasium)
la **gitanilla** little gypsy
el **globo** balloon
el **gobierno** government
el **gol** goal, **5.1**
meter un gol to score a
goal, **5.1**
golpear to hit (a ball), **5.2**
gordo(a) fat
gozar de to enjoy
Gracias. Thank you., **LP**
dar gracias a to thank
gracioso(a) funny, **1.1**
gran, grande big, large, **1.2**
grave serious
gris gray, **5.1**
gritar to yell
la **guagua** bus
el **guante** glove, **5.2**
guapo(a) attractive, good-
looking, **1.1**
guardar to guard, **5.1**
guardar cama to stay in
bed (illness), **6.2**
la **guardería** shelter
guatemalteco(a) Guatemalan,
1.1
la **guerra** war
el **guerrero** warrior
el/la **guía** guide

la **guía** guidebook
la **guitarra** guitar
gustar to like, to be pleasing
to, **5.1**
el **gusto** pleasure; like; taste
Mucho gusto. Nice (It's a
pleasure) to meet you., **1.2**

la **habitación** bedroom
el/la **habitante** inhabitant
hablar to speak, to talk, **3.1**
hablar en el móvil to talk
on the cell phone
hablar por teléfono to talk
on the phone
¿Hablas en serio? Are you
serious?
Hace buen tiempo. The
weather is nice., **LP**
Hace (mucho) calor. It's
(very) hot (weather)., **LP**
Hace fresco. It's cool
(weather)., **LP**
Hace frío. It's cold
(weather)., **LP**
Hace mal tiempo. The
weather is bad., **LP**
Hace sol. It's sunny., **LP**
Hace viento. It's windy., **LP**
el **hambre** (f.) hunger
tener hambre to be hungry,
4.1
la **hamburguesa** hamburger, **4.1**
la **harina** flour
hasta until; up to; as far as
¡Hasta luego! See you
later!, **LP**
¡Hasta mañana! See you
tomorrow!, **LP**
¡Hasta pronto! See you
soon!, **LP**
hay there is, there are, **2.2**
Hay sol. It's sunny., **LP**
No hay de qué. You're
welcome., **LP**
¿Qué hay? What's new
(up)?
la **hazaña** achievement
el **hecho** fact
el **helado** ice cream, **4.1**
la **hermana** sister, **2.1**
la **hermanastra** stepsister, **2.1**
el **hermanastro** stepbrother, **2.1**
el **hermano** brother, **2.1**
hermoso(a) beautiful
el **héroe** hero
la **heroína** heroine

Spanish-English Dictionary

las **hierbas** herbs
la **hija** daughter, **2.1**
el **hijo** son, child, **2.1**
   el hijo único only child, **2.1**
los **hijos** children, **2.1**
hispano(a) Hispanic
hispanohablante Spanish-speaking
el/la **hispanohablante** Spanish speaker
la **historia** history, **1.2**
la **hoja de papel** sheet of paper, **3.1**
¡Hola! Hello!, **LP**
el **hombre** man
el **hombro** shoulder
honesto(a) honest
¿a qué hora? at what time?, **LP**
¿Qué hora es? What time is it?, **LP**
hoy today, **LP**
   ¿Cuál es la fecha de hoy? What's today's date?, **LP**
   hoy en día nowadays
   ¿Qué día es hoy? What day is it today?, **LP**
el **huevo** egg, **4.1**
humanitario(a) humanitarian
humilde humble
el **humor** mood; humor
   estar de buen (mal) humor to be in a good (bad) mood, **6.1**
   tener un buen sentido de humor to have a good sense of humor, **6.1**
el **huso horario** time zone

la **idea** idea
identificar to identify
la **iglesia** church
igual que as well as
impaciente impatient, **6.1**
importa: No importa. It doesn't matter.
la **importancia** importance
importante important
imposible impossible
incluir to include
   ¿Está incluido el servicio? Is the tip included?, **4.2**
increíble incredible
indicar to indicate

el/la **indígena** indigenous person
individual: el deporte individual individual sport
individuales singles (*tennis*), **5.2**
industrializado(a) industrialized
la **infinidad** infinity
la **influencia** influence
la **información** information, **3.2**
el **inglés** English (*language*), **1.2**
inhóspito(a) inhospitable
inmenso(a) immense
inteligente intelligent, **1.2**
el **interés** interest
interesante interesting, **1.2**
interesar to interest, **5.1**
el **Internet** the Internet, **3.2**
   navegar el Internet to surf the Net, **3.2**
intervenir (ie) to intervene
la **introducción** introduction
el **invierno** winter, **LP**
el/la **invitado(a)** guest
invitar to invite
ir to go, **3.2**
   ir a to be going to (do something), **4.1**
   ir a casa to go home, **3.2**
   ir a pie to go on foot, **3.2**
la **isla** island
el **istmo** isthmus
italiano(a) Italian

el **jabón** soap
el **jamón** ham, **4.1**
   el sándwich de jamón y queso ham and cheese sandwich, **4.1**
el **jardín** garden, **2.2**
el/la **jardinero(a)** outfielder, **5.2**
el **jonrón** home run
   batear un jonrón to hit a home run
joven young, **1.1**
el/la **joven** young person, **1.1**
el **juego** game, **5.1**
el **jueves** Thursday, **LP**
el/la **jugador(a)** player, **5.1**
   jugar (ue) to play (*sport*), **5.1**
el **jugo** juice, **4.1**
   el jugo de naranja orange juice, **4.1**
julio July, **LP**

junio June, **LP**
juntos(as) together

la **the**
el **laboratorio** lab(oratory)
laborioso(a) hardworking
el **lado** side
   al lado de beside, next to, **2.2**
el **lago** lake
la **lámpara** lamp, **2.2**
el/la **lanzador(a)** pitcher, **5.2**
   lanzar to kick, to throw, **5.1**
el **lapicero** ballpoint pen
el **lápiz** pencil, **3.1**
largo(a) long, **5.1**
   a lo largo de along
latino(a) Latino
Latinoamérica Latin America
latinoamericano(a) Latin American
le to him, to her; to you (*formal*) (*pron.*)
la **lección** lesson
la **leche** milk, **4.1**
la **lechuga** lettuce, **4.1**
la **lectura** reading
leer to read, **4.2**
la **legumbre** vegetable, **4.1**
lejos (de) far (from), **3.2**
la **lengua** language
les to them; to you (*formal*) (*pron.*)
las **letras** literature
levantar to raise, **3.1**
   levantar la mano to raise one's hand, **3.1**
la **leyenda** legend
la **libra** pound (*weight*)
libre free, unoccupied, **4.2**
el **libro** book, **3.1**
el **líder** leader
la **liga** league
   las Grandes Ligas Major Leagues
el **limón** lemon
la **limonada** lemonade
lindo(a) beautiful
la **literatura** literature
la **llama** llama
llegar to arrive, **4.1**
llenar to fill

lleno(a) de full of, 6.1
llevar to carry; to wear, 3.1; to
    take; to bear
llover (ue) to rain
    Llueve. It's raining., LP
lluvioso(a) rainy
lo him; you (formal) (pron.)
lo que what
lógico(a) logical
el loro parrot
el lote lot, site
la lucha fight
luego later, LP; then, 3.2
    ¡Hasta luego! See you
        later!, LP
el lugar place
el lunes Monday, LP

la madera wood
la madrastra stepmother, 2.1
la madre mother, 2.1
    magnífico(a) magnificent,
        splendid
    mal bad
        Hace mal tiempo. The
            weather is bad., LP
        mal educado(a) ill-
            mannered, rude, 6.1
el malecón boardwalk (seafront)
    malicioso(a) malicious
    malo(a) bad, 1.2
        sacar notas malas to get
            bad grades, 3.1
    mamá mom, mommy
    mandar to send
el mandato command
la manera manner, way
        de ninguna manera in no
            way, by no means
la mano hand, 3.1
    manso(a) gentle
la mantequilla butter, 4.1
    mañana tomorrow, LP
        ¡Hasta mañana! See you
            tomorrow!, LP
la mañana morning
        por la mañana in the
            morning
la máquina machine
el mar Caribe Caribbean Sea
    marcar to score, 5.1
        marcar un tanto to score a
            point, 5.1
la marcha march
        en marcha working

el marido husband, 2.1
los mariscos seafood
    marrón: de color marrón
        brown, 5.1
el martes Tuesday, LP
    marzo March, LP
la mascota pet, 2.1
las matemáticas mathematics,
        math, 1.2
los materiales escolares school
        supplies, 3.1
    mayo May, LP
    mayor older, 2.1
el/la mayor the oldest, 2.1
la mayoría majority
    mayoritario(a) (related to the)
        majority
    me me (pron.)
    mediano(a) medium,
        medium-size
el medicamento medicine, 6.2
la medicina medicine, 6.2
el/la médico(a) doctor, 6.2
la medida measurement
    medio(a) half
        y media half past (the
            hour), LP
el medio de transporte means
        of transport
el mediodía noon
    mejor better
el/la mejor best
    menor younger, 2.1
el/la menor the youngest, 2.1
el menú menu, 4.2
la merienda snack, 4.2
la mermelada jam, marmalade
el mes month, LP
la mesa table, 2.2
el/la mesero(a) waiter, server, 4.2
la mesita table, 2.2
    meter to put, to place
        meter un gol to score a
            goal, 5.1
el metrópoli metropolis, big city
    mexicano(a) Mexican, 1.2
la mezcla mixture
    mi(s) my
    mí me
el miedo fear
el miembro member, 2.1
    mientras while
el miércoles Wednesday, LP
    mil a thousand
el millón million
    mimado(a) spoiled (person)
la mina mine
    ¡Mira! Look!, 3.1
    mirar to look at, 3.2
    mismo(a) same, 1.2; own

    misterioso(a) mysterious
    mixto(a) co-ed
la mochila backpack, knapsack,
        3.1
los modales manners, 6.1
        tener buenos (malos)
            modales to have good
            (bad) manners, to be well-
            (ill-) behaved, 6.1
    moderno(a) modern
    molestar to bother, to annoy,
        6.1
el mono monkey
    montañoso(a) mountainous
el montón bunch, heap
el monumento monument
    morder (ue) to bite
    moreno(a) dark-haired,
        brunette, 1.1
    morir (ue) to die
el motivo theme
el móvil cell phone, 3.2
el MP3 MP3 player, 3.2
la muchacha girl, 1.1
el muchacho boy, 1.1
    mucho a lot, many, much; 2.2;
        very, LP
        Hace mucho calor (frío).
            It's very hot (cold)., LP
        Mucho gusto. Nice to meet
            you., 1.2
los muebles furniture, 2.2
la muerte death
    muerto(a) dead
la mujer wife, 2.1
la mula mule
    mundial: la Copa Mundial
        World Cup
el mundo world
el mural mural
el/la muralista muralist
el muro wall
la música music, 1.2
    muy very, LP
        muy bien very well, LP

    nacer to be born
    nacional national
la nacionalidad nationality, 1.1
        ¿de qué nacionalidad?
            what nationality?, 1.1
        De nada. You're welcome.,
            LP
        Por nada. You're welcome.,
            LP; for no reason

Spanish-English Dictionary

la **naranja** orange (*fruit*), **4.1**

natal pertaining to where someone was born

la **naturaleza** nature

navegar la red (el Internet) to surf the Web (the Internet), **3.2**

necesitar to need, **3.2**

negativo(a) negative

negro(a) black, **2.1**

nervioso(a) nervous, **6.1**

nevado(a) snowy, snow-covered

Nieva. It's snowing., **LP**

ni neither, nor

Ni idea. No idea.

nicaragüense Nicaraguan

la **nieta** granddaughter, **2.1**

el **nieto** grandson, **2.1**

ninguno(a) none

de ninguna manera in no way, by no means

el/la **niño(a)** boy, girl, child, **6.2**

el **nivel** level

no no

No hay de qué. You're welcome., **LP**

la **noche** night, evening

Buenas noches. Good evening., **LP**

esta noche tonight, **4.1**

por la noche in the evening

nombrar to name

el **nombre** name, **2.1**

normal normal, **6.2**

el **norte** north

norteamericano(a) American, North American, **1.1**

nos us

nosotros(as) we

la **nota** grade, mark, **3.1**

sacar notas buenas (malas) to get good (bad) grades, **3.1**

las **noticias** news

novecientos(as) nine hundred

la **novela** novel

noventa ninety, **LP**

noviembre November, **LP**

nuestro(a)(os)(as) our

nueve nine, **LP**

nuevo(a) new, **1.1**

o or

objetivo objective

obligatorio(a) required, obligatory

la **obra** work; work of art

observar to observe, notice

el **obstáculo** obstacle

obstinado(a) obstinate, stubborn, **6.1**

occidental western

ochenta eighty, **LP**

ocho eight, **LP**

ochocientos(as) eight hundred

octubre October, **LP**

ocupado(a) occupied, **4.2**

el **oeste** west

ofrecer to offer

¡Ojo! Watch out! Be careful!

el **ojo** eye, **2.1**

tener ojos azules (castaños, verdes) to have blue (brown, green) eyes, **2.1**

olvidar to forget

once eleven, **LP**

la **opinión** opinion

el/la **opresor(a)** oppressor

opuesto(a) opposite

la **oración** sentence

la **orden** order (*restaurant*), **4.2**

el **ordenador** computer, **3.2**

la **orfebrería** craftmanship in precious metals

organizar to organize, set up

el **órgano** organ

oriental eastern

el **origen** origin, background

las **orillas** banks, shores

a orillas de on the shores of

el **oro** gold

la **orquesta** orchestra, band

la **orquídea** orchid

el **otoño** autumn, fall, **LP**

otro(a) other, another

otros(as) others

¡Oye! Listen!, **1.2**

la **paciencia** patience, **6.1**

paciente patient (*adj.*), **6.1**

el/la **paciente** patient, **6.2**

el **padrastro** stepfather, **2.1**

el **padre** father, **2.1**

los **padres** parents, **2.1**

pagar to pay, **3.2**

el **país** country

el **paisaje** landscape

la **paja** straw, thatch

el **pájaro** bird

la **palabra** word

la **palabra afine** cognate

la **palabra relacionada** related word

el **palacio** palace

la **paloma** pigeon

el **pan** bread

el **pan tostado** toast, **4.1**

el **panecillo** roll, **4.1**

la **pantalla** screen

el **pantalón** pants, **3.1**

el **pantalón corto** shorts, **5.1**

la **papa** potato, **4.1**

las **papas fritas** french fries, **4.1**

el **papel** paper, **3.1**; role

la **hoja de papel** sheet of paper, **3.1**

para for; in order to

el **paraíso** paradise

parear to match

parecer to seem (like)

a mi (tu, su, etc.) parecer in my (your, his, etc.) opinion

¿Qué te parece? What do you think?

el/la **pariente** relative, **2.1**

el **párrafo** paragraph

la **parte** part

participar to participate, to take part in

el **partido** game, **5.1**

el **pasabordo** boarding pass

pasar to pass, to go, **5.2**

¿Qué pasa? What's going on? What's happening?

el **paseo** avenue, walk

dar un paseo to take a walk

la **pasta dentífrica** toothpaste

la **pastilla** bar (*of soap*)

los **patacones** slices of fried plantain

la **patata** potato, **4.1**

las **patatas fritas** french fries, **4.1**

pausado(a) slow, deliberate

peligroso(a) dangerous

pelirrojo(a) redheaded, **1.1**

el **pelo** hair, **2.1**

    tener el pelo rubio (castaño, negro) to have blond (brown, black) hair, **2.1**

la **pelota** ball *(baseball, tennis)*, **5.2**

    la pelota vasca jai alai

la **pena** pain, sorrow

    ¡Qué pena! What a shame!, **5.1**

    pensar (ie) to think, **5.1**

    pensar en to think about

    ¿Qué piensas? What do you think?, **5.1**

el **peón** peasant, farm laborer

    peor worse

el/la **peor** worst

    pequeño(a) small, little, **1.2**

    perder (ie) to lose, **5.1**

    perdón pardon me, excuse me

    perezoso(a) lazy, **1.2**

el **periódico** newspaper

    pero but

el/la **perro(a)** dog, **2.1**

la **persona** person

el **personaje** character *(in a novel, play, etc.)*

la **personalidad** personality, **6.1**

    peruano(a) Peruvian

    pesar: a pesar de in spite of

el **pescado** fish, **4.1**

el **peso** peso *(currency)*; weight

el/la **pícher** pitcher *(baseball)*, **5.2**

el **pie** foot, **5.1**

    a pie on foot, **3.2**

la **pieza** bedroom; piece

la **pila** swimming pool

los **pinchitos** kebabs, **4.2**

    pintar to paint

    pintoresco(a) picturesque

el **piso** floor, **2.2**; apartment

la **pizza** pizza, **4.1**

    placentero(a) pleasant

la **plata** silver

el **plato** dish *(of food)*; plate; home plate, **5.2**

la **plaza** square

la **pluma** (fountain) pen

la **población** population

    pobre poor

    poco(a) a little; few, **2.2**

    un poco más a little more

    poder (ue) to be able, **5.1**

el **pollo** chicken, **4.1**

    popular popular

    por for, by

    por ejemplo for example

    por encima de over, **5.2**

    por eso that's why, for this reason

    por favor please, **LP**

    por fin finally

    por la mañana in the morning

    por la tarde in the afternoon

    Por nada. You're welcome., **LP**; for no reason

    ¿por qué? why?, **3.2**

    porque because, **3.2**

el/la **porrista** cheerleader

el/la **porteño(a)** person from Buenos Aires

la **portería** goal, **5.1**

el/la **portero(a)** goalie, **5.1**

    poseer to possess

    posible possible

    positivo(a) positive

el **postre** dessert, **4.1**

    practicar to practice *(a sport)*

    preferir (ie) to prefer

la **pregunta** question, **3.1**

    preguntar to ask, to ask a question

el **premio** prize, award

    preparar to prepare, get ready

la **prepa(ratoria)** high school

    presentar to introduce

    prestar: prestar atención to pay attention, **3.1**

el **pretendiente** suitor

    primario(a) primary, elementary

    la escuela primaria elementary school

la **primavera** spring, **LP**

    primero(a) first, **LP**

    el primero de enero (febrero, etc.) January (February, etc.) 1, **LP**

el/la **primo(a)** cousin, **2.1**

    principal main

    privado(a) private, **2.2**

el **problema** problem

    No hay problema. No problem.

    producir to produce

la **profesión** profession, occupation

    profesional professional

el/la **profesor(a)** teacher, **1.2**

    prometer to promise

    pronto soon

    ¡Hasta pronto! See you soon!, **LP**

la **propina** tip *(restaurant)*

    propio(a) own, **5.1**

la **prueba** test, exam, **3.1**

el **pueblo** town

el **puerto** port

    puertorriqueño(a) Puerto Rican, **1.1**

    pues well

el **pulso** pulse, **6.2**

el **punto** point

el **pupitre** desk, **3.1**

Q

    que that

    ¿qué? what? how?

    ¿A qué hora? At what time?, **LP**

    ¿de qué nacionalidad? what nationality?, **1.1**

    No hay de qué. You're welcome., **LP**

    ¿Qué desea Ud.? May I help you? *(in a store)*

    ¿Qué día es hoy? What day is it today?, **LP**

    ¿Qué hay? What's new (up)?

    ¿Qué hora es? What time is it?, **LP**

    ¡Qué... más... ! What a . . . !

    ¿Qué pasa? What's going on? What's happening?, **3.1**

    ¡Qué pena! What a shame!, **5.1**

    ¿Qué tal? How are things? How are you?, **LP**

    ¿Qué tal le gustó? How did you like it? *(formal)*

    ¿Qué tiempo hace? What's the weather like?, **LP**

    querer (ie) to want, to wish, **5.1**

    querido(a) dear, beloved

el **queso** cheese, **4.1**

    el sándwich de jamón y queso ham and cheese sandwich, **4.1**

el **quetzal** quetzal *(currency of Guatemala)*

    ¿quién? who?, **1.1**

    ¿quiénes? who?, **1.2**

    quince fifteen, **LP**

la **quinceañera** fifteen-year-old girl

    quinientos(as) five hundred

    quizá(s) maybe, perhaps

R

la **raqueta** tennis racket, **5.2**

    raro(a) rare

el **ratón** mouse

Spanish-English Dictionary

la **raza** breed
la **razón** reason
la **recámara** bedroom, **2.2**
el/la **receptor(a)** catcher, **5.2**
la **receta** prescription, **6.2**
recetar to prescribe, **6.2**
recibir to receive, **4.1**
reclamar to claim
reconocer to recognize
recordar (ue) to remember
recuperar to claim, to get back
la **red** the Web, **3.2**; net, **5.2**
   navegar la red to surf the Web, **3.2**
   pasar por encima de la red to go over the net, **5.2**
el **refresco** soft drink, **4.2**
refrito(a) refried
la **regla** rule
regresar to go back, to return, **3.2**
   regresar a casa to go home, **3.2**
reinar to rule, to reign
renombrado(a) famous
repasar to review
el **repaso** review
la **república** republic
   la República Dominicana Dominican Republic
resfriado(a) stuffed up (cold), **6.2**
respetado(a) respected
respetar to respect
responsable responsible
la **respuesta** answer
el **restaurante** restaurant
resultar to turn out to be
el **retrato** portrait
la **reunión** meeting, get-together
la **revista** magazine
revueltos: huevos revueltos scrambled eggs
el **rey** king
rico(a) rich; delicious
   ¡Qué rico! How delicious!
el **río** river
el **ritmo** rhythm
robar to steal
la **roca** rock, stone
rodeado(a) surrounded
rojo(a) red, **5.1**
el **rompecabezas** puzzle
romper to break
rosado(a) pink, **5.1**
rubio(a) blond, **1.1**
las **ruinas** ruins

S

el **sábado** Saturday, **LP**
sacar to get; to take
   sacar notas buenas (malas) to get good (bad) grades, **3.1**
la **sal** salt
la **sala** living room, **2.2**
   la sala de clase classroom, **3.1**
la **salchicha** sausage
la **salud** health, **6.1**
saludar to greet
el **saludo** greeting, **LP**
salvar to save
el **sándwich** sandwich, **4.1**
   el sándwich de jamón y queso ham and cheese sandwich, **4.1**
el **sarape** blanket
el **sato** a type of dog from Puerto Rico
secundario(a) secondary, **1.2**
   la escuela secundaria high school, **1.2**
la **sed** thirst, **4.1**
   tener sed to be thirsty, **4.1**
seguir to follow
según according to
segundo(a) second
seguramente surely, certainly
seguro(a) sure; safe
   seguro que certainly
seis six, **LP**
seiscientos(as) six hundred
la **selva** jungle, forest
la **semana** week, **LP**
sencillo(a) single, simple
el **sentido de humor** sense of humor, **6.1**
el **señor** sir, Mr., gentleman, **LP**
la **señora** Ms., Mrs., madam, **LP**
los **señores** Mr. and Mrs.
la **señorita** Miss, Ms., **LP**
septiembre September, **LP**
ser to be, **1.1**
   ¿Cuánto es? How much does it cost (is it)?, **LP**
serio(a) serious, **1.1**
   ¿Hablas en serio? Are you serious?
el **servicio** tip, **4.2**
   ¿Está incluido el servicio? Is the tip included?, **4.2**
servir to serve

sesenta sixty, **LP**
setecientos(as) seven hundred
setenta seventy, **LP**
severo(a) harsh, strict
si if
sí yes, **LP**
siempre always, **8.2**
siento: Lo siento mucho. I'm very sorry., **5.1**
la **siesta** nap
siete seven, **LP**
el **siglo** century
significar to mean
la **silla** chair, **2.2**
similar similar
simpático(a) nice, **1.1**
sin without
sincero(a) sincere
el **síntoma** symptom
sobre on, on top of; about
   sobre todo above all, especially
sobrevolar (ue) to fly over
la **sobrina** niece, **2.1**
el **sobrino** nephew, **2.1**
social social
   los estudios sociales social studies, **1.2**
el **sofá** sofa, **2.2**
Hace (Hay) sol. It's sunny., **LP**
solamente only
solas: a solas alone
el **soldado** soldier
soler (ue) to be used to, to do something usually
solo(a) single; alone
solo only
el/la **soltero(a)** single, unmarried person
el **sombrero** hat
el **sonido** sound
la **sonrisa** smile, **6.1**
la **sopa** soup
la **sorpresa** surprise, **4.1**
su(s) his, her, their, your (formal)
los **suburbios** suburbs, **2.2**
Sudamérica South America
sudamericano(a) South American
el/la **suegro(a)** father-in-law (mother-in-law)
el **suelo** ground, floor
el **sueño** dream

la **suerte** luck

¡Buena suerte! Good luck!

sufrir to suffer

superior upper, top

el **sur** south

la **América del Sur** South America

el **surtido** assortment

sus his, her, their, your (formal)

T

el **taco** taco

tal such (a thing)

¿Qué tal? How are things? How are you?, **LP**

¿Qué tal tu clase de español? How's your Spanish class?

el **tamaño** size

también also, too, **1.2**

el **tambor** drum

tampoco either, neither

tan so

el **tanto** score, point, **5.1**

marcar un tanto to score a point, **5.1**

las **tapas** snacks, nibbles, **4.2**

la **tarde** afternoon

Buenas tardes. Good afternoon., **LP**

la **tarea** homework

la **tarjeta** card; pass

la tarjeta de abordar boarding pass

la **taza** cup, **4.1**

te you (fam. pron.)

el **té** tea

el **teclado** keyboard

tejano(a) Texan

la **tele** TV

el **teléfono** telephone

el teléfono celular cell phone

hablar por teléfono to speak on the phone

la **telenovela** serial, soap opera

la **televisión** television

el **tema** theme

tener (ie) to have, **2.1**

tener... años to be . . . years old, **2.1**

tener catarro to have a cold, **6.2**

tener dolor de... to have a(n) . . . -ache, **6.2**

tener el pelo rubio (castaño, negro) to have blond (brown, black) hair, **2.1**

tener éxito to be successful, **6.1**

tener fiebre to have a fever, **6.2**

tener hambre to be hungry, **4.1**

tener ojos azules (castaños, verdes) to have blue (brown, green) eyes, **2.1**

tener que to have to (do something), **4.1**

tener sed to be thirsty, **4.1**

el **tenis** tennis, **5.2**

la cancha de tenis tennis court, **5.2**

jugar (al) tenis to play tennis, **5.2**

el/la **tenista** tennis player

la **tensión: la tensión arterial** blood pressure, **6.2**

tercer(o)(a) third

terco(a) stubborn, **6.1**

terminar to end, finish

la **terraza** terrace, balcony

el **terremoto** earthquake

el **tesoro** treasure

ti you (pron.)

la **tía** aunt, **2.1**

el **tiempo** weather, **LP;** half (soccer), **5.1**

a tiempo completo (parcial) full- (part-) time

Hace buen tiempo. The weather is nice., **LP**

Hace mal tiempo. The weather is bad., **LP**

¿Qué tiempo hace? What's the weather like?, **LP**

la **tienda** store, **3.2**

los **timbales** small drums, kettledrums

tímido(a) shy

el **tío** uncle, **2.1**

típico(a) typical

el **tipo** guy, type, **6.1**

el **tiquet(e)** ticket

tirar to throw, **5.2**

el **título** title

tocar to touch, **5.1**

¡Te toca a ti! It's your turn!

el **tocino** bacon, **4.1**

todo everything

sobre todo above all, especially

todo(a) all, **6.2**

tomar to take, **3.1;** to have (a meal), **4.1**

tomar el almuerzo (el desayuno) to have lunch (breakfast), **4.1**

tomar el bus to take the bus

tomar el pulso to take someone's pulse, **6.2**

tomar la tensión arterial to take someone's blood pressure, **6.2**

tomar un examen to take a test, **3.1**

el **tomate** tomato, **4.1**

tonto(a) foolish, crazy

la **torta** cake, **4.1;** sandwich

la **tortilla** tortilla

la **tos** cough, **6.2**

tener tos to have a cough, **6.2**

toser to cough, **6.2**

la **tostada** tostada

las **tostadas** toast, **4.1**

tostado(a) toasted

el pan tostado toast, **4.1**

los **tostones** slices of fried plantain, **4.2**

trabajar to work, **3.2**

el **trabajo** work

tradicional traditional

el **traje** suit

tranquilo(a) calm, **6.1**

el **tratamiento** treatment

tratar to treat

trece thirteen, **LP**

treinta thirty, **LP**

trienta y cinco thirty-five, **LP**

treinta y cuatro thirty-four, **LP**

treinta y dos thirty-two, **LP**

treinta y nueve thirty-nine, **LP**

treinta y ocho thirty-eight, **LP**

treinta y seis thirty-six, **LP**

treinta y siete thirty-seven, **LP**

treinte y tres thirty-three, **LP**

treinta y uno thirty-one, **LP**

tres three, **LP**

trescientos(as) three hundred

triste sad, **6.1**

la **trompeta** trumpet

las **tropas** troops

tropical tropical

el **trotamundos** globe-trotter

el **T-shirt** T-shirt

Spanish-English Dictionary

tu(s) your *(fam.)*

tú you *(fam.)*

el turismo tourism

Ud., usted you *(sing.) (formal)*

Uds., ustedes you *(pl.)* *(formal)*

último(a) last; final

un(a) a, an, **1.1**

único(a) only, **2.1**

  el/la hijo(a) único(a) only child, **2.1**

el uniforme uniform, **3.1**

la universidad university

uno(a) one, **LP**

unos(as) some

urbano(a) urban

usar to use, **3.2**

el/la usuario(a) user

estar de vacaciones to be on vacation

la vainilla vanilla

el valle valley

varios(as) several

el varón man, boy

vasco(a) Basque

  la pelota vasca jai alai

el vaso glass, **4.1**

veces: a veces at times, sometimes, **6.1**

el/la vecino(a) neighbor

el vegetal vegetable, **4.1**

vegetariano(a) vegetarian, **4.1**

veinte twenty, **LP**

veinticinco twenty-five, **LP**

veinticuatro twenty-four, **LP**

veintidós twenty-two, **LP**

veintinueve twenty-nine, **LP**

veintiocho twenty-eight, **LP**

veintiséis twenty-six, **LP**

veintisiete twenty-seven, **LP**

veintitrés twenty-three, **LP**

veintiuno twenty-one, **LP**

vender to sell, **6.2**

venezolano(a) Venezuelan

venir (ie) to come

la venta small hotel

ver to see, **4.2**

el verano summer, **LP**

la verdad truth

¿verdad? right?

verdadero(a) real, true

verde green, **2.1**

la verdura vegetable, **4.1**

  el vestido de novia wedding dress

la vez time

  a veces at times, sometimes, **6.1**

  cada vez each time, every time

  una vez más once again, one more time

viajar to travel

la vida life

el video video

viejo(a) old, **2.2**

el viento wind, **LP**

  Hace viento. It's windy., **LP**

el viernes Friday, **LP**

el vino wine

el violín violin

la vista view

la viuda widow

vivir to live, **4.1**

vivo(a) lively

la vocal vowel

volar (ue) to fly

el volcán volcano

volver (ue) to return, **5.1**

vosotros(as) you

y and

ya already

yo I

las zapatillas (sports) shoes, sneakers, **5.1**

la zona area, zone

el zumo juice

English-Spanish Dictionary

This English-Spanish Dictionary contains all productive and some receptive vocabulary from the text. The numbers following each productive entry indicate the chapter and vocabulary section in which the word is introduced. For example, **3.2** *means that the word was taught in* **Capítulo 3, Vocabulario 2. LP** *refers to the* **Lecciones preliminares**. *If there is no number following an entry, this means that the word or expression is included for receptive purposes only.*

a un(a)
able: to be able poder (ue), **5.1**
about *(time)* a eso de
above por encima de, **5.2**
  above all sobre todo
absent ausente
according to según
ache el dolor, **6.2**
  My . . . ache(s). Me duele(n)... , **6.2**
  to have a(n) . . . ache tener dolor de... , **6.2**
activity la actividad
address la dirección
adorable cariñoso(a), **2.1**; adorable
affectionate cariñoso(a), **2.1**
after después (de), **3.1**; *(time)* y
  It's ten after one. Es la una y diez., **LP**
afternoon la tarde
  Good afternoon. Buenas tardes., **LP**
against contra
to **agree (with)** estar de acuerdo (con)
air el aire
  open-air (outdoor) café (market) el café (mercado) al aire libre
album el álbum
all todo(a), **6.2**
  above all sobre todo
already ya
also también, **1.2**
A.M. de la mañana
American americano(a)
among entre
amusing divertido(a)
ancient antiguo(a)
and y, **LP**
Andean andino(a)
angry enojado(a),

enfadado(a), **6.1**
animal el animal
to **annoy** molestar, enfadar, enojar, **6.1**
another otro(a)
answer la respuesta
to **answer** contestar, **3.1**
any cualquier(a)
any other cualquier otro(a)
apartment el apartamento, el apartamiento, el departamento, **2.2**; el piso
  apartment building el edificio, la casa de apartamentos, **2.2**
to **applaud** aplaudir, **5.1**
appreciated apreciado(a)
April abril, **LP**
area la zona
Argentine argentino(a)
arithmetic la aritmética
around *(space)* alrededor de, **2.2**
around *(time)* a eso de
to **arrive** llegar, **4.1**
arrogant altivo(a)
arrow la flecha
art el arte, **1.2**
as como
to **ask (a question)** preguntar
at a, en
  at around *(time)* a eso de
  at home en casa, **2.2**
  at night por la noche; de noche
  at one o'clock (two o'clock, three o'clock . . .) a la una (a las dos, a las tres...), **LP**
  at times a veces, **6.1**
  at what time? ¿a qué hora?, **LP**
attention: to pay attention prestar atención, **3.1**
attractive guapo(a), **1.1**
August agosto, **LP**
aunt la tía, **2.1**
author el/la autor(a)

autumn el otoño, **LP**
avenue la avenida
Awesome! ¡Bárbaro!, **5.2**

back: in back of detrás de, **2.2**
background la ascendencia
backpack la mochila, **3.1**
bacon el tocino, el bacón, **4.1**
bad malo(a), **1.2**; mal, **LP**
  The weather is bad. Hace mal tiempo., **LP**
  to be in a bad mood estar de mal humor, **6.1**
  to get bad grades sacar notas malas, **3.1**
balcony el balcón
ball *(soccer, basketball)* el balón, **5.1**; *(baseball, tennis)* la pelota, **5.2**
  to hit the ball batear, golpear, **5.2**
  to kick (throw) the ball lanzar el balón, **5.1**
ballpoint pen el bolígrafo, **3.1**; el lapicero, la pluma
base *(baseball)* la base, **5.2**
baseball el béisbol, **5.2**
  baseball field el campo de béisbol, **5.2**
  baseball player el/la jugador(a) de béisbol, el/la beisbolista, **5.2**
basket *(basketball)* el cesto, la canasta, **5.2**
  to make a basket encestar, meter el balón en la cesta, **5.2**
basketball el básquetbol, el baloncesto, **5.2**
  basketball court la cancha de básquetbol, **5.2**
bat el bate, **5.2**
to **bat** batear, **5.2**
bathroom el cuarto de baño, **2.2**

batter el/la bateador(a), **5.2**

to **be** ser, **1.1;** estar, **3.1**

    to be able (to) poder (ue), **5.1**

    to be applauded recibir aplausos, **5.1**

    to be born nacer

    to be fine (well) estar bien, **6.2**

    to be going to (do something) ir a, **4.1**

    to be hungry tener hambre, **4.1**

    to be pleasing (to someone) gustar, **5.1**

    to be sick estar enfermo(a), **6.2**

    to be successful tener éxito, **6.1**

    to be thirsty tener sed, **4.1**

    to be . . . years old tener... años, **2.1**

beans los frijoles, **4.1**

beautiful bello(a), hermoso(a)

because porque, **3.2**

bed la cama, **2.2**

    to stay in bed guardar cama, **6.2**

bedroom el cuarto de dormir, la recámara, **2.2;** el dormitorio, la habitación, la alcoba, la pieza

beef el bife

before antes de, **3.2**

to **begin** empezar (ie), **5.1;** comenzar (ie)

behaved: to be well-behaved tener buena conducta, **6.1**

behavior la conducta, el comportamiento, **6.1**

behind detrás de, **2.2**

to **believe** creer

beside al lado de, **2.2**

between entre

beverage la bebida, el refresco, **4.1**

bicycle la bicicleta, **2.2**

big gran, grande, **1.2**

biologist el/la biólogo(a)

biology la biología

bird el pájaro

black negro(a), **2.1**

blind ciego(a)

to **block** bloquear, **5.1**

blond rubio(a), **1.1**

    to have blond hair tener el pelo rubio, **2.1**

blood pressure la tensión arterial, **6.2**

blouse la blusa, **3.1**

blue azul, **2.1**

boarding pass la tarjeta de embarque, **10.1;** la tarjeta de abordar, el pasabordo

book el libro, **3.1**

to **bore** aburrir

boring aburrido(a), **1.2**

born: to be born nacer

to **bother** molestar, enfadar, enojar, **6.1**

boy el muchacho, **1.1;** el niño, **6.2**

brave gallardo(a), valiente, no tener miedo

bread el pan

to **break** romper

breakfast el desayuno, **4.1**

    to have breakfast tomar el desayuno, **4.1;** desayunarse

breed la raza

brother el hermano, **2.1**

brown castaño(a), **2.1;** de color marrón, **5.1**

    to have brown eyes tener ojos castaños, **2.1**

    to have brown hair tener el pelo castaño, **2.1**

brunette moreno(a), **1.1**

building el edificio, **2.2**

burrito el burrito

to **bury** enterrar (ie)

bus el autobús, el bus

    school bus el bus escolar, **3.2**

but pero

butter la mantequilla, **4.1**

to **buy** comprar, **3.2**

by por; en

    by plane (car, bus, etc.) en avión (carro, autobús, etc.)

    by tens de diez en diez

Bye! ¡Chao!, **LP**

C

café el café, **4.2**

cafeteria la cafetería, **4.1**

cake la torta, **4.1;** el bizcocho

calculator la calculadora, **3.1**

calm calmo(a), tranquilo(a), **6.1**

campfire la fogata

capital la capital

car el carro, **2.2;** el coche

carbonated drink la gaseosa, **4.1**

Caribbean Sea el mar Caribe

to **carry** llevar, **3.1**

cash register la caja, **3.2**

cashier el/la cajero(a)

cat el/la gato(a), **2.1**

to **catch** atrapar, **5.2**

catcher el/la cátcher, el/la receptor(a), **5.2**

to **celebrate** celebrar

celebration la celebración

cell phone el móvil, **3.2;** el teléfono celular

center el centro

century el siglo

cereal el cereal, **4.1**

chair la silla, **2.2**

character el personaje

check *(restaurant)* la cuenta, **4.2**

cheerleader el/la porrista

cheese el queso, **4.1**

    ham and cheese sandwich el sándwich de jamón y queso, **4.1**

chemistry la química

chicken el pollo, **4.1**

child el/la niño(a), **6.2**

children los hijos, **2.1**

Chilean chileno(a)

chocolate el chocolate

    hot chocolate el chocolate caliente, **4.1**

to **choose** escoger

city la ciudad, **2.2**

civilization la civilización

to **clap** aplaudir, **5.1**

class la clase; el curso, **1.2**

classroom la sala de clase, **3.1**

coach el/la entrenador(a)

co-ed mixto(a)

coffee el café, **4.1**

cognate la palabra afine

    false cognate el amigo falso, **2.1**

cola la cola, **4.1**

cold el frío; frío(a), **4.2;** *(illness)* el catarro, **6.2**

    It's cold *(weather)*. Hace frío., **LP**

    to have a cold tener catarro, **6.2**

Colombian colombiano(a), **1.2**

color el color, **5.1**

to **come** venir (ie)

comical cómico(a), gracioso(a), **1.1**

companion el/la compañero(a)

to **complete** completar

composition la composición

English-Spanish Dictionary

computer la computadora, el ordenador, **3.2**

condo(minium) el condominio

conduct la conducta, **6.1**

connected conectado(a)

connection la conexión

consonant la consonante

continent el continente

conversation la conversación

cool fresco(a), **LP**

  It's cool *(weather).* Hace fresco., **LP**

to **cost** costar (ue), **3.2**

  How much does it cost? ¿Cuánto cuesta?, **3.2**

Costa Rican costarricense

cough la tos, **6.2**

  to have a cough tener tos, **6.2**

to **cough** toser, **6.2**

country el país; el campo

  Spanish-speaking countries los países hispanohablantes

course el curso, **1.2**

court la cancha, **5.2**

  basketball (tennis) court la cancha de básquetbol (tenis), **5.2**

courtesy la cortesía, **LP**

cousin el/la primo(a), **2.1**

cross-country skiing el esquí nórdico

Cuban cubano(a)

Cuban American cubanoamericano(a)

culture la cultura

cup la taza, **4.1**

custard el flan, **4.1**

customer el/la cliente(a), **4.2**

---

to **dance** bailar

dangerous peligroso(a)

dark-haired moreno(a), **1.1**

data los datos

date la fecha, **LP**

  What's today's date? ¿Cuál es la fecha de hoy?, **LP**

daughter la hija, **2.1**

day el día, **LP**

  What day is it (today)? ¿Qué día es hoy?, **LP**

dead muerto(a)

dear querido(a)

death la muerte

December diciembre, **LP**

to **decide** decidir

delicious delicioso(a); rico(a)

to **deplane** desembarcar

to **describe** describir

description la descripción

desert el desierto

desk el pupitre, **3.1**

dessert el postre, **4.1;** la sobremesa

dictation el dictado

to **die** morir (ue)

difference la diferencia

difficult difícil, duro(a), **1.2**

difficulty la dificultad

dining room el comedor, **2.2**

dinner la cena, **4.1**

  to have dinner cenar, **4.1**

direction la dirección

disagreeable desagradable

to **disembark** desembarcar

dish el plato

dispenser: automatic boarding pass dispenser el distribuidor automático, **10.1**

divine divino(a)

doctor el/la médico(a), **6.2**

  doctor's office el consultorio, la consulta, **6.2**

dog el/la perro(a), **2.1**

Dominican dominicano(a)

  Dominican Republic la República Dominicana

doubles *(tennis)* dobles, **5.2**

doughnut (type of) el churro

downhill skiing el esquí alpino

dozen la docena

drawing el dibujo

to **dribble** driblar (con el balón), **5.2**

drink *(beverage)* la bebida, **4.1;** el refresco, **4.2**

to **drink** beber, **4.1**

drugstore la farmacia, **6.2**

during durante, **3.2**

DVD el DVD, **3.1**

dynamic dinámico(a), **6.1**

---

each cada, **2.2**

to **earn** ganar

earthquake el terremoto

easy fácil, **1.2**

to **eat** comer, **4.1**

  to eat breakfast (lunch) tomar el desayuno (el almuerzo), **4.1**

  to eat dinner cenar, **4.1**

Ecuadoran ecuatoriano(a), **1.1**

education la educación

  physical education la educación física, **1.2**

egg el huevo, **4.1**

eight ocho, **LP**

eight hundred ochocientos(as)

eighteen dieciocho, **LP**

eighty ochenta, **LP**

either tampoco *(after negation)*

electronic electrónico(a)

elementary: elementary school la escuela primaria

eleven once, **LP**

e-mail el correo electrónico, **3.2;** el e-mail

to **e-mail** enviar un correo electrónico, **3.2**

employee el/la empleado(a), **3.2;** el/la dependiente(a)

enchilada la enchilada

end el fin

energetic energético(a), **6.1**

energy la energía, **6.1**

English el inglés, **1.2**

to **enjoy** disfrutar de, gozar de

enough bastante

to **enter** entrar, **5.1**

enthusiasm el entusiasmo, **6.1**

enthusiastic lleno(a) de entusiasmo, **6.1;** entusiasmado(a)

especially especialmente, sobre todo

euro el euro

even aun

evening la noche

  Good evening. Buenas noches., **LP**

  in the evening por la noche

everything todo(a), **6.2;** todos(as)

everywhere en todas partes

exam el examen, la prueba, **3.1**

  physical exam el examen físico, **6.2**

  to take an exam tomar un examen, **3.1**

to **examine** examinar, **6.2**

example: for example por ejemplo

excellent excelente

exception la excepción

exotic exótico(a)

to **explain** explicar

extraordinary extraordinario(a)

eye el ojo, **2.1**

  to have blue (green, brown) eyes tener ojos azules (verdes, castaños), **2.1**

F

fabulous fabuloso(a)

face la cara, **6.1**

fact el hecho

fall *(season)* el otoño, **LP**

to **fall** caer

false falso(a)

family la familia, **2.1**

famous famoso(a)

fan el/la aficionado(a), **5.1**

fantastic fantástico(a)

far lejos (de), **3.2**

fast rápido(a)

fat gordo(a)

father el padre, **2.1**

favor el favor

favorite favorito(a)

feature la característica

February febrero, **LP**

fever la fiebre, **6.2**

  to have a fever tener fiebre, **6.2**

few poco(a), pocos(as), **2.2**

  a few unos(as)

field el campo, **5.1**

  baseball field el campo de béisbol, **5.2**

  soccer field el campo de fútbol, **5.1**

fifteen quince, **LP**

  fifteen-year-old girl la quinceañera

fifty cincuenta, **LP**

fight la lucha

---

fine bien, **LP**

  to be fine estar bien, **6.2**

to **finish** terminar

first primero(a), **LP**

fish el pescado, **4.1**

five cinco, **LP**

five hundred quinientos(as)

flag la bandera

flan el flan, **4.1**

floor el piso, **2.2**

flower la flor, **2.2**

to **fly** volar (ue)

folder la carpeta, **3.2**

to **follow** seguir

food la comida, **4.1;** el comestible

foolish tonto(a)

foot el pie, **5.1**

  on foot a pie, **3.2**

football el fútbol americano

for example por ejemplo

foreign extranjero(a)

to **forget** olvidar

forty cuarenta, **LP**

four cuatro, **LP**

four hundred cuatrocientos(as)

fourteen catorce, **LP**

free libre, **4.2**

French el francés, **1.2**

french fries las papas (patatas) fritas, **4.1**

frequently con frecuencia, frecuentemente

Friday el viernes, **LP**

fried frito(a)

friend el/la amigo(a), **1.1;** el/la compañero(a)

friendly agradable, **6.1**

from de, **LP**

  from where? ¿de dónde?, **1.1**

front: in front of delante de, **2.2**

full of lleno(a) de, **6.1**

funny cómico(a); gracioso(a), **1.1;** divertido(a)

furniture los muebles, **2.2**

G

game el juego, el partido, **5.1**

garage el garaje, **2.2**

garden el jardín, **2.2**

general general

  generally, in general en general, por lo general

generous generoso(a)

gentle manso(a)

---

gentleman el señor, **LP**

geography la geografía

geometry la geometría

to **get** sacar, **3.1**

  to get good (bad) grades sacar notas buenas (malas), **3.1**

girl la muchacha, **1.1;** la niña, **6.2**

to **give** dar, **3.1**

  to give an exam dar un examen (una prueba), **3.1**

glass *(drinking)* el vaso, **4.1**

glove el guante, **5.2**

to **go** ir, **3.2;** pasar, **5.2**

  to be going (to do something) ir a, **4.2**

  to go back regresar, **3.2;** volver (ue), **5.1**

  to go home regresar a casa, **3.2**

  to go over the net pasar por encima de la red, **5.2**

goal el gol, **5.1**

  goal *(box)* la portería, **5.1**

  to score a goal meter un gol, **5.1**

goalie el/la portero(a), **5.1**

good bueno(a), **1.1**

  Good afternoon. Buenas tardes., **LP**

  Good evening. Buenas noches., **LP**

  Good morning. Buenos días., **LP**

  to get good grades sacar notas buenas, **3.1**

Good-bye! ¡Adiós!, ¡Chao!, **LP**

good-looking guapo(a), bonito(a), **1.1**

grade la nota, **3.1**

  to get good (bad) grades sacar notas buenas (malas), **3.1**

grandchildren los nietos, **2.1**

granddaughter la nieta, **2.1**

grandfather el abuelo, **2.1**

grandmother la abuela, **2.1**

grandparents los abuelos, **2.1**

grandson el nieto, **2.1**

gray gris, **5.1**

great gran, grande

Great! ¡Bárbaro!, **5.2**

green verde, **2.1**

greeting el saludo, **LP**

to **guard** guardar, **5.1**

Guatemalan guatemalteco(a), **1.1**

guest el/la invitado(a)

guitar la guitarra

gym(nasium) el gimnasio

English-Spanish Dictionary

H

hair el pelo, **2.1**
to have blond (brown, black) hair tener el pelo rubio (castaño, negro), **2.1**
half *(soccer)* el tiempo, **5.1**
second half *(soccer)* el segundo tiempo, **5.1**
half past *(hour)* y media, **LP**
ham el jamón, **4.1**
ham and cheese sandwich el sándwich de jamón y queso, **4.1**
hamburger la hamburguesa, **4.1**
hand la mano, **3.1**
to raise one's hand levantar la mano, **3.1**
handsome guapo(a), **1.1**
happy alegre, contento(a), **6.1**; feliz
hard *(adj.)* difícil, duro(a), **1.2**
hardworking ambicioso(a), **1.2**; trabajador(a)
to have tener (ie), **2.1**
to have a cold tener catarro, **6.2**
to have a fever tener fiebre, **6.2**
to have a headache tener dolor de cabeza, **6.2**
to have a snack tomar una merienda, **4.2**
to have a sore throat tener dolor de garganta, **6.2**
to have a stomachache tener dolor de estómago, **6.2**
to have blond (brown, black) hair tener el pelo rubio (castaño, negro), **2.1**
to have blue (brown, green) eyes tener ojos azules (castaños, verdes), **2.1**
to have breakfast tomar el desayuno, **4.1**; desayunarse
to have dinner cenar, **4.1**
to have lunch tomar el almuerzo, **4.1**
to have to (do something) tener que, **4.1**
he él, **1.1**
head la cabeza, **6.2**

headache: to have a headache tener dolor de cabeza, **6.2**
health la salud, **6.1**
heart el corazón
heat el calor
Hello! ¡Hola!, **LP**
her su(s); la *(pron.)*
here aquí, acá
hero el héroe
heroine la heroína
Hi! ¡Hola!, **LP**
high alto(a), **3.1**
high school la escuela secundaria, **1.2**; el colegio
him lo; le
his su(s)
Hispanic hispano(a)
history la historia, **1.2**
to hit *(baseball)* batear, *(tennis)* golpear, **5.2**
to hit a home run batear un jonrón
holiday la fiesta
home la casa, **2.2**; a casa, **3.2**
at home en casa
to go home regresar a casa, **3.2**
home plate el plato, **5.2**
home run el jonrón
to hit a home run batear un jonrón
homework la tarea
honest honesto(a)
It's (very) hot *(weather).* Hace (mucho) calor., **LP**
hot caliente, **4.1**
hour la hora
house la casa, **2.2**
apartment house el edificio, la casa de apartamentos, **2.2**
how? ¿cómo?, **1.1**; ¿qué?, **LP**
How are things going? ¿Qué tal?, **LP**
How are you? ¿Cómo estás?
how many? ¿cuántos(as)?, **2.1**
How much does it cost? ¿Cuánto cuesta?, **3.2**
How much is it? ¿Cuánto es?, **LP**
How old is he (she)? ¿Cuántos años tiene?, **2.1**
humor: to have a good sense of humor tener un buen sentido de humor, **6.1**
hundred cien(to), **LP**
hunger el hambre *(f.)*

hungry: to be hungry tener hambre, **4.1**
to hurt doler (ue), **6.2**
Me duele la cabeza (el estómago, etc.). My head (stomach, etc.) hurts.
husband el esposo, el marido, **2.1**

I

I yo
ice cream el helado, **4.1**
idea la idea
to identify identificar
if si
ill-mannered mal educado(a), **6.1**
illness la enfermedad
immediately enseguida, **4.2**
impatient impaciente, **6.1**
important importante
impossible imposible
in en
in back of detrás de, **2.2**
in front of delante de, **2.2**
to include incluir
Is the tip included? ¿Está incluido el servicio?, **4.2**
incredible increíble
to indicate indicar
individual: individual sport el deporte individual
indoor cubierto(a)
influence la influencia
information la información, **3.2**
inhabitant el/la habitante
intelligent inteligente, **1.2**
interest el interés
to interest interesar, **5.1**
interesting interesante, **1.2**
Internet el Internet, **3.2**
to surf the Net navegar el Internet, **3.2**
to invite invitar
island la isla
it lo, la
Italian italiano(a)

J

January enero, **LP**
juice el jugo, el zumo, **4.1**
orange juice el jugo de naranja, **4.1**

July julio, **LP**
June junio, **LP**
just: to have just (done something) acabar de, **4.2**

K

kebabs los pinchitos, **4.2**
to kick lanzar, **5.1**
king el rey
kitchen la cocina, **2.2**
knapsack la mochila, **3.1**

L

to lack faltar, **6.1**
He/She lacks . . . Le falta... , **6.1**
lake el lago
lamp la lámpara, **2.2**
language la lengua
large gran, grande, **1.2**
later luego, **LP**
See you later! ¡Hasta luego!, **LP**
Latin America Latinoamérica
Latin American latinoamericano(a)
Latino latino(a)
lazy perezoso(a), **1.2**
league la liga
to learn aprender, **4.2**
to leave dejar
legend la leyenda
lemonade la limonada
lesson la lección
to let dejar; permitir
lettuce la lechuga, **4.1**
life la vida
like como
to like gustar, **5.1**
What would you like (to eat)? ¿Qué desean tomar?, **4.2**
to listen to escuchar, **3.2**
Listen! ¡Oye!
literature la literatura
little pequeño(a), **1.2**
a little poco(a), **2.2**
to live vivir, **4.1**
living room la sala, **2.2**
long largo(a), **5.1**
to look at mirar, **3.2**
Look! ¡Mira!, **3.1**
to look for buscar, **3.2**
to lose perder (ie), **5.1**

lot: a lot mucho(a), **LP**; muchos(as), **2.1**
love el amor
in love enamorado(a)
loved one el/la amado(a)
low bajo(a), **3.1**
lunch el almuerzo, **4.1**
to have lunch tomar el almuerzo, **4.1**

M

mad enojado(a), enfadado(a), **6.1**
madam (la) señora, **LP**
magazine la revista
main principal
majority la mayoría; mayoritario(a) (adj.)
to make a basket encestar, meter el balón en la cesta, **5.2**
man el hombre
manager el/la entrenador(a)
manners los modales, **6.1**
to have good (bad) manners tener buenos (malos) modales, **6.1**
many muchos(as), **2.2**
how many? ¿cuántos(as)?, **2.1**
March marzo, **LP**
mark la nota, **3.1**
bad (low) mark la nota mala (baja), **3.1**
good (high) mark la nota buena (alta), **3.1**
to get good (bad) marks sacar notas buenas (malas), **3.1**
to marry: to get married casarse
to match parear
mathematics las matemáticas, **1.2**
May mayo, **LP**
me mí; me
meal la comida, **4.1**
to mean significar
meat la carne, **4.1**
meatball la albóndiga, **4.2**
meat pie la empanada, **4.2**
medicine el medicamento, la medicina, **6.2**
medium-sized mediano(a)
member el miembro, **2.1**
menu el menú, **4.2**
Mexican mexicano(a), **1.2**
Mexican American mexicanoamericano(a)

milk la leche, **4.1**
million el millón
a million dollars un millón de dólares
mineral water el agua mineral, **4.2**
Miss (la) señorita, **LP**
modern moderno(a)
mom mamá
Monday el lunes, **LP**
money el dinero, **3.2**
month el mes, **LP**
mood el humor, **6.1**
to be in a good (bad) mood estar de buen (mal) humor, **6.1**
morning la mañana
Good morning. Buenos días., **LP**
in the morning por la mañana
mother la madre, **2.1**
mouth la boca, **6.2**
MP3 player el MP3, **3.2**
Mr. (el) señor, **LP**
Mr. and Mrs. (los) señores
Mrs. (la) señora, **LP**
Ms. (la) señorita, (la) señora, **LP**
much mucho(a), **LP**
how much? ¿cuánto?
How much does it cost (is it)? ¿Cuánto es?, **LP**; ¿Cuánto cuesta?, **3.2**
music la música, **1.2**
must deber
my mi, mis

N

name el nombre, **2.1**
national nacional
nationality la nacionalidad, **1.1**
what nationality? ¿de qué nacionalidad?, **1.1**
native person el/la indígena
near cerca de, **3.2**
to need necesitar, **3.2**
neighbor el/la vecino(a)
neighborhood el barrio
neither tampoco
nephew el sobrino, **2.1**
nervous nervioso(a), **6.1**
net (World Wide Web) la red, **3.2**; (tennis), **5.2**
to surf the Net navegar el Internet, **3.2**

English-Spanish Dictionary

English-Spanish Dictionary

new nuevo(a), **1.1**
newspaper el periódico
next to al lado de, **2.2**
nice simpático(a), **1.1;**
(weather) buen (tiempo)
Nice to meet you. Mucho gusto., **1.2**
The weather is nice. Hace buen tiempo., **LP**
niece la sobrina, **2.1**
night la noche
at night por la noche
Good night. Buenas noches., **LP**
nine nueve, **LP**
nine hundred novecientos(as)
nineteen diecinueve, **LP**
ninety noventa, **LP**
no no, **LP;** ninguno(a)
by no means de ninguna manera
none ninguno(a)
noon el mediodía
normal normal, **6.2**
north el norte
North American norteamericano(a), **1.1**
not no, **1.2**
notebook el cuaderno, **3.1**
novel la novela
November noviembre, **LP**
now ahora
nurse el/la enfermero(a), **6.2**

objective el objetivo
obligatory obligatorio(a)
to **observe** observar
obstinate obstinado(a), **6.1**
occupied ocupado(a), **4.2**
ocean el océano
o'clock: It's two o'clock. Son las dos., **LP**
October octubre, **LP**
of de
of course claro que... , ¡cómo no!
office: doctor's office la consulta del médico, **6.2**
old viejo(a), **2.2**
How old is he (she)? ¿Cuántos años tiene?, **2.1**
older mayor, **2.1**
oldest el/la mayor, **2.1**

olive la aceituna, **4.2**
on sobre, en
on foot a pie
on top of sobre
one uno; uno(a), **LP**
one hundred cien(to), **LP**
one thousand mil
only único(a), **2.1;** solo; solamente
to **open** abrir, **4.2**
open-minded flexible, **6.1**
opinion la opinión
opposite el contrario
or o
orange (color) anaranjado(a), **5.1;** naranja
orange (fruit) la naranja, **4.1**
orange juice el jugo (zumo) de naranja, **4.1**
order (restaurant) la orden, **4.2**
other otro(a)
any other cualquier otro(a)
our nuestro(a), nuestros(as)
outfielder el/la jardinero(a), **5.2**
over por encima de, **5.2**
own propio(a), **5.1**

P

pain el dolor, **6.2**
pants el pantalón, **3.1**
paper: sheet of paper la hoja de papel, **3.1**
parents los padres, **2.1**
parrot el loro
part la parte
to **pass** pasar, **5.2**
patience la paciencia, **6.1**
patient (adj.) paciente, **6.1**
patient (n.) el/la enfermo(a), **6.2**
to **pay** pagar, **3.2**
to pay attention prestar atención, **3.1**
pen el bolígrafo, **3.1;** el lapicero, la pluma
pencil el lápiz, **3.1;** lápices (pl.)
person la persona
personality la personalidad, **6.1**
Peruvian peruano(a)
pet la mascota, **2.1**
pharmacist el/la farmacéutico(a)

pharmacy la farmacia, **6.2**
photo(graph) la foto(grafía)
physical (exam) el examen físico, **6.2**
physical education la educación física, **1.2**
piano el piano
picture la foto(grafía)
picturesque pintoresco(a)
pink rosado(a), **5.1**
pitcher (baseball) el/la pícher, el/la lanzador(a), **5.2**
pizza la pizza, **4.1**
place el lugar
plantain: slices of fried plantain los tostones, **4.2;** los patacones
to **play** (sport) jugar, **5.1**
player el/la jugador(a), **5.1**
baseball player el/la jugador(a) de béisbol, el/la beisbolista, **5.2**
pleasant agradable, **6.1**
please por favor, **LP**
pleasure: It's a pleasure to meet you. Mucho gusto.
P.M. de la tarde, de la noche
point el tanto, **5.1**
to score a point marcar un tanto, **5.1**
polite bien educado(a), **6.1**
poor pobre
population la población
portrait el retrato
possible posible
potato la papa, la patata, **4.1**
french fried potatoes las papas (patatas) fritas, **4.1**
pound (weight) la libra
to **practice** practicar
to **prefer** preferir (ie)
to **prepare** preparar
to **prescribe** recetar, **6.2**
prescription la receta, **6.2**
to **present** presentar
pretty bonito(a), **1.1**
primary primario(a)
private privado(a), **2.2**
prize (award) el premio
problem el problema
to **promise** prometer
Puerto Rican puertorriqueño(a), **1.1**
pulse el pulso, **6.2**
to **push** empujar

Q

quarter: **a quarter past (the hour)** y cuarto, **LP**
question la pregunta, **3.1**
  to ask a question preguntar
quite bastante, **1.2**

R

racket la raqueta, **5.2**
to **rain** llover (ue)
  It's raining. Llueve., **LP**
to **raise** levantar, **3.1**
  to raise one's hand levantar la mano, **3.1**
rather bastante, **1.2**
to **read** leer, **4.2**
reading la lectura
to **receive** recibir, **4.1**
red rojo(a), **5.1**
redheaded pelirrojo(a), **1.1**
relative el/la pariente, **2.1**
to **remember** recordar (ue)
to **repeat** repetir
republic la república
  Dominican Republic la República Dominicana
required obligatorio(a)
rest: the rest lo(s) demás
restaurant el restaurante
to **return** regresar, **3.2**; volver (ue), **5.1**; *(something)* devolver (ue), **5.2**
review el repaso
rice el arroz, **4.1**
right away enseguida, **4.2**
river el río
roll *(bread)* el panecillo, **4.1**
room el cuarto, **2.2**
  bathroom el cuarto de baño, **2.2**
  classroom la sala de clase, **3.1**
  dining room el comedor, **2.2**
  living room la sala, **2.2**
rude mal educado(a), **6.1**
ruins las ruinas
rumor el chisme
to **run** correr, **5.2**

S

sad triste, deprimido(a), **6.1**
salad la ensalada, **4.1**
sale el saldo, la liquidación(a)

salesperson el/la empleado(a), **3.2**; el/la dependiente(a)
salt la sal
same mismo(a), **1.2**
sandwich el sándwich, el bocadillo, **4.1**; la torta
  ham and cheese sandwich el sándwich de jamón y queso, **4.1**
Saturday el sábado, **LP**
to **save** salvar
to **say** decir
school la escuela, **1.2**; el colegio; la academia
  elementary school la escuela primaria
  high school la escuela secundaria, **1.2**; el colegio
school *(related to)* escolar
  school bus el bus escolar, **3.2**
  school supplies los materiales escolares, **3.1**
science la ciencia, **1.2**
score el tanto, **5.1**
  to score a goal meter un gol, **5.1**
  to score a point marcar un tanto, **5.1**
screen la pantalla
Caribbean Sea el mar Caribe
season la estación, **LP**
  ¿Qué estación es? What season is it?, **LP**
second segundo(a)
  second half *(soccer)* el segundo tiempo, **5.1**
secondary secundario(a), **1.2**
to **see** ver, **4.2**
  See you later! ¡Hasta luego!, **LP**
  See you soon! ¡Hasta pronto!, **LP**
  See you tomorrow! ¡Hasta mañana!, **LP**
to **seem** parecer
  It seems to me . . . Me parece...
to **sell** vender, **6.2**
to **send** enviar, **3.2**
sense: sense of humor el sentido de humor, **6.1**
  to have a good sense of humor tener un buen sentido de humor, **6.1**
sentence la frase, la oración
September septiembre, **LP**
serious serio(a), **1.1**
server el/la mesero(a), **4.2**; el/la camarero(a)

seven siete, **LP**
seven hundred setecientos(as)
seventeen diecisiete, **LP**
seventy setenta, **LP**
several varios(as)
shake *(drink)* el batido, **4.2**
shame: What a shame! ¡Qué pena!, **5.1**
she ella, **1.1**
sheet: sheet of paper la hoja de papel, **3.1**
shirt la camisa, **3.1**
shoes las zapatillas, **5.1**
short *(person)* bajo(a), **1.1**
shorts el pantalón corto, **5.1**
shoulder el hombro
shrimp los camarones, **4.2**; las gambas
shy tímido(a)
sick enfermo(a), **6.2**
sign la señal
silver la plata
similar similar
since desde; como
sincere sincero(a)
single solo(a)
singles *(tennis)* individuales, **5.2**
sir (el) señor, **LP**
sister la hermana, **2.1**
six seis, **LP**
six hundred seiscientos(as)
sixteen dieciséis, **LP**
sixty sesenta, **LP**
skinny flaco(a)
skirt la falda, **3.1**
to **sleep** dormir (ue)
small pequeño(a), **1.2**
smile la sonrisa, **6.1**
snack la merienda; las tapas, los antojitos, **4.2**; los bocaditos
sneakers las zapatillas, **5.1**; los tenis, **5.2**
It's snowing. Nieva., **LP**
so tan
soap opera la telenovela
soccer el fútbol, **5.1**
social studies los estudios sociales, **1.2**
socks los calcetines, **5.1**
soda la cola, la gaseosa, **4.1**; el refresco, **4.2**
sofa el sofá, **2.2**
soft drink el refresco, **4.2**
some unos(as); algunos(as)
sometimes a veces, **6.1**
son el hijo, **2.1**

English-Spanish Dictionary

English-Spanish Dictionary

soon pronto, **LP**
 See you soon! ¡Hasta pronto!, **LP**
sore throat: to have a sore throat tener dolor de garganta, **6.1**
sorry: I'm very sorry. Lo siento mucho., **5.1**
soup la sopa
south el sur
South America la América del Sur, la Sudamérica
Spain España
Spanish *(language)* el español, **1.2**
 Spanish speaker el/la hispanohablante
 Spanish-speaking hispanohablante
to **speak** hablar, **3.1**
spectator el/la espectador(a)
sport el deporte, **5.1**
 individual sport el deporte individual
 team sport el deporte de equipo
sports *(related to)* deportivo(a)
spring la primavera, **LP**
stadium el estadio
to **stay in bed** *(illness)* guardar cama, **6.2**
steak el biftec
stepbrother el hermanastro, **2.1**
stepfather el padrastro, **2.1**
stepmother la madrastra, **2.1**
stepsister la hermanastra, **2.1**
stomach el estómago, **6.2**
 to have a stomachache tener dolor de estómago, **6.2**
store la tienda, **3.2**
street la calle
stress el estrés, **6.2**
stubborn obstinado(a), terco(a), **6.1**
student el/la alumno(a), **1.2;** el/la estudiante
studies: social studies los estudios sociales, **1.2**
to **study** estudiar, **3.1**
stuffed up *(head cold)* resfriado(a), **6.2**
suburbs las afueras, los suburbios, **2.2**
to **succeed** tener éxito, **6.1**
successful: to be successful tener éxito, **6.1**
such tal
summer el verano, **LP**
Sunday el domingo, **LP**
sunny: It's sunny. Hace (Hay)

sol., **LP**
supplies: school supplies los materiales escolares, **3.1**
to **surf the Web (the Net)** navegar la red (el Internet), **3.2**
surprise la sorpresa, **4.1**

table la mesa, la mesita, **2.2**
to **take** tomar, **3.1**
 to take a bath bañarse
 to take a flight tomar un vuelo
 to take a test tomar un examen, **3.1**
 to take someone's blood pressure tomar la tensión arterial, **6.2**
 to take someone's pulse tomar el pulso, **6.2**
 to take the (school) bus tomar el bus (escolar), **3.2**
taken ocupado(a), **4.2**
to **talk** hablar, **3.1**
 to talk on the phone hablar por teléfono
 to talk on a cell phone hablar en el móvil, **3.2**
tall alto(a), **1.1**
taste el gusto
tea el té
to **teach** enseñar, **3.1**
teacher el/la profesor(a), **1.2**
team el equipo, **5.1**
 team sport el deporte de equipo, **5.1**
telephone el teléfono
 to talk on the phone hablar por teléfono
television la televisión, la tele
ten diez, **LP**
 by tens de diez en diez
tennis el tenis, **5.2**
 tennis court la cancha de tenis, **5.2**
 tennis player el/la tenista
 tennis racket la raqueta, **5.2**
 to play tennis jugar (al) tenis, **5.2**
terrace la terraza
test el examen, la prueba, **3.1**
 to give a test dar un examen (una prueba), **3.1**
 to take a test tomar un examen, **3.1**
Texan tejano(a)

Thank you. Gracias., **LP**
the el, la, los, las, **1.1**
their su(s)
them las, los, les
then luego, **3.2**
there allí, allá
there is, there are hay, **2.2**
they ellos(as), **1.1**
thin flaco(a)
thing la cosa
to **think** pensar (ie), **5.1**
 What do you think? ¿Qué piensas?, **5.1**
thirsty: to be thirsty tener sed, **4.1**
thirteen trece, **LP**
thirty treinta, **LP**
thirty-eight treinta y ocho, **LP**
thirty-five treinta y cinco, **LP**
thirty-four treinta y cuatro, **LP**
thirty-nine treinta y nueve, **LP**
thirty-one treinta y uno, **LP**
thirty-seven treinta y siete, **LP**
thirty-six treinta y seis, **LP**
thirty-three treinta y tres, **LP**
thirty-two treinta y dos, **LP**
this (one) este(a)
thousand mil
three tres, **LP**
three hundred trescientos(as)
throat la garganta, **6.2**
 to have a sore throat tener dolor de garganta, **6.2**
to **throw** lanzar, tirar, **5.2**
Thursday el jueves, **LP**
time la hora, **LP;** la vez
 at times (sometimes) a veces, **6.1**
 at what time? ¿a qué hora?, **LP**
 full-time a tiempo completo
 part-time a tiempo parcial
 What time is it? ¿Qué hora es?, **LP**
timid tímido(a)
tip el servicio, **4.2**
 Is the tip included? ¿Está incluido el servicio?, **4.2**
tired cansado(a), **6.1**
toast las tostadas, el pan tostado, **4.1**
today hoy, **LP**
 What day is it today? ¿Qué día es hoy?, **LP**
 What is today's date? ¿Cuál es la fecha de hoy?, **LP**
toe el dedo del pie
together juntos(as)
tomato el tomate, **4.1**

tomorrow mañana, **LP**
See you tomorrow! ¡Hasta mañana!, **LP**
tonight esta noche, **4.1**
too también, **1.2**
to touch tocar, **5.1**
town el pueblo
to travel viajar
tree el árbol, **2.2**
truth la verdad
T-shirt la camiseta, **5.1;** el T-shirt
Tuesday el martes, **LP**
TV la tele
twelve doce, **LP**
twenty veinte, **LP**
twenty-eight veintiocho, **LP**
twenty-five veinticinco, **LP**
twenty-four veinticuatro, **LP**
twenty-nine veintinueve, **LP**
twenty-one veintiuno, **LP**
twenty-seven veintisiete, **LP**
twenty-six veintiséis, **LP**
twenty-three veintitrés, **LP**
twenty-two veintidós, **LP**
twin el/la gemelo(a), **2.1**
two dos, **LP**
two hundred doscientos(as)
type el tipo, **6.1**
typical típico(a)

ugly feo(a), **1.1**
unattractive feo(a), **1.1**
uncle el tío, **2.1**
to understand comprender, **4.2**
uniform el uniforme, **3.1**
United States Estados Unidos
university la universidad
unoccupied libre, **4.2**
unpleasant antipático(a), **1.1**
until hasta, **LP**
upper superior
urban urbano(a)
us nos
to use usar, **3.2**

vacation las vacaciones
vanilla vainilla
various varios(as)
vegetable la legumbre, la verdura, el vegetal, **4.1**
vegetarian vegetariano(a), **4.1**
Venezuelan venezolano(a)
very muy, **LP;** mucho, **LP**
It's very hot (cold). Hace mucho calor (frío)., **LP**

Very well. Muy bien., **LP**
view la vista
volcano el volcán
vowel la vocal

to wait esperar, **10.2**
waiter (waitress) el/la mesero(a), **4.2;** el/la camarero(a)
wall el muro
to want querer (ie), **5.1;** desear, **4.2**
war la guerra
to watch mirar, **3.2;** ver, **4.2**
water el agua (f.), **4.1**
(sparkling) mineral water el agua mineral (con gas), **4.2**
we nosotros(as)
to wear llevar, **3.1**
weather el tiempo, **LP**
It's cold (weather). Hace frío., **LP**
It's cool (weather). Hace fresco., **LP**
The weather is bad. Hace mal tiempo., **LP**
The weather is nice. Hace buen tiempo., **LP**
What's the weather like? ¿Qué tiempo hace?, **LP**
Web la red, **3.2**
to surf the Web navegar la red, **3.2**
Wednesday el miércoles, **LP**
week la semana, **LP**
weight el peso
welcome: You're welcome. De nada., Por nada., No hay de qué., **LP**
well bien, **LP;** pues
Very well. Muy bien., **LP**
well-mannered bien educado(a), **6.1**
west el oeste
what? ¿qué?; ¿cuál?; ¿cuáles?; ¿cómo?
at what time? ¿a qué hora?, **LP**
What a shame! ¡Qué pena!, **5.1**
What day is it (today)? ¿Qué día es hoy?, **LP**
What does he (she, it) look like? ¿Cómo es?, **1.1**
What is he (she, it) like? ¿Cómo es?, **1.1**
What is today's date? ¿Cuál es la fecha de hoy?, **LP**
what nationality? ¿de qué nacionalidad?, **1.1**
What's happening? What's going on? ¿Qué pasa?, **3.1**

What's new (up)? ¿Qué hay?
What time is it? ¿Qué hora es?, **LP**
when cuando, **3.1**
when? ¿cuándo?, **3.2**
where donde
where? ¿dónde?, **1.1; (to) where?,** ¿adónde?, **3.2**
from where? ¿de dónde?, **1.1**
which? ¿cuál?; ¿cuáles?
while mientras
white blanco(a), **5.1**
who? ¿quién?, **1.1;** ¿quiénes?, **1.2**
why? ¿por qué?, **3.2**
wide ancho(a)
wife la esposa, la mujer, **2.1**
to win ganar, **5.1**
wind el viento, **LP**
windy: It's windy. Hace viento., **LP**
winter el invierno, **LP**
with con
word la palabra
work la obra, el trabajo
to work trabajar, **3.2**
world el mundo
World Cup la Copa Mundial
worse peor
to write escribir, **4.2**
written escrito(a)

year el año, **LP**
to be turning . . . years old cumplir... años
to be . . . years old tener...años, **2.1**
yellow amarillo(a), **5.1**
yes sí, **LP**
you tú (sing. fam.), usted (sing. form.), ustedes (pl. form.), vosotros(as) (pl. fam.); ti, te (fam. pron.), le (form. pron.)
You're welcome. De (Por) nada., No hay de qué., **LP**
young joven, **1.1**
young person el/la joven, **1.1**
younger menor, **2.1**
youngest el/la menor, **2.1**
your tu(s), su(s)
It's your turn! ¡Te toca a ti!
youth hostel el albergue juvenil

zero cero, **LP**
zone la zona

Culture Index

— A —

amigos 20, 21, 23, 26, 30, 42, 52, 71, 73, 88–89, 90, 103, 107, 130, 132, 133

Andes 78

Argentina en general, 186; la bandera, 165; Bariloche, 16; Buenos Aires, 56, 70, 90; el Catedral Cerro, 160; Ushuaia, 50

aztecas 403, 405

— B —

banderas 165, 206

bienestar 131, 192–194, 203; las farmacias en los países hispanos, 195, 201, 202

Bolívar, Simón 145

— C —

cafés y restaurantes 7, 126, 127, 132, 133, 135, 136, 138, 140, 142, 148, 149, 152, 154

casas 25, 56, 57, 62, 63, 64, 69, 70, 76, 82, 83, 109, 123, 204, 206

Cervantes Saavedra, Miguel de 44

Chile Arica, 61; la bandera, 165; Punta Arenas, 25, 91; Valparaíso, 161

El Cid 398–401

Clemente, Roberto 182, 183

Colombia Barranquilla, 28, 91, 152, 190; Cartagena, 41; Santa Marta, 213

comida 124–125, 126, 127, 128, 132, 134, 137, 138, 141, 143, 146, 148, 152, 153, 170; el comer, 125, 126, 127, 130, 133, 137, 138, 139, 142, 153; **La comida en otras**

partes (Madrid, España y Granada, Nicaragua), 146; **Una merienda ¿Dónde?,** (las meriendas después de las clases), 148

compras 96

Costa Rica San José, 57

cubanoamericanos 42

— D —

deportes en general, 158–159; el básquetbol, 167, 173, 175; el béisbol, 161, 166, 180, 182; el ciclismo, 160; Clemente, Roberto, 182; **Los deportes de equipo** (el fútbol y el béisbol en los países hispanos), 180; el fútbol, 160, 161, 162, 163, 179, 180, 187; el jai alai, 169; el tenis, 167

Don Quijote → *Quijote (Don)*

— E —

Ecuador Baños, 7, 202; Cotacachi, 60, 109, 156; Cuicocha, 83; **Una familia ecuatoriana,** 76; islas Galápagos, 79; Manta, 90; **Mercados indígenas** Pujilí, 136; Quito, 76, 77, 81, 90, 142, 195; Saquisilí, 33

educación 89; **Escuelas aquí y en Lationamérica** (Perú), 112; **¿Quiénes trabajan?** (la vida estudiantil en Estados Unidos y en los países hispanos), 114

escuela 26, 32, 33, 48, 50, 88–89, 90, 91, 92, 94–96, 113, 115, 118, 142, 152, 176, 190; **Escuelas aquí y en Latinoamérica** (Perú), 112; **¿Quiénes trabajan?** (la vida estudiantil en Estados Unidos y en los países hispanos), 114

España Barcelona, 104, 124–125, 126; Cádiz, 171; El Escorial (San Lorenzo de El Escorial), 397; Estepona, 16, 90, 173; Gran Canaria, 195; Guipúzcoa, 56; islas Canarias, 7, 126, 208, 195; Madrid, 84, 146, 149, 158–159; La Mancha, 45; País Vasco (Euskadi), 169; La Palma (islas Canarias), 7, 208; Salamanca, 216–217; San Sebastián de los Reyes, 188; Tenerife (islas Canarias), 68, 126; Zafra, 170

— F —

familia 54–55, 57, 58, 59, 60, 61, 69, 70, 72, 129, 136; **Una familia ecuatoriana,** 76

Fernández de Lizardi, José Joaquín 214–215

Florida Miami, 111, 138; St. Augustine, 43

— G —

geografía 102

Guatemala en general, 33; Antigua, 24, 31, 123, 210, 218, 224; Chichicastenango, 127, 161; Ciudad de Guatemala, 180, 198

— H —

Honduras Copán, 168

— I —

Iztaccíhuatl 402–405

L

latinos 38; **Amigos latinos en Estados Unidos,** 42; 164

Lazarillo de Tormes 216, 217

lenguaje a personal, 120; comparaciones con el inglés, 30, 50, 95, 100; En otras partes, 23, 63, 93, 97, 128, 131, 133, 200; refranes, 39, 73, 109, 143, 177, 211; sufijo diminutivo, 60; tú/usted, 35, 50

Una leyenda mexicana: Iztaccíhuatl y Popocatépetl 402–405

literatura *El Cid,* 398–401; *Lazarillo de Tormes,* 216–217; *Una leyenda mexicana— Iztaccíhuatl y Popocatépetl,* 402–405; *El Periquillo Sarniento,* 214; *El Quijote,* 44

literatura picaresca *Lazarillo de Tormes,* 216, 217; *El Periquillo Sarniento,* 214

Lizardi, José Joaquín Fernández de 214

M

mascotas 58, 66, 67, 73, 78, 84, 224

mayas 168

mercados 218

meriendas 132, 133, 140, 142, 148, 149, 154

mexicanoamericanos 42, 199

México la bandera, 165; Ciudad de México, 35, 57, 404, 405; Guadalajara, 67, 94, 130; Guanajuato, 148; Mérida, 122, 222; Oaxaca, 103; Puebla, 71, 142; Tepoztlán, 90; el volcán Iztaccíhuatl, 402

Miami 111, 138

monumentos monumento al Cid (Burgos, España), 398; Monumento de la Independencia (Ciudad de México, México), 35

museos El Pueblito (Ciudad de Panamá, Panamá), 204

música los tunos, 148

N

Nicaragua Granada, 146, 147; León, 115, 120, 140, 172; Managua, 99, 183; Masaya, 48, 91, 154

Nueva York 210

P

paisajes urbanos Barcelona, España, 104; Cartagena, Colombia, 41; Ciudad de Panamá, Panamá, 105; Miami, Florida, 111; Punta Arenas, Chile, 25; Quito, Ecuador, 76; San Juan, Puerto Rico, 36

Panamá en general 57, 206; Ciudad de Panamá, 105, 204

Paraguay Asunción, 160

El Periquillo Sarniento 214

Perú en general 78, 117; Arequipa, 32, 112; la bandera, 165; Cuzco, 25; Huanchaco, 127; Lima, 91, 179; Trujillo, 73

plazas isla La Palma, España, 208; islas Canarias (España), 68; Plaza Central (Mérida, México), 122, 222; Plaza de Armas (Arequipa, Perú), 112; Plaza de Armas (Trujillo, Perú), 73; Plaza Mayor (Madrid, España), 149; Plaza Mayor (Salamanca, España), 216; San Juan, Venezuela, 207; Santo Domingo, República

Dominicana, 38; Tenerife, 68; Zócalo, (Ciudad de México, México), 405

Popocatépetl 402–405

Puerto Rico la bandera, 206; San Juan, 36, 206

Q

Quijote (Don) 44

R

refranes 39, 73, 109, 143, 177, 211

República Dominicana en general, 88–89; Santo Domingo, 38, 54–55, 95, 118; Villa Fundación, 20

restaurantes y cafés → cafés y restaurantes

T

tecnología 98

Texas (o Tejas) El Paso, 31

trabajo 114

U

Uruguay Colonia, 135

V

Venezuela Caracas, 69; Mérida, 175; San Juan, 207

Grammar Index

a personal 107 (3)

acabar de 136 (4)

adjectives to describe looks and personalities, 22 (1); to describe nationality, 23 (1); agreement in gender and number with nouns, 32 (1); ending in **-e,** 32 (1); ending in a consonant, 32 (1); with a group of both boys and girls, 32 (1); possessive adjectives, 70 (2)

agreement (in gender and number) of articles and nouns, 30 (1); of nouns and adjectives, 30 (1)

al contraction of **a + el,** 107 (3)

-ar verbs present tense, 100 (3)

articles definite and indefinite, 30 (1)

dar present tense, 105 (3)

deber with infinitive, 136 (4)

del contraction of **de + el,** 107 (3)

direct object pronouns me, te, nos, 209 (6)

-er verbs present tense, 136 (4)

estar present tense, 105 (3); to tell how you feel, 105 (3); to tell where you are, 105 (3); to express a temporary state, emotion, or condition, 204 (6); to express where something or someone is located, 206 (6)

estar vs. ser temporary states or conditions vs. inherent characteristics, 204 (6); location vs. origin, 206 (6)

gustar to express likes and dislikes, 175 (5); verbs similar to **gustar: aburrir, interesar,** 175 (5)

hay 63 (2)

indirect object pronouns me, te, nos, 209 (6); **le, les,** 210 (6)

infinitive 100 (3); expressions with **acabar de, ir a, tener que,** 140 (4)

ir present tense, 105 (3); **ir a** + *infinitive,* 140 (4)

-ir verbs present tense, 136 (4)

irregular verbs present tense: **dar,** 105 (3); **estar,** 105 (3); **ir,** 105 (3); **ser,** 34 (1); **tener,** 66 (2); **ver,** 136 (4)

nouns masculine and feminine, 30 (1); singular and plural, 30 (1)

poder present tense, 172 (5)

possessive adjectives forms and agreement with nouns, 70 (2)

present tense of **-ar** verbs, 100 (3); of **-er** verbs, 136 (4); of **-ir** verbs, 136 (4) (*See also* irregular verbs; stem-changing verbs)

pronouns subject, 34 (1); **usted** vs. **tú,** 35 (1); **ustedes** vs. **vosotros,** 35 (1); direct and indirect object pronouns **me, te, nos,** 209 (6); indirect object pronouns **le, les,** 210 (6)

question words ¿cómo?, 22–23 (1); **¿de dónde?,** 23 (1); **¿de qué?,** 23 (1); **¿quién?,** 23 (1); **¿quiénes?,** 26 (1); **¿cuántos?,** 59 (2); **¿Cuánto cuesta?,** 96 (3); **¿adónde?,** 96 (3); **¿por qué?,** 96 (3); **¿cuándo?,** 99 (3)

ser to describe people and places, 20–21 (1); to express origin or nationality, 20–21 (1); present tense, 34 (1); to describe inherent characteristics, 204 (6); to tell where someone or something is from, 206 (6); to tell what something is made of, 206 (6)

ser vs. estar inherent characteristics vs. temporary states or conditions, 204 (6); origin vs. location, 206 (6)

stem-changing verbs present tense: **(e → ie): comenzar, empezar, pensar, perder, preferir, querer,** 170 (5); **(o → ue): devolver, dormir, poder, volver,** 172 (5); **(u → ue): jugar,** 172 (5)

subject pronouns 34 (1); **usted** vs. **tú,** 35 (1); **ustedes** vs. **vosotros,** 35 (1)

suffixes -ito, 60 (2)

tener present tense, 66 (2); to express age, 66 (2); **tener que** + *infinitive,* 140 (4)

ver present tense, 136 (4)